Der bearbeitete Planet

Harald Strauß, Dr. phil. arbeitet zur Kritik der politischen Ökonomie in differenzphilosophisch-semiotischer Perspektive und lehrt Systematik und Ethik der Nachhaltigkeit an der Hochschule für Technik Stuttgart. Bei Parodos bereits erschienen: *Signifikationen der Arbeit. Die Geltung des Differenzianten ›Wert‹.*

Harald Strauß

Der bearbeitete Planet

Systematik, Ethik und Ökonomik der Nachhaltigen Entwicklung

PARODOS

Bibliografische Information der Deutschen Nationalbibliothek
Die Deutsche Nationalbibliothek verzeichnet diese Publikation in der
Deutschen Nationalbibliografie; detaillierte bibliografische Daten sind im
Internet über http://d-nb.ddb.de abrufbar.

Druck: Print Group Sp. z o.o., Stettin
Printed in Poland

ISBN: 978-3-938880-81-4

www.parodos.de

Inhalt

Vorwort

»Der bearbeitete Planet« ist ein Hybrid: Einerseits wird er Lehrenden und Nachhaltigkeitsbeauftragten als hilfreiches Kompendium zur Planung ihrer Veranstaltungen dienen. Hier geht es um ein »teach the teacher«, weil die bisherige Erfahrung lehrt, dass die Vorstellungen zum Umgang mit dem Thema der Nachhaltigkeit unter Lehrenden verschiedene Tiefenschärfen aufweisen. Ein Angebot, das scheinbar weit voneinander entfernte Themenfelder basal darlegt, scheint als gemeinsame Diskussionsgrundlage nicht nur sinnvoll, sondern dringend geboten zu sein. Es geht demnach um die großen Fragen; von den Wonnen der Elektroautos, Photovoltaik-Anlagen und Niedrig-Energie-Häuser wird hier nicht die Rede sein. Auf der anderen Seite ist dieses Buch für Leserinnen und Leser geschrieben, die in Bezug auf Nachhaltige Entwicklung ein systematisches Schema zur Einordnung der täglichen Meldungen zu Klima, Umwelt und Wirtschaft suchen. Verweise auf weitere Theorien sollen dazu ermutigen, auf eigene Faust und den eigenen Neigungen entsprechend über den Text hinauszugehen und neue theoretische Brücken zu schlagen.

Dass »Nachhaltige Entwicklung« und »Nachhaltigkeit« über die Strecke des Textes synonym gebraucht werden, hat mit der nüchternen Einsicht zu tun, dass Zukunft im Begriff der Nachhaltigkeit logisch enthalten ist und alle Entwicklung ihrerseits Zukunft beansprucht. Die existierende Differenzierung verläuft sich ins Leere. Eher macht es Sinn, »Nachhaltige Entwicklung« als Übersetzung von »sustainable development« mit dem ökologischen Oberton zu bestimmen, während die wirtschaftlich günstige Entwicklung, das »sustained development«, mit »anhaltender Entwicklung« zu übersetzen wäre. Die Verwechselung oder Vermischung beider Vorstellungen begegnet einem in der Diskussion häufiger und hat sicherlich dazu beigetragen, sie für versöhnbar zu halten. Das wird zu diskutieren sein.

Es wird nicht durchgängig gender-neutral formuliert, sondern dann und wann wird die weibliche und die männliche Form verwendet, um den Lesefluss nicht zu sehr zu hemmen. Die Findung passender Begriffe in einer Sprache ist ein Glücksfall (siehe das nunmehr akzeptierte »they« als geschlechtsneutrale Bezeichnung im Englischen), die Etablierung gänzlich neuer Formen krankt derzeit noch an Uneinheitlichkeit.

Der argumentative Aufbau der Kapitel reflektiert die Erfahrung aus einigen Jahren Lehre zur »Nachhaltigen Entwicklung« an baden-württembergischen Hochschulen. Die Reaktionen der Studierenden, die Fortschritte wie Begrenzungen in der Lehr-Lern-Situation haben dem Text ein bestimmtes Gepräge von wechselnden Tempi, Tiefgängen und Untiefen beschert. Die gegebene Reihenfolge hat den Vorzug, den Praxistest in verschiedenen Studiengängen bestanden zu haben. Zusätzliches Material in Form von kurzen Videos zu den naturwissenschaftlichen Grundlagen, die in einer E-Learning-Umgebung zum Einsatz kommen, findet sich unter http://www.textbureaustrauss.de/Basics zum Download für den Einsatz in der eigenen Lehre.

Die Realisierung des vorliegenden Buches ist mit Mitteln der Geschäftsstelle für Hochschuldidaktik Karlsruhe unterstützt worden. In diesem Zusammenhang gebührt Markus Binder vom Studiengang KlimaEngineering an der Hochschule für Technik Stuttgart Dank für die vorbehaltlose Unterstützung der Beantragung. Nicht unerwähnt bleiben soll die Arbeit von Fabian Meier und Marco Findling, die die Typografie und die Umzeichnungen der ursprünglich sehr verschiedenen Abbildungen realisiert haben. Insbesondere Winand Herzog in der nicht einfachen Rolle des Lektors verdanken die Leserinnen und Leser die gründliche Verbesserung der Lesbarkeit und manche ausdrückliche Klärung im Argumentationsgang, dessen Selbstverständlichkeit an manchen Übergängen unzulässigerweise stumm vorausgesetzt wurde.

Harald Strauß, Februar 2016

Einleitung

Das vorliegende Angebot einer Grundlegung zum Thema der »Nachhaltigen Entwicklung« soll eine systematische Orientierungshilfe im Dickicht des Nachhaltigkeitsdiskurses bieten. Im Zuge dieses Unterfangens werden sehr unterschiedliche Dimensionen aufeinander bezogen, die alle in einer bestimmten Beziehung zu einem zeitgenössischen Begriff von Nachhaltigkeit stehen. Es geht darum, über den Tellerrand der je eigenen Profession zu schauen, und der Gewinn liegt damit auch für informierte Leserinnen und Leser in einer Durchdringung der wechselseitigen Verflechtung und des Widerstreits, in dem Ökologie, Ethik, physikalische und soziologische Systemtheorien, Wachstumsparadigma und alternative Wirtschaftsmodelle verfangen sind.

Die methodische Vorgehensweise der immanenten Kritik und Fortbestimmung der Begriffe des jeweiligen Feldes – mit Ausnahme der naturwissenschaftlichen Skizzen und Befunde – beruht auf der Annahme, dass der erste Schritt in einer Analyse der Teildiskurse bestehen müsse. Dementsprechend entwickelt sich der Aufbau des Gesamttextes zumeist aus den inneren Widersprüchen und blinden Flecken des jeweiligen Bereiches. Die Wahl fiel daher in den Dimensionen der Nachhaltigkeitsdefinition, der Ökonomietheorie und der Gesellschaftswissenschaften zwangsläufig auf die jeweils vorherrschenden Fassungen, die nicht deshalb schon die besten aller möglichen Operationalisierungen ihres Teilbereichs sind, bloß weil sie die gängigsten sind. Gewiss existieren längst stringenter und sachkundiger argumentierende und darum stärkere Theorien als die harmonische Vorstellung von Nachhaltigkeit, die im 1. Kapitel analysiert wird. Allein die Tatsache, dass sich der unscharfe Begriff bislang allgemeiner Beliebtheit erfreut, verlangt dann – so die Überzeugung – zunächst eine andere Strategie, als für den Begriff die bekannten Alternativen anzubieten. Solche existieren seit Jahrzehnten und haben es dennoch nicht vermocht, sich durchzusetzen. Der Weg zu einem differenzierten Nachhaltigkeitsbegriff führt dann über die Kritik des etablierten Begriffs. Kritik entfaltet ihren konstruktiven Beitrag, wo sie in der Destruktion des Alten die Konturen eines Neuen wie die Maßstäbe zur Beurteilung dieses Neuen aufscheinen lässt. Dementsprechend widmet sich ein Großteil der hier vorgelegten Argumentationen der gründlichen Zerstörung populärer Auffassungen zu Nachhaltigkeit, Ökologie und Ökonomie. Der wohl begründete Anspruch, nicht hinter einmal überwundene Fehler zurückzufallen, mag stichhaltigeren Auffassungen dann vielleicht eines Tages zum Durchbruch verhelfen. Allein das mit Gründen Bessere setzt sich nicht allein kraft des Argumentes durch, es ist also den Versuch wert, das Etablierte seinen eigenen Annahmen auszusetzen, um zu sehen, ob es standzuhalten vermag.

An die Einsicht in die Herkunft und innere Logik des Nachhaltigkeitsbegriffes und der populären Definition von »Nachhaltiger Entwicklung« schließt sich im 2. Kapitel die übersichtartige Entwicklung einer ethischen Begründungslinie an. Bekanntermaßen wünschen alle Definitionen von Nachhaltigkeit die Berücksichtigung der Lebenschancen und Selbstbestimmungsmöglichkeiten zukünftiger Generationen. Die Wahl in der Frage, welche Ethiktradition dem am ehesten entsprechen könnte, fiel deshalb auf ein prinzipienbasiertes (also »deontologisches« und nicht erfahrungsbasiertes) Begründungsmuster. Insbesondere das Problem, wie das Recht der noch nicht Anwesenden unter den zukünftigen Generationen gewahrt werden könnte, spielte bei der Auswahl eine vorrangige Rolle. Andere Ethiken dürften sich weniger eignen, das Problem der Berücksichtigung zukünftiger Generationen in den Griff zu bekommen. So nahe also der Eindruck der Antiquiertheit der hier mit Bedacht gewählten Positionen von Immanuel Kant und Hans Jonas liegen mag, so komplettieren sie dennoch die ethische Dimension des Nachhaltigkeitsdiskurses (und lassen ihrerseits den rohen Pragmatismus des Nachhaltigkeitsdiskurses als antiquiertes Machtdenken hinter sich). Das deontologische Moment ruht auf dem Charakter logischer Prinzipien, deren Verfall gleichbedeutend wäre mit dem Abbruch vernünftiger Kommunikation, selbst wenn Vernunft sich nicht in Logik erschöpft – ohne Rückbindung an argumentative Logik geht es eben nicht. Auch wenn es zunächst nicht danach aussieht, rächt sich Ignoranz gegenüber ethischen Begründungen vermutlich auf lange Sicht. Wenn den daraus resultierenden Verhältnissen ihre eigene Melodie vorgespielt wird, bleibt nur die Hoffnung, dass die Vernunft den Dirigentenstab führt.

Nachdem also der Versuch unternommen worden ist, ethisch überhaupt zu begründen, warum es geboten sei, einen nachhaltigen gesellschaftlichen Entwicklungspfad einzuschlagen, führt der Weg im 3. Kapitel in die basale naturwissenschaftliche Orientierung. Einige ausgewählte Zusammenhänge und deren Zusammenspiel bilden den materialistischen Bezugsrahmen für die weitere Auseinandersetzung. Es ist unabdingbar, wenigstens in groben Zügen Kenntnis von den Wirkmechanismen stofflicher Kreisläufe zu erlangen, um die alltäglichen Meldungen und Phänomene einigermaßen einordnen zu können. Die abstrakte Einsicht von der Begrenztheit des Planeten bedarf der näheren Auslegung, was dies im Konkreten heißen soll. Es ist vorwegzuschicken, dass naturwissenschaftliche Wahrheitsaussagen sich im Bereich statistischer Wahrscheinlichkeiten bewegen – sie sind keine Prognosen nach dem alten Schema mechanistischer Ursache-Wirkungszusammenhänge. Allein diese grundsätzliche Einsicht könnte dem neuerlich grassierenden Hang zu Verschwörungstheorien die Grundlage entziehen. Das alltägliche Verständnis von Ursachen und Wirkungen, zumal in der Bearbeitung des Nachhaltigkeitsthemas in den Massenmedien, hängt diesem Missverständnis freilich noch nach; das hat Jahrzehnte gekostet, und es ist noch nicht so lange her, dass irrationale Positionen öffentlich als gleichrangige Beiträge zur Debatte gewürdigt worden sind. Die Frage ist vielmehr, was im Lichte gegenwärtiger Forschung unter Angabe von Wahrscheinlichkeitsgraden gemutmaßt werden kann – das ist die (gar nicht so neue) Gestalt naturwissenschaftlichen Wissens. Um ein Beispiel dafür zu geben, was damit ausgesagt werden kann: Die naturwissenschaftliche Erforschung menschengemachter Umweltveränderungen kommt nicht zu dem Ergebnis, dass die Küstenstädte mittelfristig ein Flutproblem bekommen werden, sondern dass der Eintritt derartiger Ereignisse von großer Wahrscheinlichkeit ist. Die Abwehr der naturwissenschaftlichen Etappenergebnisse – es gibt weiterhin Überraschungen, wie Naturwissenschaftlerinnen und -wissenschaftler bereitwillig zugeben – fordert im Umkehrschluss, eben eine alternative naturwissenschaftliche Erklärung anbieten zu können oder den Boden rationaler Argumentation zu verlassen. Es ist ein guter Tipp in Debatten, deren Fruchtlosigkeit sich abzuzeichnen beginnt, einmal nach der alternativen Erklärung zu fragen, um wenigstens die Einsicht in die Notwendigkeit einer naturwissenschaftlichen Basis zu bewahren. Menschen, die sich nicht überzeugen lassen, müssen mit den Prämissen ihrer Überzeugungen konfrontiert werden.

An die naturwissenschaftliche Systematik schließt die Diskussion der soziologischen Systemtheorie Niklas Luhmanns im 4. Kapitel an, nicht zuletzt, weil dieser seinerzeit ein sehr spezielles Urteil über die Chancen eines ökologischen Bewusstseinswandels in der Gesellschaft gegeben hatte. Allerdings geht es auch um die Leistungsfähigkeit dieses Stücks soziologischer Theorie, das über den Fachdiskurs hinaus hohe Akzeptanz genießt und (nicht nur) in die Formeln der Bürokratien eingewandert ist. Die Frage ist, ob diese Art der Gesellschaftsbeschreibung hilfreich ist in Hinsicht auf das o. g. Gebot einer »Nachhaltigen Entwicklung«.

Aus der Diskussion der soziologischen Systemtheorie ergibt sich die dringende Frage nach der ökonomischen Basis moderner Gesellschaften, da die Systemtheorie nicht umhin kommt, von bestimmten ökonomischen Prämissen auszugehen. Auch hier fällt die strategische Wahl auf die Darstellung und immanente Kritik der vorherrschenden Auffassungen zur Ökonomie im 5. Kapitel, der Neoklassik. Die Neoklassik stellt eine Theorie bzw. ein Verständnisraster »der Wirtschaft« dar, dem auch die aktuelle Politik parteiübergreifend folgt. Sie erzwingt auf eigentümliche Weise die Verbindung des Wachstumsimperativs mit der mittlerweile etablierten Einsicht, nachhaltig wirtschaften zu müssen. Um also die Triftigkeit dieser Verbindung beurteilen zu können, bedarf es der Analyse der neoklassischen Grundannahmen und der logischen Implikationen ihrer Modellierungen. Wie sich zeigen wird, ist der Kaiser nackt. Allerdings haben sich anders als im Märchen zahlreiche Ökonomen im Verlauf der Geschichte dieses Wissensfeldes durchaus getraut, dies auch auszusprechen. Warum die Einwände dennoch nicht zu fruchten schienen, wird ebenfalls Thema sein, um zu verdeutlichen, welcher Art die Widerstände sind, mit denen es diejenigen zu tun bekommen, die in Sachen Nachhaltigkeit ernst machen wollen.

Das daran anschließende Kapitel 6 diskutiert drei Theorieangebote zur Einrichtung einer nachhaltigen Wirtschaftsweise. Zunächst wird die an den Wachstumsimperativ anschließende Idee einer »grünen« Wachstumswirtschaft (»Green Growth«) dargelegt; sie ist die Theorie, die am ehesten an die vorherrschende Strömung des Nachhaltigkeitsdiskurses anschließt. Wie zu erwarten, gilt die im vorangegangenen Kapitel ausgeführte Kritik der Neoklassik auch für die Auffassungen des »grünen« Wachstums. Als Zweites wird es um eine Theorie der Wirtschaft gehen, die den Wachstumsimperativ letztlich zu negieren trachtet und stattdessen die Möglichkeit eines stationären Zustandes des »Nullwachstums« auslotet. Doch auch hier stellen sich argumentationslogische Schwierigkeiten ein. Im Lichte der neu gewonnenen Erkenntnisse wird die These der Notwendigkeit einer abnehmenden wirtschaftlichen Aktivität (»De-Growth«) ausgebreitet. Diese Position, wie im Grundsatze die Steady-State-Theorie auch schon, erweist sich als anschlussfähig an die naturwissenschaftlichen Erkenntnisse, die in Kapitel 3 übersichtartig dargelegt worden sind. Allerdings ist die nüchterne naturwissenschaftliche Gewichtung um den Preis eines Mangels an Begriffsbildung in ökonomischen Fragen erkauft, denn die Konsequenzen für die Art der Reichtumserzeugung wie -verteilung wären sehr weitreichend und erforderten eine andere Gestaltung gesellschaftlicher Macht.

Das 7. Kapitel nimmt diese Problematik auf und versucht, die mögliche Schließung dieser politisch brisanten Lücke zu skizzieren. Die Aufgabe besteht darin, den Zusammenhang der schöpferischen Beiträge der menschlichen Arbeit und des Planeten zu erfassen und unter Berücksichtigung gewisser Naturgesetze, die die Neoklassik (und nicht nur sie) zu leugnen scheint, auf ihr Zusammenspiel zu befragen. Diese Diskussion verlässt notwendigerweise den seit je her schwankenden Boden der Mainstream-Ökonomie, was freilich erst verständlich wird, wenn sowohl die naturwissenschaftliche Seite der Nachhaltigkeitsforderung wie die Kritik der Neoklassik durchdrungen sind. Da sich in den Diskussionen, die die Entstehung dieses Buches begleitet haben, zur nicht geringen Überraschung des Autors Gesprächspartner mit recht fantasievollen Auffassungen zu Wort gemeldet haben, widmet sich ein Unterkapitel einem besonderen Fall naturwissenschaftlich grundierter Irrationalität. Wie sich zeigt, sind auch Vertreter der »hard sciences« nicht vor Obskurantismus gefeit, und die populäre Version solcher Verwirrung findet sich auch in Spurenelementen im Alltagsbewusstsein. Die proto-religiöse Hoffnung, dass die Erde als System zu Gunsten der Menschheit in ein neues »Gleichgewicht« komme, ist verbreiteter als angenommen.

Im 8. Kapitel soll zunächst die im Nachhaltigkeitsdiskurs als Fait accompli geltende Auffassung befragt werden, die das Bevölkerungswachstum auf dem Globus pauschal als eines der vorrangigen Probleme insinuiert, dabei aber zahlreiche damit in Zusammenhang stehende Variablen unterschlägt. Politisch ist diese ebenfalls populäre Haltung im bestehenden Machtgefüge brisant, denn unter der Hand gelten die Armen als »überschüssig«. Die Großmächte dieser Welt indes bereiten sich auf ihre Weise bereits auf die Folgen der menschengemachten Umweltveränderungen vor. Ein Optimist, wer darin zumindest das Eingeständnis erblickt, dass Ressourcenverknappung, Wasserstress, Klimawandel usw. menschengemacht sind und sich mitnichten »von selbst« wieder ohne Nachteil für die Menschheit beilegen werden. Die Zeichen stehen auf Zurüstung mit dem Ziel der Erlangung kriegerischer Widerstandsfähigkeit angesichts der ökonomischen Folgen des aktuellen Wandels. Das Verständnis der Zusammenhänge hat nicht allein die Einsicht befördert, dass eine weltgesellschaftliche Lösung anzustreben ist, sondern ebenfalls eine Emsigkeit befeuert, geeignet erscheinende Maßnahmen zur Eigensicherung zu ergreifen – nicht notfalls, sondern gezielt auf Kosten Schwächerer. Auf der anderen Seite sind die historischen Verursacher des Klimawandels und des Raubbaus tatsächlich namhaft zu machen. Es gibt keinen Grund, weiter in anonymen Formulierungen über die Schuldfrage zu sprechen. Wer heute mit dem Finger auf China oder Indien zeigt, auf den zeigen drei Finger zurück. Die Saat für die gegenwärtige Ernte wurde in der Vergangenheit nicht von den aufholenden Volkswirtschaften gesät.

Aus all dem folgt die berechtigte Frage, was zu tun wäre, um das absehbare Unheil abzuwenden. Das ist eine Frage, die einer kollektiven Antwort bedarf, sachlich und mutig genug, Bestehendes nicht nur infrage zu stellen, sondern ein für alle Mal zu beenden, um Raum für das drängend Andere zu schaffen.

1. Das Ideal des Gleichgewichts

Für gewöhnlich fällt in der historischen Rückschau zum Thema der Nachhaltigkeit bzw. der Nachhaltigen Entwicklung[1] der Name Hans Carl von Carlowitz (1645-1714). Von Carlowitz, seines Zeichens Oberberghauptmann von Sachsen und daher mit der Aufsicht über den Holznachschub für den sächsischen Bergbau betraut, schrieb seinen Zeitgenossen ins Stammbuch, dass man nicht mehr Holz schlagen dürfe, als durch Wuchs wieder zur Verfügung stünde, sobald man es benötige. In seiner »Sylvicultura oeconomica, oder haußwirthliche Nachricht und Naturmäßige Anweisung zur wilden Baum-Zucht« heißt es:

»[...] wenn die Holtz und Waldung erst einmal ruinirt / so bleiben auch die Einkünffte auff unendliche Jahre hinaus zurücke / und das Cammer=Wesen wird dadurch gäntzlich erschöpffet / daß also unter gleichen scheinbaren Profit ein unersetzlicher Schade liegt [...]« (Carlowitz 1713, 87)

»Wird derhalben die größte Kunst/Wissenschaft/Fleiß und Einrichtung hiesiger Lande darinnen beruhen / wie eine sothane Conservation und Anbau des Holtzes anzustellen / daß es eine continuierliche beständige und nachhaltende Nutzung gebe / weiln es eine unentberliche Sache ist / ohne welche das Land in seinem Esse nicht bleiben mag.« (Carlowitz 1713, 150)

Der sächsische Bergbauinspektor verwendete den Begriff der Nachhaltigkeit, doch freilich erfand er ihn nicht. Die Etymologie des Wortes zeigt, dass damit die Register eines Rückhalts, eines Ersatzes, einer Ökonomisierung der Ressourcen, gleich welcher Art, erklingen. Im Grimm'schen Wörterbuch findet sich Folgendes:

»NACHHALT, *m. ein halt, den man in reserve hat, rückhalt*: kein almosen .. aber freundschaft musz ihr vertrauen auf kapital legen; wie leicht geht barschaft ohne nachhalt zu grunde. Benzel-Sternau *bei Campe; truppen, die den rücken decken, und lagerplatz derselben*: doch du weiche zurück — o säume nicht, weiche zum nachhalt, dasz du gefahrenumdroht, nicht angst erweckest dem volke. Pyrker Tunisias 12, 336.«

---

1 Zur Etablierung des Terminus wird hier die Großschreibung eingeführt.

»NACHHALTEN, verb. ...anhalten, nachhaltig sein oder wirken: in jenen tagen des festes hab' ich mich, wie ich nicht läugnen will, männlicher benommen als die kräfte nachhielten. *Göthe an Zelter* 4, 85. ... *mit dativ, nachfolgen, nachtrachten, nachstellen:* eines fuosztritt nachhalten oder nachgôn, *vestigia alicujus tenere;* eim ding fleiszig nachhalten, *assectare.* Maaler 298b; zur zeit des hungers halt er den fischen streng nach. Forer *fischb.* 61a. ... *nachträglich halten:* eine versäumte lehrstunde *u. s. w.* nachhalten. ...*nach einem vorbilde etwas halten, nachthun:* in diesen worten hat Christus im ein begengnis oder jartag gemacht, teglich im nach zu halten in aller christenheit. Luther *sermon von guten werken* 1, 236b. ...*nachträglich vorhalten, nachtragen:* erlasz mir meine grosze schuld .. auf dasz sie mir nicht im letzten, auch am jüngsten tage aufgerückt und .. nachgehalten werde. Schuppius 436; sie ist nicht bös, du muszts ihr nicht nachhalten. v. Hoorn Schmiedjacob 2, 81. ... *zurückhalten, reservieren:* einem das burgerrecht etc. nachhalten. Haltaus 1389.« (Deutsches Wörterbuch d. Gebr. Grimm, Bd. 13, Sp. 68-69)

Noch die Brockhaus-Enzyklopädie von 1971 bestimmt »Nachhaltige Nutzung« allein forstwirtschaftlich:

»Sicherung dauernder, möglichst gleichbleibender, hoher und hochwertiger Holznutzungen ist der oberste Grundsatz bei der Produktions- und Nutzungsplanung und bei der Ermittlung des Hiebsatzes. Die nachhaltige Nutzung ist gebunden an die Erhaltung und Steigerung der Produktivität des Standortes, andauernde Zuwachshöchstleistung nach Masse und Güte der Holzproduktion.« (zit. n. Bächtold 1998)

Was von Carlowitz zum Ahnherrn des Nachhaltigkeitsdiskurses macht, ist die Überschneidung verschiedener Dimensionen mit hohem Symbolwert für die Gegenwart: Wirtschaft und Ökologie, d. h. Naturbeherrschung und -ausbeutung gegenüber Naturbewahrung, mit dem Ziel einer längerfristigen Ausbeute. Die gegenwärtig bevorzugten Ideale eines »Grünen Wachstums«, »Green Growth« bzw. der »Green Economy« (Kapitel 5) stehen durchaus in der Tradition des sächsischen Bergbauinspektors, der schließlich kein Naturschutzinspektor war. Was sich bereits in Carlowitz' Argumentation vollzieht, ist die *Übertragung* von Nachhaltigkeit auf weitere Bereiche, d. h. aus einem *stofflichen* Register (die Eigenschaft der Bäume, in einer gewissen Zeit zu wachsen, den materiellen Bestand zu regenerieren) in *monetär-ökonomische,* sogar politische Sphären – die Ertragsfähigkeit des Standortes, die Bedeutung für die gesellschaftliche

Wohlfahrt. Diese Verknüpfung unterschiedlicher Bereiche wird über die verschiedenen Stationen des Diskurses der Nachhaltigkeit beibehalten. So liest sich die Bestimmung der »Nachhaltigen Bewirtschaftung« der *Ministerial Conference on the Protection of Forests in Europe*, auch bekannt als Helsinki-Konferenz von 1993, wie folgt:

> »Agreeing that, for the purposes of this resolution, ›sustainable management‹ means the stewardship and use of forests and forest lands in a way, and at a rate, that maintains their biodiversity, productivity, regeneration capacity, vitality and their potential to fulfil, now and in the future, relevant, ecological, economic and social functions, at local, national, and global levels, and that does not cause damage to other ecosystems [...].« (MCPFE 1993, 1)

Dementsprechend ist der Diskurs der Nachhaltigkeit von der Vorstellung eines *gleichgewichtigen* Zustandes und eines geschlossenen Kreislaufs im Austausch von Mensch und Umwelt begleitet, die in entsprechenden schematischen Darstellungen zum Ausdruck kommt.[2] Das Kernproblem des Mainstreams innerhalb des Diskurses lautet: Welche logischen Prämissen liegen der Übertragung des Nachhaltigkeitsprinzips auf die monetäre Sphäre zugrunde?

Als Erstes sollte auffallen, dass bei Carlowitz zunächst die stoffliche Eigenschaft der weitgehend selbstständigen Reproduktionsfähigkeit des Waldes in ein Ursache-Wirkungs-Schema eingebunden wird, das den langfristigen ökonomischen Erfolg des Bergbaus mit einer umsichtigen Holznutzung in Zusammenhang bringt. In letzter Instanz hatte die Ausweitung ökonomischer Aktivitäten ihre objektive Grenze an der Reproduktionsrate der gegebenen Waldfläche. Alles, was Carlowitz hervorhebt, ist die Gefährdung der ökonomischen Aktivität überhaupt, wenn ihr der wichtigste Rohstoff ausgeht. Damit hatte der Bergbauinspektor einen für seine Epoche komplexen Zusammenhang erkannt, eine Erkenntnis, die sich offensichtlich nicht ohne Weiteres aufdrängt, wird die Vielzahl historischer Fälle betrachtet, in denen Kulturen Raubbau betrieben und sich selbst der Grundlagen ihres Daseins beraubten.

---

2 Die Vielzahl – und Beliebigkeit – der grafischen Darstellungen würde hier jeden Rahmen sprengen, zumal die Verkürzungen bei der Übersetzung in die grafische Symbolik der Sache nicht eben geholfen haben. Ob Drei-Säulen-Schema in der bekannten Tempel-Form oder Mengendiagramme, in deren Schnittpunkt Nachhaltigkeit steht: All dies ist zu unpräzise und deutungsoffen, weshalb hier eine *begriffliche* Analyse anstelle einer *Bilddeutung* erfolgt.

»Bereits Platon berichtet in seinem Dialog Kritias (~350 v. Chr.) über die Entwaldung der attischen Hänge für Siedlungszwecke und Schiffbau, wodurch die Bodenschicht der Wassererosion schutzlos preisgegeben wurde und von einer einst blühenden und ›fetten‹ Landschaft nur noch das ›kahle Gerippe‹ übrig blieb.« (Cassel-Gintz/Harenberg 2002, 22)

Allerdings sagt das Ursache-Wirkungsschema nur das eine aus: Die Pflege des Waldes ist logische *Bedingung* für die Existenz des sächsischen Bergbaus. Das ist jedoch keine *Garantie* für den ökonomischen Erfolg des Unternehmens – weil sich ökonomischer Erfolg nach anderen Gesetzen einstellt als die Waldpflege, deren Erfolg sich an der *stofflichen* Reproduktion bemisst. Allgemein lässt sich vorwegschicken, dass ökonomischer Erfolg zumindest in der Aufrechterhaltung der gegebenen Lebensbedingungen der Akteure besteht (einfache Reproduktion); für die Gegenwart ist das natürlich nicht zutreffend, die Verteilungssystematik und Wohlfahrt der Gegenwart unterliegt überall dem Wachstumsparadigma (erweiterte Reproduktion). Selbst im Rahmen einer einfachen Reproduktion wächst der Umfang der ökonomischen Aktivitäten, wenn die Zahl der Akteure steigt; bei erweiterter Reproduktion mit wachsenden Märkten, zunehmender Produktion und Konsumtion vollzieht sich dies ohnehin. Damit ist zunächst deutlich geworden, dass es von der spezifischen Struktur der Dimensionen abhängt, ob und wie sie über den Begriff der Nachhaltigkeit in Beziehung zueinander gesetzt werden können. Während die Anwendung des Nachhaltigkeitsprinzips bei nachwachsenden Rohstoffen in *materieller* Hinsicht stimmig ist, ergibt sich in Bezug auf die Frage einer erfolgreichen *Ökonomie*, in der die Akteure in der Lage sind, sich zumindest auf einem gegebenen Stand zu halten, das Problem der Wachstumsgrenzen, die nicht allein, aber vordringlich *materielle Grenzen* sind (Kapitel 3). Dies gilt insbesondere für einen Zivilisationstypus, dessen Qualitäten vor allem auf (an menschlichen Zeitmaßstäben gemessen) nicht regenerierbaren Ressourcen beruht (Kapitel 7). Auf der anderen Seite wird die funktionelle Kapazität der Senken (Atmosphäre, Ozeane, Boden) knapp. Furore machte in diesem Zusammenhang 1973 der Bericht des Club of Rome unter dem Titel »The Limits of Growth«, der diese Problematik erstmals systematisch darstellte und insbesondere das Problem des exponentiellen Wachstums ins Auge fasste.

Die geläufigen Definitionen von Nachhaltigkeit und Nachhaltiger Entwicklung gleichen sich in der umstandslosen Vermischung der materiellen (und energetischen) mit der monetären Sphäre, wobei damit zunächst einmal nur *Ansprüche* aus verschiedenen Perspektiven formuliert werden.

Deren *Vereinbarkeit* soll den Maßstab für eine Nachhaltige Entwicklung abgeben. So lautet die Formel im Brundtland-Bericht von 1987:

»Humanity has the ability to make development sustainable to ensure that it meets the needs of the present without compromising the ability of future generations to meet their own needs.« (Brundtland et al. 1987, 27)

Immerhin vermochte der Brundtland-Report der Harmonie-Vorstellung ausdrücklich zu widersprechen:

»Yet in the end, sustainable development is not a fixed state of harmony, but rather a process of change in which the exploitation of resources, the direction of investments, the orientation of technological development, and institutional change are made consistent with future as well as present needs.« (Brundtland et al. 1987, 30)

Was die Arbeit der Brundtland-Kommission zu diesem historischen Zeitpunkt des Diskurses auszeichnete, war die integrierte, intergenerationelle Betrachtung, ihre Priorisierung der Entwicklungsrechte der ökonomisch Verarmten und ihre Forderung nach Beschränkung an die Adresse der Industrieländer. Ein weiterer Meilenstein im Diskurs der Nachhaltigkeit war die Rio-Konferenz 1992, die neben der Wiederholung und Reformulierung bereits bekannter Positionen rechtliche Forderungen an die Staaten in Bezug auf nachhaltige Entwicklung stellte und auch die Individuen als aktive Handlungsträger adressierte. So wurde einerseits die Souveränität der Staaten über die jeweiligen Ressourcen mit der Pflicht zum Umweltschutz und andererseits das Recht der Individuen auf ein produktives und gesundes Leben im Einklang mit der Natur mit der Pflicht zur Generationengerechtigkeit verbunden. In Rio wurde 1992 die Agenda 21 (UN 1992) mit durchaus detaillierten Handlungsaufträgen, nationalen Umweltplänen unter Einbezug der lokalen Ebene formuliert, freilich hinreichend verwässert, dass viel Spielraum zur Auslegung übrig blieb. Über die Jahrzehnte etablierte sich ein Reigen von Konferenzen und Beschlüssen, die insgesamt zumindest das Bewusstsein für die Problematik schärften. Freilich mit durchwachsenem Ergebnis: Die in Teilen errungene Akzeptanz dieser neuen *normativen* Gebote und die Umsetzung in einschlägige Umweltgesetzgebung hatte z. B. eine Steigerung der technologischen Effizienz der modernen Wirtschaften zur Folge, dennoch steigen bis heute Ressourcenverbräuche und Umweltbelastungen insgesamt ungehindert an – ein globaler Rebound-Effekt in der Gesamtrechnung. Inwieweit die wachsende

Weltbevölkerung das Problem verschärft, ist nicht an sich, sondern im Zusammenhang mit den etablierten Entwicklungspfaden zu betrachten (Kapitel 8).

Abschied vom Gleichgewichtsideal

Abgesehen vom durchwachsenen Ergebnis einer internationalen Praxis, die der bestehenden Wachstumsökonomie bzw. ihren Propagandisten das gleiche Gewicht einräumt wie den zwingenden Zusammenhängen, die sich hinter dem Begriff der Ökologie verbergen, sind die unausgesprochenen Implikationen dieser Modellierungen zu analysieren.

Nachhaltige Entwicklung wird in solchen Darstellungen als *Gleichgewichtsmodell* zwischen Ökologie, Ökonomie, Sozialem und Ethik postuliert, wie dies im o. g. vergleichsweise differenzierten Schaubild die Benennung von Kriterien andeutet (criterion heißt u. a. *Richtmaß*). Das setzt seinerseits

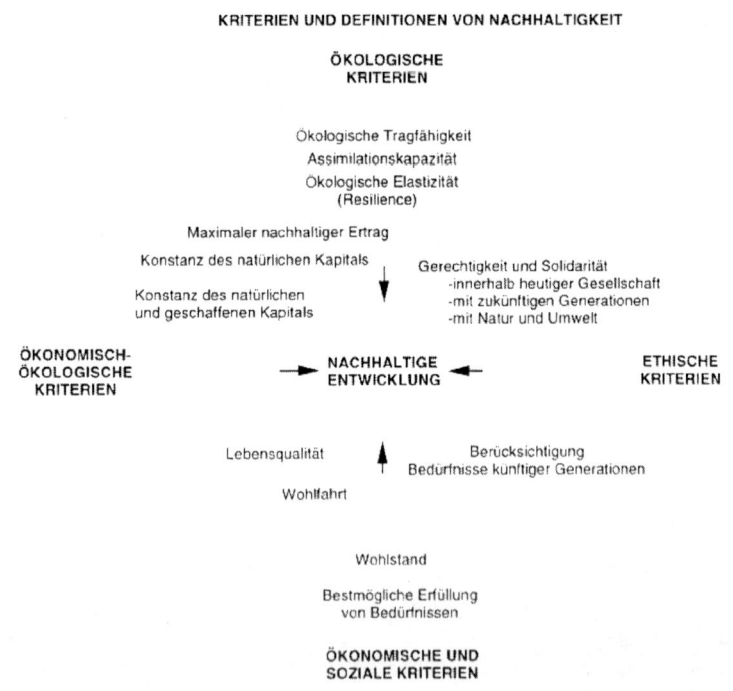

Abb. 1: Ein Abbild der Nachhaltigkeitskriterien (Nachzeichnung nach Bächtold 1998, 5).

voraus, dass entweder Gleichgewicht zwischen den Elementen möglich ist, weil sich die Elemente *nicht im Widerspruch zueinander befinden* (Variante a). Oder die Elemente *befinden sich im Widerspruch zueinander* und müssen verändert werden, damit sie *ins Gleichgewicht kommen* (Variante b). In jedem Fall bliebe aber noch zu klären, was *Gleichgewicht* in diesem de facto systemtheoretischen Gefüge überhaupt bei all jenen Elementen eines Teilsystems heißt, die sich dem Regenerationszyklus entziehen bzw. in Zeiträumen verlaufen, die über das menschliche Maß hinausgehen, wie die Entstehung fossiler Brennstoffe (vgl. dazu Binswangers Vorschlag, s. Kapitel 6). Zunächst könnte unter Beibehaltung der Gleichgewichtsthese argumentiert werden: Ökologie, Ökonomie, Soziales und Ethik zerfallen ihrerseits in Teilsysteme, was in der Luhmann'schen Version von Systemtheorie als funktionale Ausdifferenzierung jeglichen Systems bezeichnet wird (s. dazu Kapitel 4). Daher besteht eine gewisse logische Notwendigkeit, dass jeder Bereich ein *Binnengleichgewicht seiner Teilsysteme* erlangt. Es ist zwar denkbar und in der Welt gewiss der Fall, dass ein System einzelne dysfunktionale Teilsysteme aushält, ohne daran zugrunde zu gehen – aber unbestreitbar kostet das Ressourcen und hat Einfluss auf die Dynamik des Gesamtsystems.[3] Übergeordnet bleibt die Frage aber erhalten, was für jeden Teilbereich *Gleichgewicht* bedeuten soll. Wie sollte etwa ein »Gleichgewicht« zwischen einander widersprechenden Ethiken (z. B. erfahrungsgeleiteten und deontologischen Ethiken) aussehen? Wie sollten die in der sog. westlichen Welt vorherrschende »orthodoxe« neoklassische Ökonomietheorie und die anders lautenden, darum »heterodox« titulierten Theorien miteinander in Ausgleich zu bringen sein, wenn der Zweifel der einen an der anderen schon in den Grundannahmen fußt? Wie kann der soziale Mindeststandard der reichen Volkswirtschaften mit dem des armen Rests der Welt in ein Gleichgewicht sozialer Ansprüche verwandelt werden? Oder was könnte Gleichgewicht zwischen Finanzmarkt und Arbeitsmarkt bedeuten? Damit vertiefen sich die Problematiken dieser auf der Gleichgewichtsprämisse beruhenden Sicht eher, als einen Lösungsansatz zu bieten.

Eine kleine Verschiebung der analytischen Betrachtung der Gleichgewichtsprämisse fördert freilich noch ein anderes Bild zutage: Das Ideal eines Gleich*gewichts* oder einer Schnitt*menge* impliziert logisch die Quantifizierbarkeit der jeweils genannten Bereiche. Das zwingt zur Prüfung, wie das funktionieren könnte. Der erste Augenschein zeigt sofort: Der

---

3 Denkbare aktuelle Beispiele aus dem politischen Bereich: Die Funktionalität gewisser Teile des deutschen Verfassungsschutzes in Bezug auf das rechtsradikale Milieu im Fall des »NSU«; oder die Rolle des EU-Regionenausschusses in Brüssel usw.

Modus der *Quantifizierbarkeit* funktioniert in der Ökonomie (Preise) und in der Ökologie (Stoffdurchsatz, thermodynamische Flussgrößen), im Bereich der Ethik und des Sozialen hingegen nicht. Ein Vergleich der beiden quantifizierbaren Bereiche wiederum zeigt, dass die Maßstäbe, an denen die Bemessung der Quantität stattfindet, verschiedene sind (stoffliche und monetäre), die ihrerseits kein Gemeinsames haben. Die Gleichgewichtsmodelle der Nachhaltigkeit werden im Diskurs freilich auf einen Nenner gebracht, explizit oder zwischen den Zeilen: die Kosten. Gemeinhin herrscht der Konsens, dass Nachhaltige Entwicklung bezahlbar bleiben muss. De facto ist damit aber die Gleichgewichtsprämisse logisch verletzt, da der ökonomischen Dimension Vorrang vor allen anderen Dimensionen eingeräumt wird.

Die Einsicht, dass hier also unter der unhaltbaren Voraussetzung einer ausgleichbaren Quantifizierbarkeit argumentiert wird, zieht unweigerlich die Frage nach sich, wie es um die *qualitative* Dimension jedes Bereiches bestellt ist. Die weitere Prüfung zeigt wiederum, dass jederzeit sinnvolle qualitative Aussagen über Ökonomie, Ökologie, Ethik und Soziales möglich sind. Jeder Widerstreit über die Gestaltung der Wirtschaft, jede Bestimmung des ökologischen Feldes, jeder Streit über die normativen Grundausrichtungen einer Gesellschaft und jeder Gestaltungsvorschlag zur sozialen Sicherung der allgemeinen Wohlfahrt beweist das ohne Unterlass. Wäre nun die ideale Gestalt der Nachhaltigen Entwicklung zu retten, indem diese *primär* als Überschneidung der Qualitäten von Ökonomie, Ökologie, Ethik und Sozialem gedacht werden?

Zwei Einwände verschiedener Natur stehen dem entgegen. Erstens kann die Analyse hier kaum haltmachen vor der Einsicht, dass der ganze Ausgangspunkt, die Probleme, die eine bestimmte Art zu wirtschaften mit sich bringt, von der Unversöhntheit dieser verschiedenen Qualitäten zeugt. Das spräche für die o. g. Variante b – die Bereiche sollen sich vordringlich qualitativ ändern. Alle? Gegenüber dem, was die Ökologie des Planeten bedeutet, kann das unmöglich als Forderung formuliert werden. Der Erde ist nicht mit einem Sollen zu begegnen, sie ist vielmehr die Totalität, angesichts derer die Menschen das Erhabene erfahren, das sie zuweilen in Mark und Bein erschüttert und auf Umwegen dazu drängt, einander Kants zweite Frage anzusinnen: »Was soll ich tun?« Nach allem, was man mittlerweile weiß, scheint es darauf im Kontext der Ökologie keine straflose Antwort zu geben. *Ökologie* bedeutet wörtlich *logos* (im Sinne der Darlegung bzw. gedanklichen Durchdringung) eines *oikos* (Haus) und das Haus ist unser Planet. Das heißt, in der Ökologie geht es um den zu denkenden Planeten bzw. darum, Wissen zu erlangen über die Möglichkeiten und Notwendigkeiten, den Planeten schonend zu bearbeiten. Und die Möglichkeiten sind begrenzt. Der Mensch kann sich letztlich die Erde nicht untertan machen, er kann sich bestenfalls mit ihr abfinden.

Für die Ökonomie, das *nomos* eines *oikos*, das Gesetz über die Art, das Haus zu führen, sind die Positionen des Disputs mehr oder weniger klar: (»Grünes«) Wachstum oder Steady State oder De-Growth; die Partei des Wachstums führt. Nicht anders in den Bereichen Ethik und Soziales: Auf welchen Werten soll die Gesellschaft gründen, welche Art der Reichtumsverteilung trägt zum Gedeih einer Vereins freier Menschen bei? Solidarität erreicht hier schnell ihre Grenzen, sobald das je als Eigenes empfundene, historisch geerbte Vorrecht in Frage gestellt erscheint. Was aber sollte die eigene Qualität einer Schnittmenge all dieser Bereiche sein? Wieder lässt das etablierte Gleichgewichtsmodell Nachhaltiger Entwicklung ratlos zurück.

Zweitens ist unübersehbar, dass mit der qualitativen Bestimmung solch idealer Bereiche und der Forderung, dass sie sich auf den Entwicklungspfad der Nachhaltigkeit begeben *sollen*, doch abermals eine ethische Forderung allen anderen Forderungen vorausgesetzt wird. Denn jede Formulierung eines Sollens ruft die *ethische* Dimension auf. Damit ist wiederum die Prämisse des Gleichgewichts außer Kraft gesetzt, weil tatsächlich am Vorrang einer unausgesprochenen Ethik bemessen wird. Bereits das Postulat des Ausgleichs, der Ausgewogenheit lässt sich als Ableitung einer gewissen Gerechtigkeitsidee lesen – die ethische Dimension sistiert, soweit es menschliche Angelegenheiten angeht.

Die erste, grundlegende Erkenntnis zur Nachhaltigen Entwicklung ist, dass die Ökologie in ihrer Produktion von Wissen über den Planeten als ein System konkrete Grenzen menschlichen Handelns in Erfahrung bringt. Die zweite Erkenntnis lautet: Soweit es menschliche Angelegenheiten bzw. das im weitesten Sinne willkürliche Gesetz der gemeinschaftlichen, kommunen Angelegenheiten betrifft, ist eine prinzipienbasierte Ethik erforderlich, mit der die konkreten politischen Gestaltungsvorschläge menschlichen Zusammenlebens überprüft werden können. Mit dieser Erkenntnis ist u. a. der soziologisch-systemtheoretische Beitrag Luhmanns in Kapitel 4 zu konfrontieren, weil der behauptete Vorrang des Systems als Sachzwang jede ethische Frage als tendenziell irrelevant zurückweist. Weil soziologische Systemtheorie keine Handlungstheorie sein will und das Sollen einem Subsystem zuordnet, ist sie zur Beantwortung der zweiten kantischen Frage »Was soll ich tun?« ungeeignet, dennoch ist sie damit keineswegs frei von Sollen. Mit der Deklaration solcher Freiheit erklärte sich die soziologische Systemtheorie nämlich für sinnfrei, weil nicht auf menschliche Zwecke bezogen. Als Theorie der Gesamtheit sinnhafter Kommunikationen liegt ihr allerdings nichts ferner – das relativiert den Beitrag Luhmanns erheblich.

Diese unendliche Unauflösbarkeit widerstreitender Qualitäten und verborgener Prämissen im Nachhaltigkeitsdiskurs ist freilich nur vordergründig. Übergeordnet ist das Ringen um eine Bestimmung von Nachhaltigkeit anthropozentrisch, d. h. der Diskurs der Nachhaltigen Entwicklung erstreckt sich nicht auf Bereiche, die außerhalb menschlicher Eingriffsmöglichkeiten liegen – das ist die dritte Erkenntnis. Allerdings ist diese Setzung nicht selbstverständlich, und gerade die kontrafaktische gesellschaftliche Praxis gibt eher das Bild einer Gattung ab, die an ihrer eigenen Auslöschung arbeitet. Was sich hinter der Anthropozentrik der Nachhaltigkeitsdiskussion verbirgt, verweist umso dringlicher auf die ethische Forderung, *dass eine Menschheit sei*, was der längst vergessene Hans Jonas vor Jahrzehnten zu begründen unternommen hatte. Diese Forderung bedarf der Auslegung (Kapitel 2). Der Prüfstein der Begründung wird sein, ob diese Forderung verallgemeinerungsfähig ist, möglicherweise in welchem Sinne Verallgemeinerbarkeit die Grundstruktur dieser Forderung ist. Das ist der Punkt, an dem es in der philosophischen Tradition um Sein und Nichtsein geht. Die vierte Erkenntnis ist, dass die etablierten Formeln und Modelle, die vom Gleichgewichtsparadigma getragen sind, getrost vergessen werden können, weil sie analyseschwach und unscharf sind.

2. Ethischer Impetus des Nachhaltigkeitsbegriffes

Wie bereits in der Kritik der landläufigen Gleichgewichtsvorstellungen von Nachhaltiger Entwicklung gezeigt werden konnte, beruht der Diskurs bei den politischen Akteuren auf einer mehr oder weniger unausgesprochenen ethischen Forderung: dass die Gattung auch zukünftig in zivilisatorisch akzeptabler Weise existieren kann, wobei der Bereich des Akzeptablen gewiss einer Prüfung zu unterziehen sein wird. Alle Bestimmungen sind schon deshalb implizit ethisch, weil Nachhaltigkeit eine anthropozentrische Thematik ist und um den etablierten wie zu etablierenden Umgang der Menschen untereinander wie um die Beziehung zu ihrem gesellschaftlichen Stoffwechsel (Metabolismus) mit den planetarischen Ressourcen kreist.. Denn alle denkbaren Forderungen laufen auf die Verhältnisse der Menschen zueinander hinaus, wenn auch vermittelt über den Umgang mit der »Umwelt«, dem Planeten. Selbst eine denkbare, wenn auch absurde Position extremer Misanthropie, die das »Überleben« der Erde an das Verschwinden der Gattung knüpft, ist eben Negation von *etwas*, nämlich der Menschheit, bezieht sich also selbst in ihrer Ablehnung noch auf menschliches Dasein. Kurzum: Die anthropozentrische Selbstbezüglichkeit ist durch den Menschen nicht kündbar.

Im Folgenden wird zunächst die Virulenz der ethischen Dimension aus verschiedenen Perspektiven hergeleitet, bevor es näher um die Frage gehen soll, wie Ethik in Bezug auf Nachhaltigkeit gedacht werden könnte.

»The end is (not so) near!«

Alle Erwägungen sind in letzter Instanz am Maßstab des Menschen gemessen. Das ist nicht trivial, weil unsere naturwissenschaftliche Erkenntnis heute selbst bereits das Ende der Gattung in Folge kosmologischer Vorgänge antizipiert. Wie die moderne Kosmologie lehrt, wird der Sonne, wie jedem anderen Stern, der Stoff zur Kernfusion ausgehen; infolgedessen wird sie sich zunächst zu einem »Roten Riesen« ausdehnen, bevor sie in das Stadium eines »Weißen Zwergs« übergeht. Astronomen diskutieren unter anderem, ob die primäre Ausdehnung die Erdumlaufbahn überschreiten wird – vom anthropozentrischen Standpunkt eine etwas akademische Frage, denn auf dem Planeten wird es schon vorher ungemütlich:

> »What will happen on the Earth itself? Ignoring for the moment the short-time-scale (decades to centuries) problems currently being introduced by climate change, we may expect to have about one billi-

on years before the solar flux has increased by the critical 10 per cent mentioned earlier. At that point, neglecting the effects of solar irradiance changes on the cloud cover, the water vapour content of the atmosphere will increase substantially and the oceans will start to evaporate (Kasting 1988). An initially moist greenhouse effect (Laughlin 2007) will cause runaway evaporation until the oceans have boiled dry. With so much water vapour in the atmosphere, some of it will make its way into the stratosphere. There, solar UV will dissociate the water molecules into OH and free atomic hydrogen, which will gradually escape, until most of the atmospheric water vapour has been lost. The subsequent dry greenhouse phase will raise the surface temperature significantly faster than would be expected from our very simple blackbody assumption, and the ultimate fate of the Earth, if it survived at all as a separate body (cf. Section 4), would be to become a molten remnant.« (Schröder/Smith 2008, 159)

Der »Doomsday« ist nach Dafürhalten der einschlägigen Forschung bestätigt: In 7,59 Mrd. Jahren (+/- 0,05 Mrd.) erreiche die Ausdehnung des Roten Riesen die Umlaufbahn der Erde. Aber Forscher wären keine Forscher, wenn sie nicht auch über Möglichkeiten der Rettung nachdächten. Energetisch unaufwendiger als die übliche Science Fiction eines Exodus im Raumschiff erscheint die Verwandlung des Planeten in ein Gefährt, indem die Umlaufbahn eines massemäßig geeigneten Asteroiden manipuliert wird, um mithilfe seiner Gravitation eine sukzessive Vergrößerung des Abstands zur Sonne zu erreichen ...

Um diese Größen in Relation zu setzen: Das Alter der Erde wird zwischen 4,44 bis 4,51 Mrd. Jahre errechnet (Rudge/Kleine/Bourdon 2010), die ältesten Zirkon-Kristalle der Erde aus den Jack Hills in Westaustralien bringen es auf 4,3 Mrd. Jahre (Röhrlich 2010). Die Urahnen des Menschen tauchen dagegen »erst« vor etwa 4,5 *Mio.* Jahren auf.

Der Weltuntergang ist also zeitlich weiter entfernt als die Menschheit (im weitesten Sinne), ja gar die Erde existiert. Die Zurückweisung einer Relevanz des »Doomsday« auf die Dimension der Ethik bezieht ihre Kraft aus dem unausgesprochenen Urteil, 7 Mrd. Jahre seien ein zu großer Zeitraum, um dem künftigen Ereignis in der Gegenwart Bedeutung zuzumessen. Ohne Zweifel liegen 7 Mrd. Jahre unvorstellbar weit entfernt in der Zukunft, aber das eigentliche Problem besteht in der Unmöglichkeit, zu begründen, *ab welchem zeitlichen Abstand zur Gegenwart* das Denken an zukünftige Generationen aufhören dürfte – wenn überhaupt. Zugespitzt ließe sich dann nämlich mit der gleichen Berechtigung formulieren: Warum

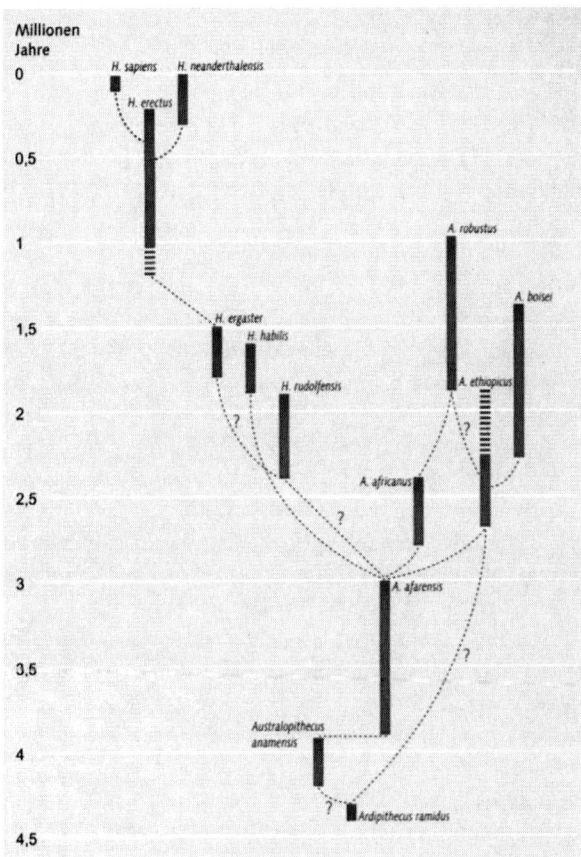

Abb. 2: Ein vereinfachter Stammbaum der Anthropogenesis (Quelle: v. Freeden/v. Schnurbein 2003).

sollen die gegenwärtig Lebenden überhaupt an das Wohlergehen bereits der nächsten Generation denken? Es ließen sich gewiss Beispiele für die Behauptung anführen, dass auch die Altvorderen sich wenig Gedanken um spätere Generationen gemacht hätten. Schon in der Gegenwart lebt der relativ reichere Teil der Weltbevölkerung, als ob die Erde gleich mehrere Male zur Verfügung stünde. Böden, Ozeane und Atmosphäre verwandeln sich unter der Hand einer emsigen Minderheit in Sphären mit zukünftigem Gefährdungspotenzial für die Menschheit. Prominent als der Teil der Umwelt, der die Gattung vom lebensfeindlichen Weltraum trennt und alles unter sich mit ungeheuren Kräften wandelt, ist die Atmosphäre und ihr Zustand: das Klima.

Die Geltungsbedingungen ethischer Argumentationen

Verglichen mit diesen Spekulationen wirken die Einlassungen zum »Climate-Engineering« (CE), mit denen die menschengemachte Klimaerwärmung kompensiert werden soll, wie ein höchst realistisches Szenario: Im Kern geht es dabei um zwei Ansatzpunkte, das symptomatische Management der Sonneneinstrahlung (Radiation Management, RM) und die ursächliche Rückführung von »überschüssigem« Kohlendioxid aus der Atmosphäre (Carbon Dioxide Removal, CRM). Das Bundesministerium für Bildung und Forschung (BMBF) gab eine Bestandsaufnahme der Debatte zu Climate Engineering in Auftrag, der sich 2011 sechs Projektteams unter Federführung des Kiel Earth Institute widmeten. Wie sich zeigt, erweisen sich auch technologiegetriebene Ansätze in vielfältiger Weise als schwierig:

> »Selbst wenn ein Teil dieser Unsicherheiten über die Wirksamkeit und Nebenwirkungen durch weitere Erforschung des Erdsystems reduziert oder gar beseitigt werden kann, macht die Komplexität des Erdsystems Aussagen über die Wirkung und Nebenwirkungen von CE-Maßnahmen, gerade auf regionaler Ebene, schwierig. Auch zukünftige Forschungsanstrengungen im Rahmen von Modellrechnungen und Feldversuchen werden daher kein risikofreies Climate Engineering ermöglichen. Diese allgemeinen Überlegungen treffen natürlich, ganz unabhängig von CE, ebenso auf den anthropogenen (menschengemachten) Klimawandel zu: Auch dessen globale und insbesondere regionale Auswirkungen sind im Detail schwierig vorherzusagen. Damit werden klimapolitische Entscheidungen auch in Zukunft die Abwägung von Risiken und Unsicherheiten erforderlich machen.« (Rikkels/Klever/Dovern 2011, 10)

Betz/Cacean stellen in ihrer Teilforschung zur Frage der ethischen Implikationen fest:

> »Die CE-Kontroverse wird vor dem Hintergrund massiver Unsicherheiten geführt. Diese Wissensgrenzen betreffen nicht nur die Nebenfolgen der Erforschung und des Einsatzes, sondern bereits die Effektivität der verschiedenen Methoden. Dementsprechend ziehen sich risikoethische Überlegungen quer durch mehr oder weniger alle Argumente der Debatte. Eine zentrale Frage besteht dabei darin, wie überhaupt rationale Entscheidungen trotz massiven Unwissens getroffen werden können. Die Argumente, in denen dieses Problem virulent

wird, werden dabei so rekonstruiert, dass sie von Varianten des Vorsorgeprinzips Gebrauch machen.« (Betz/Cacean 2011, 55)

Die Virulenz der ethischen Dimension ist also unabweisbar; die Frage ist daher, wie eine Annäherung an diese Ebene möglich ist. Die ethische Teilstudie der o. g. Bestandsaufnahme beispielsweise bietet eine 127 Seiten starke *Analyse* auf der Ebene der Argumente in ihrer verwirrenden Vielzahl auf, doch unterlässt sie am Ende die ethische *Synthese* selbst, sprich: die Antwort auf die Frage, ob die Industrienationen Climate Engineering praktizieren *sollen* oder nicht (und wenn ja: welche Technologien, welche nicht). Betz/Cacean betonen, dass ihre Rekonstruktion lediglich zeige, welche Fragen in der ethischen Debatte beantwortet werden müssten, und dass die Reihe der Fragen prinzipiell unabschließbar sei. Sie verbinden damit ausdrücklich nicht den Anspruch einer Wertung (Betz/Cacean 2011, 16). Dahinter steckt die Haltung, die Beweggründe, die Motive – die Maximen der verschiedenen Handlungsvorschläge gleich gelten zu lassen. Die Entscheidung zu einer solchen Demokratie der *Maximen* ist aber selbst das Resultat eines ethischen Kalküls, dessen Stichhaltigkeit doch vorweg zu prüfen wäre. Kurzum: Kann jede Maxime, die einem Argument zugrunde liegt, von gleichem Rang sein? Mit Rückgriff auf Kant ließe sich argumentieren, dass das nicht der Fall sein kann. Die formallogische Beschränkung, der sich Betz/Cacean unterwerfen, sichert die Wertungsfreiheit keineswegs (auch wenn dies das weit verbreitete Ideal der Objektivität ist). Schon wenn sie formulieren, was ihre Studie *soll* bzw. *nicht soll*, befinden sie sich im ethischen Register – wo immer von »Sollen« die Rede ist, geht es implizit auch um Ethik. In einer bloßen Beschreibung dessen, was der Fall *ist*, hätte das »Sollen« keinen Platz, zumindest wenn die seit Hume tradierte Sichtweise akzeptiert wird, dass vom Sein kein Sollen abzuleiten sei. (Später wird sich zeigen, dass die Bestimmung des Seins ein entscheidende Punkt solcher Fragen ist.) Ohne in der gebotenen Gründlichkeit die Tiefenstruktur des Problems an dieser Stelle ausbreiten zu können, lässt sich so viel vorwegschicken: Seit den Kritiken Kants ist der Zusammenhang zwischen ethischen Problemstellungen und der Frage, wie die Sprecher in einer Gemeinschaft einander Weltbezüge ansinnen, nicht mehr zu trennen. Anders formuliert: Auf der Suche nach einem globalen »Gemeinsinn« in der Frage der Nachhaltigkeit hängt das Problem der Ethik an der Frage, was als *verallgemeinerungsfähig* gelten kann, was als Weltbild gelten kann und was nicht. Die gesuchte Ethik ist also keine à la mode, sondern in den sinnstiftenden Bedingungen des Diskurses begründet – auf Selbstwidersprüchen der Sprecher kann keine Ethik begründet werden.

Das Weltbild von Klimawandelskeptikern

Es liegt auf der Hand, dass der gemeinsame Austausch über das, was in der Welt jeweils der Fall ist, davon abhängt, ob sich eine Mehrzahl der Menschheit in der Lage befindet, öffentlich von ihrer Vernunft Gebrauch zu machen, ob sie es tut, wenn sie darin ungehindert ist, und ob sie es in Hinblick auf den Korpus des Wissens tut, also einen Begriff davon hat, wovon sie spricht. So gibt es beispielsweise sog. Klimawandelskeptiker, die praktisch keine wissenschaftliche Grundlage für ihre Skepsis haben, weil der Prozentsatz der einschlägigen Wissenschaftsliteratur, die sich mit diesem Thema beschäftigt und die These bezweifelt, dass der Klimawandel menschengemacht ist, weit unter 1 % liegt. Der Zweifel am anthropogenen Klimawandel hat also keine rationale Sinnressource. So kam der Geologe James Powell in seiner Recherche nach wissenschaftlichen Fachbeiträgen mit den Schlüsselwörtern »global warming« und »global climate change« in der Zeit vom 1. Januar 1991 bis 12. November 2012 auf 13.950 Fachartikel zum Thema, und dies ist die Quintessenz seiner Auswertung:

> »By my definition, 24 of the 13,950 articles, 0.17% or 1 in 581, clearly reject global warming or endorse a cause other than CO_2 emissions for observed warming. [...] The 24 articles have been cited a total of 113 times over the nearly 21-year period, for an average of close to 5 citations each. That compares to an average of about 19 citations for articles answering to ›global warming‹, for example. Four of the rejecting articles have never been cited; four have citations in the double-digits. The most-cited has 17. [...] Only 50 of the citing articles are truly independent and peer-reviewed. Of one thing we can be certain: had any of the 24 articles presented the magic bullet that falsifies human-caused global warming, that article would be on its way to becoming one of the most-cited in the history of science. If there were such an article, one would not have to hunt for it.« (Powell 2011):

Das hindert Klimawandelskeptiker bzw. -leugner nicht, ihre Sicht der Dinge als verallgemeinerungsfähig zu behaupten, gar dafür auf die politische Bühne zu treten, wie z. B. der republikanische Politiker James M. Inhofe, Senator des US-Bundesstaates Oklahoma:

> »Since July 2003, when I stood alone on the Senate floor and declared that man-made catastrophic global warming was the greatest hoax ever perpetrated on the American people, the credibility of the United Nations Intergovernmental Panel on Climate Change (IPCC) – which

claimed to have a ›consensus‹ on global warming – has eroded; cap and trade is dead and never to be resurrected, and, the belief that anthropogenic global warming is leading to catastrophe is all but forgotten.« (Inhofe 2012, V)

Da es sich hier keineswegs um eine Randfigur aus einer politisch machtlosen Splitterpartei handelt, sondern um eine einflussreiche Persönlichkeit mit einer Multiplikatorenfunktion, ist der Schaden, den solche Weltbilder in der politischen Landschaft (und in der realen …) anrichten, nicht zu unterschätzen. Dem Zusammenhang zwischen einer solchen Auffassung, politisch rechts-konservativen Präferenzen, markt-radikalen Einstellungen und der Neigung zu Verschwörungstheorien sind Lewandowsky/Obernaur/Gignac im Jahr 2013 in einer empirischen Studie (N = 1377) unter Lesern klimawandelskeptischer Internetblogs nachgegangen:

»Rejection of climate science was strongly associated with endorsement of a laissez-faire view of unregulated free markets. […] A second variable that was associated with rejection of climate science as well as other scientific propositions was conspiracist ideation. Notably, this relationship emerged even though conspiracies that related to the queried scientific propositions (AIDS, climate change) did not contribute to the conspiracist construct. […] The relative importance of those two constructs differed between climate science and the other scientific propositions. We suggest that free-market ideology was more important for climate science than conspiratorial thinking […].« (Lewandowsky/Oberauer/Gignac 2013, 626)

Das Ringen um die Einsicht des Publikums in die Zusammenhänge der globalen Klimaerwärmung findet sich also mit hoher Wahrscheinlichkeit einem umfangreicheren Komplex von Irrationalitäten gegenüber. Kurze, nicht-repräsentative Befragungen unter den Studierenden ergeben ein ähnliches Bild. Nachhaltige Entwicklung wird daher vermutlich nicht ohne Behandlung der anderen Themen (Verschwörungstheorien, Sozialdarwinismus u. a.) zu haben sein.

Immanuel Kant – sittliches Erkennen

Es scheint zunächst schwierig zu verstehen, wie ethische Einsichten »funktionieren«. Kant zufolge formt sich die Erkenntnis des sittlich Richtigen unabhängig von der Erfahrung. Insofern sei Ethik »Metaphysik«. Kant brachte mit seinen Formulierungen des kategorischen Imperativs diese Forderung auf den Punkt:

»[…] handle nur nach derjenigen Maxime, durch die du zugleich wollen kannst, dass sie ein allgemeines Gesetz werde.« (MdS, 51)

»Handle so, daß die Maxime deines Willens jederzeit zugleich als Prinzip einer allgemeinen Gesetzgebung gelten könne.« (KpV, 140)

Erfahrungsunabhängigkeit bedeutet, dass das sittlich Richtige sich nicht an Vor- oder Nachteilen für die Person ausrichten darf. Die häufigste Fehldeutung des kategorischen Imperativs, wenn Studierende aufgefordert werden, ihn in eigenen Worten wiederzugeben, tritt in Gestalt eines Sprichworts auf: Was du nicht willst, das man dir tu, das füg auch keinem anderen zu. Dieses Bonmot bildet die alte Erfahrung drohender Rache ab, eine reziproke Beziehung, die voraussetzt, dass eine Tat eine andere rechtfertigt. Der Gehalt der Sache ist durch und durch empirisch, ihr Prinzip der Reziprozität leitet sich von einem Schmerz, einem erlittenen Verlust ab, dessen Befriedung von der Vergeltung abhängt. Im Kern stellt das Sprichwort also nicht das Prinzip einer Gerechtigkeit auf, sondern das Prinzip, dass persönliche Versehrung durch Dritte die Rechtfertigung für Taten wider diese Dritten abgeben soll. Diese Seelenzustände sind empirischer Natur, sie werden erlitten und empfunden. In der positiven Fassung sagt das Sprichwort nichts anderes als: Wenn ich es mir antun kann, darf ich es dir antun. Eine »optimale« Rechtfertigung für Selbstmordattentäter, um einen zeitgenössischen Anwendungsfall zu nennen.

Das Ethos, die tradierten Sitten des sozialen Umgangs, kann durchaus barbarisch sein, aber das ist der Punkt, an dem Kant einsetzt: Ein Ausweis dessen, was ethisches, sittliches Handeln ist, darf nicht durch den Kalkül persönlicher Präferenzen verunreinigt werden. Ohne Zweifel ist dieses »Prüfprogramm« für Handlungsmotive sehr schwer im praktischen Leben umzusetzen, in der Hauptsache, weil die Elemente, die damit geprüft werden, begrifflich für einen Moment stillgestellt werden müssen: Es muss von einem bestimmten Stand des Wissens ausgegangen werden, etwa der mit an Sicherheit grenzenden Wahrscheinlichkeit, dass die globale Klimaerwärmung heute menschlichen Ursprungs ist und dass daher die Motive der Taten, die zu einer Verschärfung der Situation führen, nicht verallgemeinerungsfähig sind. Sollte sich wider Erwarten herausstellen, dass die Scientific Community der Klimaforschung falsch lag und die Minderheit Recht hatte, so entpuppt sich die Entscheidung als historischer

Irrtum. Aber derzeit lässt die Auffassung der erdrückenden Mehrheit der Scientific Community eben keinen anderen Schluss zu, folglich bildet dieser Wissensstand die Grundlage des Weltbildes für dieses spezielle Problem. Der entscheidende Punkt ist dabei nicht so sehr die Zustimmung zu der Aussage, dass der gegenwärtig beobachtbare Klimawandel anthropogenen Ursprungs ist, sondern dass mit der Leugnung dieses Urteils Konsequenzen für den Gebrauch einer Reihe wissenschaftlicher Erkenntnisse verbunden sind.

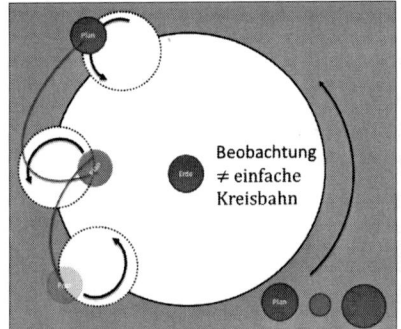 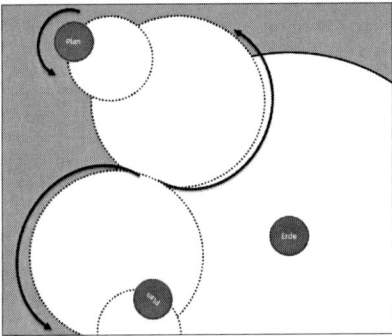

Abb. 3: Geozentrisches Weltbild: Vereinfachtes Schema zur Epizyklentheorie von der Bewegung der Planeten um die Erde als Mittelpunkt des Universums.

Abb. 4: Als Konsequenz verbesserter Beobachtung unter Beibehaltung der Prämisse ergibt sich die Darstellung der Planetenbewegung in Epi-Epizyklen usw.

Einfacher lässt sich die Not einer wissenschaftlich unzureichenden Theorie am historischen Beispiel des lange tradierten und primär religiös begründeten geozentrischen Weltbildes verdeutlichen, bei dem die Erde im Zentrum steht und die Planeten brav um Gottes Schöpfung kreisen. Noch zu Lebzeiten Keplers waren Zweifel an der Prämisse nicht laut zu äußern, ohne die Autorität der Kirche herauszufordern. Mit Blick auf die Bewegung der Gestirne ergab sich aus dieser Prämisse notgedrungen eine überkomplexe Darstellung, die Epizyklentheorie. Auf die alten Kreisbahnen der Planeten wurde nach und nach weitere Kreisbahnen montiert, damit die Prämisse weiter zu den widersprechenden Beobachtungen passte, was auf Dauer das Bild eines burlesken planetarischen Twists entstehen ließ, der durch die Änderung der Prämisse (die Sonne statt der Erde im Zentrum) jeden Nutzen verlor. Eine Leugnung des heliozentrischen Weltbildes hätte genau eine rekursive Konsequenz: eine noch komplexere Modellierung, die letztlich alle auf der Heliozentrik beruhenden (funktionierenden!) Technologien neu interpretieren müsste. Und so zöge die Behauptung, die Erhöhung der globalen Durchschnittstemperatur sei natürlichen Ursprungs, eine Reihe von Erklärungsnöten nach sich, die alle eine nicht weniger plausible Erklärung verlangten. Die ebenfalls existierende fundametale Position, dass die Klimaerwärmung schlicht erfunden sei, hat noch weitreichendere Probleme, die einschlägigen Phänomene alternativ zu erklären. Soll es sich um natürliche, periodische Phänomene handeln, ist die Frage nach den stützenden Aufzeichnungen und Theorien naheliegend.

Es gibt eine sublime Verbindung zwischen den Begriffen, die Menschen sich jeweils von der Welt machen, und der prinzipiellen Verallgemeinerbarkeit bzw. Nicht-Verallgemeinerbarkeit ihrer Handlungsmotive. Ob damit der kategorische Imperativ Kants schließlich doch auf einer empirischen Basis steht, hängt von einem epistemologischen Problem ab: Ob die Begriffe, die Menschen sich von der Welt machen, durch Erfahrung entstehen (was die befragten Studierenden mehrheitlich annehmen, und gewiss nicht sie allein). Oder ob es Begriffe gibt, die jeder Erfahrbarkeit von Welt vorweggehen, und Erfahrung überhaupt erst ermöglichen. Genau dies war Kants Position in der Auseinandersetzung mit David Humes Empirismus. Kant nannte solche Kategorien wie Qualität, Quantität, Relation und Modalität, auf deren Grundlage überhaupt erst die Unterschiede zu machen sind, die eine Ordnung im Chaos möglicher Sinneseindrücke schaffen. Heute ist eher von angeborenen kognitiven Funktionen die Rede; im Prinzip handelt es sich nach wie vor um die Annahme apriorischer Fähigkeiten. Hier gilt das gleiche Argument der Rekursion – ohne diese vermögenstheoretische Annahme wird das Argumentieren ziemlich schwierig. In der Regel werden vermögenstheoretische Prämissen unausgesprochen mitgeschleift. Die empiristische Position gerät an irgendeinem Punkt immer in die Tautologie, genau das voraussetzen zu müssen, was sie durch erfahrungsgestützte Lernprozesse zu erklären versucht. Schon am Beispiel der Fähigkeit, Unterschiede zu machen, lässt sich das Problem demonstrieren: Was immer der erste Moment im Erlernen von Differenzierungen sei, er kann selbst nicht das Ergebnis eines vorangegangenen kognitiven Lernprozesses sein. An irgendeinem Punkt muss zwangsweise eingestanden werden, dass die Fähigkeit zu differenzieren basal auf einem *Vermögen*, also auf einer Anlage beruht, das Unterscheidung ermöglicht. Das bedeutet nicht zwangsläufig, dass die Auswahl der Vermögen die richtige sein muss, sondern dass die Argumentationsstrategie nicht ohne derartige Annahmen auskommt.

Wenn es im erkenntnistheoretischen Bereich starke Argumente gibt, von kognitiven Funktionen auszugehen, die zur »Grundausstattung« gehören, dann kann ethische Erkenntnis davon nicht ausgenommen sein, andernfalls handelte es sich nicht um Erkenntnis, sondern um Glauben. Das spricht zumindest für die Güte des kategorischen Imperativs: Er zehrt in seiner argumentationslogischen Form von den gleichen Ressourcen wie die Erkenntnisgewinnung auf anderen Gebieten. Wenn seine alltägliche Anwendbarkeit auch schwierig erscheint, kann nicht geleugnet werden, dass er wie ein Prüfprogramm Handlungsmotive durchleuchtet und zumindest die Einsicht gestattet, dass das eigene Handeln in dieser oder jener Form nicht stattfinden *sollte*, weil es sich zumeist um exklusives Agieren handelt, das möglich ist, weil andere davon ausgeschlossen sind. Die Gründe, warum es doch passiert, obliegen dann weiterer Selbstbefragung – und Verhaltensänderung geht folglich radikal an die Wurzeln, die jede Handlung im Dickicht eigener Sozialisation, historischer Situation und gesellschaftlicher Stellung hat. Es geht hier weniger um Schuld als vielmehr um die Chance zu erkennen, wie ein Teil der Menschheit sich in der Welt systematisch falsch eingerichtet hat und anderen die Folgen dieser Einrichtung seit Jahrhunderten aufzwingt. Es liegt auf der Hand, dass der kategorische Imperativ Kants nicht nur ein Prüfprogramm individueller Handlungsmotivationen ist, sondern eingedenk der Schwierigkeiten, alleine das Richtige zu tun, untergründig nach der *kollektiven* Organisation eines gerechteren Lebens fragt.

Hans Jonas

Für die wachsende Weltbevölkerung ist nicht-nachhaltiges Wirtschaften ein Problem. Nach der Verdrängung anderer Lebensformen tritt das Problem erst zu Bewusstsein, wo diese expansive Bewegung von steigenden Produktions- und Entsorgungsniveaus auf den Menschen selbst zurückschlägt und zum globalen Verdrängungswettbewerb zwischen »Starken« und »Schwachen«, sprich: Reich und Arm wird. Das ist kein modernes Problem, sondern reicht weit zurück in die Hominisation. In der Gegenwart trifft es die Armen, ihre Verwundbarkeit, »Vulnerabilität«, was bedeutet, den Folgen des globalen Klimawandels nicht mit denselben Mitteln begegnen zu können, wie die reichen Volkswirtschaften dies vermögen. Das Beispiel Kaliforniens (siehe Kapitel 3) zeigt, dass diese Logik freilich auch innerhalb der reichen Volkswirtschaften greift. Das Bruttoinlandsprodukt einer Nation sagt nichts aus über die Verteilung bzw. die Anwendung des gesellschaftlichen Reichtums.

Historische Entwicklung der Weltbevölkerung

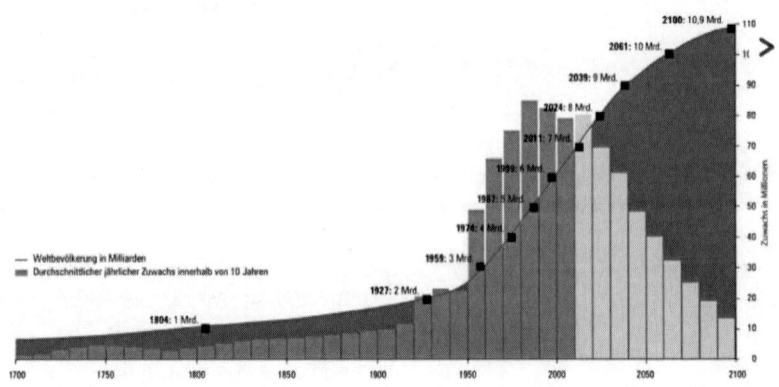

Abb. 5 Entwicklung der Weltbevölkerung seit 1700 mit Projektion bis 2100 (Quelle: Stiftung Weltbevölkerung).

Während in der jeweiligen Gegenwart Reiche in letzter Instanz auf Kosten von Armen leben, wie direkt oder indirekt, wie relativ oder absolut auch immer, muss es die zukünftigen Generationen umso härter treffen, weil sie in der Gegenwart keinen Anspruch geltend machen können. Sie werden das Resultat vergangener Epochen einfach vorfinden. Dieser Gedanke motivierte den Philosophen Hans Jonas zu seiner Kritik des Kant'schen kategorischen Imperativs. In der Tat kann der kategorische Imperativ als gegenwarts- und ortsbezogen verstanden werden, vor allem wenn in Rechnung gestellt wird, dass Kant seinerzeit weder das Bevölkerungswachstum noch die technologische Entwicklung gedanklich vorwegnehmen konnte. Erst zu Beginn des 19. Jahrhunderts trat die Weltbevölkerung über die Milliardenschwelle. Öl wurde erst mit Beginn des Jahrhunderts zum Rohstoff der Industrie, obwohl Bekanntheit, Förderung und Nutzung von Öl, Teer, Bitumen und Ölsanden weit in die Geschichte der Menschheit zurückreichen. Es bedurfte weiterer wissenschaftlich-technischer Innovationen, um die Anwendung derart zu forcieren, dass Produkte auf Erdölbasis praktisch allgegenwärtig (und schwer zu substituieren) sind. Als Jonas über die Herausforderungen moderner Technik schrieb, hatte er gewiss auch die Umweltproblematik vor Augen, stand jedoch seinerzeit stärker unter dem Eindruck der Atom(waffen)technologie. Den bedeutenden Unterschied markieren für ihn die weitreichenden Folgen moderner Technik wie ihre historische Reichweite. Damit gewinne die Herausforderung, zukünftige Generationen im gegenwärtigen Han-

36

deln zu berücksichtigen, an Brisanz. Moderne Technik habe kumulative Folgen:

>[…] ihre Wirkungen addieren sich, so daß die Lage für späteres Handeln und Sein nicht mehr dieselbe ist wie für den anfänglich Handelnden, sondern zunehmend davon verschieden und immer mehr ein Ergebnis dessen, was schon getan ward. […] All dies müsste im Willen der Einzeltat mitgewollt sein, wenn diese sittlich verantwortlich sein soll.« (Jonas 1979, 27f)

Das Wissen um die Folgen von Handlungen müsse »dem Ausmaß unseres Handelns größengleich sein« (Jonas 1979, ebd.). Dabei gehe es nicht darum, den Bereich der Technik und der damit verbundenen Professionen einer Ethik zu unterwerfen, als vielmehr darum, einzusehen, dass Technik selbst eine ethische Dimension ab ovo habe, weil sie zentrale Bedeutung im *Zweck*leben der Menschen besitze. Anders gesagt: Sie sei nicht Selbstzweck, sondern auf menschliche Zwecke bezogen, mit Technik möchten Menschen in letzter Instanz – etwas idealistisch formuliert – eine Verbesserung oder Erleichterung ihrer eigenen Situation erreichen. Den angestrebten Zustand als *besser* gegenüber dem jeweiligen Ausgangspunkt zu bewerten, ist letztlich eine ethische Bewertung. Selbst Technik im Kontext von Kunst ist davon nicht auszunehmen, weil die angestrebte ästhetische Erweiterung menschlicher Erfahrung, die Hinzufügung eines Differenzerlebnisses im Bestehenden, an sich selbst als besser angenommen wird als das Verharren im bekannten Erlebnisraum. Und das gilt selbstverständlich auch für verstörende Kunstbeiträge, die es nicht darauf anlegen zu gefallen.

Freilich sah Jonas, dass das Selbstbild des Menschen sich durch Technik verändert. Die Weltauffassung werde in wachsendem Maße als technische Herausforderung begriffen, die Sphäre des *Herstellens* sei dominant geworden – was hinsichtlich der grundlegenden Systematik der Erzeugung und Verteilung von Reichtum heute nicht verwundert. Der Eindruck lässt sich kaum von der Hand weisen, dass sich Systemstrukturen bis hinein in den Bereich individueller psychischer Zustände verselbstständigt haben und betrieben werden, als ob sie ein vorausgehender, gebietender Selbstzweck wären. In vielerlei Hinsicht umgibt die diversen Skizzen der Kommissionen und Gipfel zur Nachhaltigen Entwicklung der Ruch des Verzichts der gegenwärtig Lebenden zugunsten der zukünftigen Generationen. Das Problem einer solchen Interpretation lautet Jonas zufolge:

»Das Opfer der Zukunft für die Gegenwart ist *logisch* nicht angreif-
barer als das Opfer der Gegenwart für die Zukunft.« (Jonas 1979, 35)

Die erste Formulierung eines alternativen Imperativs, der die in Abgren-
zug zu Kant unterstellte intergenerationelle Problematik in sich aufnimmt,
lautet:

»Handle so, dass die Wirkungen deiner Handlung verträglich sind
mit der Permanenz echten menschlichen Lebens auf Erden.« (Jonas
1979, 36)

Zugespitzt besteht die Schwierigkeit nun also darin, zu begründen, warum die Reihe der Gattung weitergehen *soll* – das erwähnte Sein-Sol-
len-Problem kehrt hier wieder. Politisch erscheint dieses Sollen schwer
durchsetzbar (obwohl das positive Recht seine Stärke in der Setzung und
Bewahrung von Normen hat, im besten Falle wird dabei Verfahrensfra-
gen Relevanz eingeräumt), so gegenwartsgebunden wie die Politik nun
einmal ist. Was fehle, sei eine begleitende Wissenschaft im Sinne einer ver-
gleichenden Futurologie, die die Folgen gegenwärtiger Vorhaben für die
Zukunft einzuschätzen hätte. Als Entscheidungsgrundlage für die Politik
wiederum sei dem Unwissen über mögliche Folgen die Kraft der Geltung
zu verleihen – um sich nämlich gegen die Entwicklung von Technologien
unerkennbarer Reichweite zu entscheiden.

Unheilsprophetie vor Heilsversprechen

Diese Forderung, der Unsicherheit und dem geringsten Risiko den Vorrang zu geben, widerspricht zutiefst dem Entdeckergeist, der die Kraft
der Innovation für sich reklamiert; dabei droht vergessen zu werden, dass
Technologien sich zuweilen nicht mehr im überschaubaren Rahmen bewegen. Die o. g. Technologiefolgeabschätzung zum Climate Engineering
geht zumindest in die von Jonas intendierte Richtung. Was fehlt, ist das
Element, das Jonas als »Unheilsprophetie« bezeichnet. In Anbetracht des
technologischen Optimismus wirkt der Begriff allerdings weniger deplat-
ziert, denn was verbirgt sich anderes als »Heilsprophetie« hinter der Ver-
selbstständigung technologischer Machbarkeit (und selbst wenn es sich
nur um ökonomisches »Heil«, sprich: das Profitmotiv handelt). Die geforderte Unheilsprophetie zielt auf einen Mangel ab, ein fehlendes emoti-
onales Sensorium für die Möglichkeit der Bedrohung, eine Heuristik der
Furcht. Die erste Pflicht bestehe darin, eine Vorstellung von der Fernwir-

kung einer Technologie zu entwickeln. Daran schließe sich die zweite an, ein Gefühl von der möglichen Bedrohung zukünftiger Generationen zu kultivieren, *als ob* sie zu den gegenwärtig lebenden Menschen zählten. Das bedeute, die emotionale Wahrnehmung einer potenziellen Bedrohung für die gegenwärtig lebenden Mitmenschen auf die kommenden Generationen zu übertragen. Die Möglichkeit einer Bedrohung habe dabei Vorrang vor der statistischen Wahrscheinlichkeit. Daraus ergäbe sich zweifellos eine Beschränktheit der Handlungsoptionen in der Gegenwart. Im Unterlassungsfall stünde dieser Beschränkung aber eine zwangsweise eingeschränkte zukünftige Freiheit gegenüber, welche die Folgen des gegenwärtigen Handelns auszugleichen hätte. Heutige Fehltritte der technologisch-gesellschaftlichen Entwicklung – hier kann die ökonomische Seite umstandslos miteinbezogen werden – limitieren zukünftige Freiheitsgrade, schon weil künftige Generationen sich überhaupt mit dem negativen Erbe auseinandersetzen müssen, statt ihre Kraft in die Verwirklichung ihrer eigenen Entwicklung fließen zu lassen. Die von Jonas skizzierte Heuristik der Furcht bezieht ihre Kraft nicht allein aus der Projektion der Folgen heutigen Handelns in die Zukunft, sondern auch aus der Erfassung der Vergangenheit wie der baldigen Vergangenheit des noch Gegenwärtigen als ein Erbe. Das Erbe der Vergangenheit sei demgemäß als höherwertig einzustufen als ein ungewisses zukünftiges Heil. Erbe zu bewahren müsse wichtiger werden, als zukünftigen, unsicheren Gewinn anzustreben.

»Der Vorwurf des ›Pessimismus‹ gegen solche Parteilichkeit für die ›Unheilsprophetie‹ kann damit beantwortet werden, dass der größere Pessimismus auf seiten derer ist, die das Gegebene für schlecht oder unwert genug halten, um jedes Wagnis möglicher Verbesserung auf sich zu nehmen.« (Jonas 1979, 75)

Die Gewohnheit der traditionellen Ethik gehe mit dem Prinzip der Reziprozität einher. So beruhten die Rechte des Individuums auf Gegenseitigkeit, den eigenen Rechten korrespondieren die Pflichten des Anderen und umgekehrt. Die angestrebte Ethik, die die Fortsetzung der Gattung als unabdingbaren Kern in sich trägt, müsse daher das Moment der Reziprozität aufheben, weil es Pflichten nur dort einzufordern gestattet, wo Rechte geltend gemacht werden können. Zukünftige Generationen können ihre Rechte aber heute eben nicht geltend machen und die heutige Generation auf etwas verpflichten. Folglich sucht Jonas das existierende Paradigma einer nicht-reziproken Verpflichtung – und findet es in der Bedingungslosigkeit der Fürsorge für die Nachkommen:

»Es ist dies die einzige von der *Natur* gelieferte Klasse völlig selbstlosen Verhaltens, und in der Tat ist dieses [...] Verhältnis zum unselbstständigen *Nachwuchs*, und *nicht* das Verhältnis zwischen selbstständigen Erwachsenen [...] der Ursprung der Idee von Verantwortung überhaupt [...].« (Jonas 1979, 85)

Konsequenterweise verschiebt sich an diesem Punkt der Argumentation das Begründungsproblem, warum die Reihe der Menschen überhaupt weitergehen soll, um die Nuance, ob die Fortpflanzung selbst als Pflicht zu betrachten sei. Das ist augenscheinlich nicht der Fall. Das Zentrum der gesuchten Ethik liege jedoch nicht in den konkreten Wünschen zukünftig existierender Menschen; ohne Pflicht zur Fortpflanzung würde schließlich eines fernen Tages vielleicht niemand mehr existieren, der etwas wünschen könnte. An dieser Stelle radikalisiert Jonas die Begründung einer zukunftszugewandten Ethik: Es sei die *Ermöglichung* eines zukünftigen *Sollens*, die Verantwortung gebiete. Dass Verantwortung zukünftig möglich ist, gebiete in der Gegenwart Verantwortung. Alternativ formuliert: Verantwortliches Handeln heute ist Bedingung der Möglichkeit für verantwortliches Handeln morgen.

Fazit: Nicht über die *Rechte* zukünftiger Generationen haben die Gegenwärtigen zu wachen, sondern über deren (Möglichkeit zur) *Pflicht* (gegenüber der Gattung ad infinitum). Und das ist eine völlig andere Begründung als die landläufig vorzufindende des gegenwärtigen Nachhaltigkeitsdiskurses, der die geschilderten Problematiken der Reziprozität außer Acht lässt und einfach davon ausgeht, dass das Prinzip für die zukünftigen Generationen greifen würde. Nun ließe sich gegen Jonas einwenden, dass die vorgenommene Volte von den Rechten zu der Chance, auch in Zukunft Pflichten nachkommen zu können, also ethisch handeln zu können, selbst wieder einen Akt der *Berechtigung* der kommenden Generationen darstelle: Ihr Recht müsse gewahrt bleiben, ihre Pflichten gegenüber der Gattung wahrzunehmen. Eine solche Kritik unterschlüge jedoch den Aspekt der (Ehr-)Furcht – freilich eine sehr kleine Flamme, die da glimmt, weil es um die Frage geht, wie sich ein *Gefühl* kultivieren lässt. Aller Abneigung gegenüber dem Ruch der Metaphysik zum Trotz führt Jonas Schritt für Schritt (durchaus über die hier diskutierten Ausschnitte hinaus) vor, welche Begründungsprobleme die unreflektierte Ethik hat, die den meisten Nachhaltigkeitsplädoyers zugrunde liegen dürfte. Nachdem eingesehen ist, dass die Entscheidung für eine Nachhaltige Entwicklung eine ethische ist, darf der Diskurs nicht dabei stehenbleiben, so zu tun, als ob die Begründung selbstverständlich wäre. Gerade angesichts des kontrafaktischen Handelns auf allen Ebenen bliebe nur der Schluss, dass die Mittel- und Oberklassenangehörigen in den Nationen bis ins Mark verdorbene Zeitgenossen wären. Da erscheint es zielführender, von der Annahme auszugehen, dass die Implikationen und Widersprüche des vermeinlich Selbstverständlichen noch nicht durchdrungen sind und die vielfältigen Widersprüche nicht empfunden werden. Die Idee, dass die Entwicklung eines entsprechenden Sensoriums helfen könnte, ist keineswegs metaphysisch oder religiös, sie kann durchaus als Notwendigkeit fortgesetzter psychischer Differenzierung gelesen werden, auf deren Grundlage eine freiwillige Änderung gewohnter Handlungsmuster vielleicht möglich würden.

»Where is the stick?«

In der – durchaus auch emotionalen – Gewohnheit der Reziprozität stellt sich die Frage nach den drohenden Konsequenzen bei Missachtung dieses Prinzips der Verantwortung. Reziprozität findet sogar im Negativen statt, wenn heute geltendes Recht gebrochen wird, weil damit gerechnet werden kann, dass das abstrakte Gegenüber keine Chance haben wird, die Wiederherstellung der Ordnung geltend zu machen.

Es liegt in der Natur der Sache, dass eine prinzipienbasierte Ethik nicht in das empirisch reale Drohen mit Vergeltung zurückfallen kann – derlei ist seit Kants Entdeckung, dass es sich dabei nicht mehr um Ethik aus erfahrungsabhängiger Einsicht handeln kann, ausgeschlossen. Einsicht in die Notwendigkeit kann nicht erzwungen werden, sonst ist sie keine Einsicht, sondern Beugehaft. Wenn es Ethik ist, dann aus Einsicht in die Notwendigkeit ihrer selbst – Jonas' Kniff, die Möglichkeit des Sollens anstelle der Rechte der Zukünftigen zur Grundlage zu machen, schreibt diese Einsicht Kants fort. Es gibt also keinen »Stick«, keinen drohenden Knüppel in der Hand einer höheren Instanz. Die Ethik hält selbst keine Bedrohung parat. Ihr freiheitlicher Sinn ist nicht schon ihre Schwäche, sie liegt jenseits solcher Dichotomien. Etwas überspitzt gesagt: Wer falsch zu leben gewohnt ist, kann mit der Aussicht auf ein richtiges Leben nichts anfangen, wenn es nicht irgendeinen emotionalen Kern gibt, der dieses Potenzial wenigstens ahnen lässt. Die Frage nach der Chance auf eine nachhaltige Lebensführung ist im Prinzip die Frage, wie sehr sich die Menschheit mit der gegenwärtigen Karikatur ihrer Möglichkeiten identifiziert.

Das einzige, was aus der Missachtung der ethischen Dimension folgt, ist, dass die Ethik keinen Platz im Leben der Gegenwart und auch nicht in der Zukunft einnimmt. Damit wird nicht die Ethik, sondern die Art der Lebensführung selbst zur Bedrohung. Früher oder später werden die systemischen Anpassungsbewegungen eine solche Beschleunigung erreichen, dass in einer zukünftigen Gegenwart die Alten im Rahmen negativer Reziprozität von den Jungen für die Folgen vergangener Taten zur Rechenschaft gezogen werden; auf welche Art, bleibt offen. Ob die Diktatur einer objektiven Knappheit, die sich an den Schwachen (und das dürfte die Alten früher oder später einschließen) schadlos hält, oder anarchische Rechtlosigkeit – so oder so handelt es sich um einen gesellschaftlichen Erosionsprozess. Was wäre das für eine Option, darauf zu spekulieren, dass ein paar übrig bleiben, die eine neue, bessere Zivilisation aufbauen werden? Wer kann ernsthaft glauben, die eigenen Nachkommen wären daran beteiligt, während nur die anderen ins Verderben liefen? Das ist keine Antwort auf Kants dritte Frage: »Was darf ich hoffen?«

***

Es dürfte klar geworden sein, dass den Motiven menschlichen Handelns zumindest unausgesprochen und unreflektiert ethische Begründungsmuster beigelegt sind. Selbst ausgemachte Schufte mühen sich zuweilen ab, rechtfertigende Argumente für ihr Tun beizubringen. Das tiefere Problem für die viel zitierte »Wertegemeinschaft« ist, welcher ethische Ansatz ein stabiles Fundament bieten könnte – und nicht welche Werte wem individuell gefallen. Für dieses Unterfangen eignen sich solche Ethiken besser, die nicht mit subjektiven Erfahrungen kalkulieren, deren Verallgemeinerungsfähigkeit zudem nicht geprüft werden kann. Außerdem neigt die Idee der Nachhaltigen Entwicklung selbst tendenziell einer erfahrungsunabhängigen Ethik zu, weil sie die Zukunft der Gattung einbegreift. Dies führt an einem Punkt zum Reziprozitätsproblem – noch nicht existierende Generationen sind dem Erfahrungsraum heute lebender Generationen entzogen. Was fehlt, ist die gründliche Reflexion auf die Konsequenzen dieser Setzung. Der probeweise Rekurs auf Kant und Jonas skizziert die Möglichkeit, die ethischen Implikationen des Nachhaltigkeitsdiskurses zu klären. Dabei verweisen die Prinzipien, die eine ethische Justierung von Handlungen ermöglichen, stets auf den jeweiligen Stand des Wissens über den Planeten, d. h. die nicht länger hintergehbare wissenschaftliche Gestalt eines Weltbildes. Ein unwissenschaftliches, irrationales Weltbild hingegen kann kein ethisches im Sinne Kants sein, weil die zugrunde liegenden Motive, etwa religiöse, sich letztlich dem rationalen Zugriff entziehen. Nur in Wahrscheinlichkeitsgraden von den Folgen eigenen Handelns zu wissen, ist nicht dasselbe, wie an die Wahrscheinlichkeit der Existenz eines Gottes (oder vieler) zu glauben. Ein Teil dessen, was also im Zusammenhang einer rationalen Forderung der Nachhaltigen Entwicklung gewusst werden kann (und muss), wird im folgenden Kapitel diskutiert.

3. Naturwissenschaftliche Perspektive des stoff-ökonomischen Registers

Unter den komplexen Problematisierungen, die sich im Diskurs der Nachhaltigkeit ergeben, rangiert der anthropogene Klimawandel bzw. die globale Erwärmung als dessen bereits sichtbare Folge an prominenter Stelle, werden etwa die Suchanfragetrends im Internet über den Monopolisten Google näher betrachtet. Ein Vergleich von fünf englischen Suchbegriffen aus diesem Kontext zeigt vor allem die Dominanz des Themas *Global Warming*. In Deutschland hingegen dominiert mit vergleichbarem Verlauf der Begriff »Klimawandel«, während »Erderwärmung« (schwächer noch »globale Erwärmung«) relativ seltener gesucht wird:

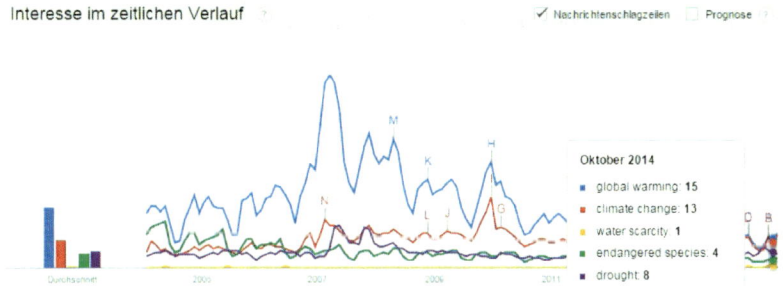

Abb. 6 Vergleich der relativen Anzahl weltweiter Suchanfragen bei Google von Januar 2004 bis Oktober 2014 (Quelle: Google Trends, 07.11.2014).

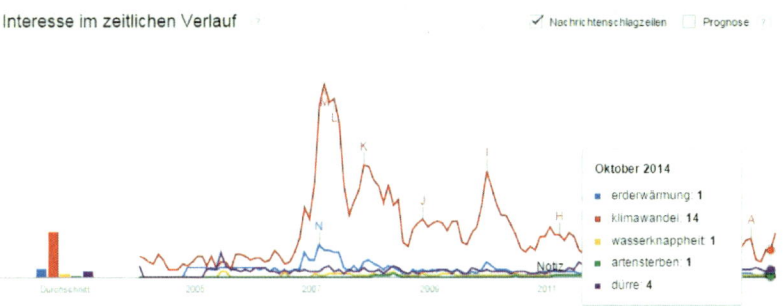

Abb. 7 Vergleich der relativen Anzahl deutschlandweiter Suchanfragen bei Google von Januar 2004 bis Oktober 2014; »bedrohte Arten« bleibt im Gegensatz zum scheinbar häufiger verwendeten Begriff »Artensterben« <1 (Quelle: Google Trends, 07.11.2014).

Unterhalb dieser Wahrnehmung existiert allerdings ein Bündel sich gegenseitig bedingender Problematiken, deren dynamisch-systemisches Zusammenspiel eine politische Steuerung von Nachhaltiger Entwicklung vor radikale Konsequenzen stellt. Jenseits der normativen Forderungen, die vor allem die Seite ethisch berechtigter Ansprüche betreffen, erhebt sich eine gewissermaßen normative Kraft des Faktischen, sobald die stoffliche Seite des Problems betrachtet wird. Insofern der Planet als *oikos* der Gattung Mensch betrachtet wird, hat alle Ökonomie sich der Vorrangigkeit des stofflich-ökonomischen Registers (in Absetzung gegen das monetär-ökonomische) zu fügen, wenn sie von Bestand sein soll. Um diesen Haushalt besser kennenzulernen, werden im Folgenden *Atmosphäre*, *Biosphäre* und *Hydrosphäre* als ökologische Teilsysteme des irdischen Gesamtsystems betrachtet.

Die Atmosphäre – natürliche Faktoren des Klimawandels

Die Prozesse, die das Klima des Planeten steuern, sind astronomischer und planetarischer Natur. Die Sonnenbestrahlung (Insolation) versorgt die Erde mit Energie, im *konventionell* festgelegten Mittelwert 1368 Watt pro Quadratmeter (Solarkonstante), die an der Atmosphärengrenze an-

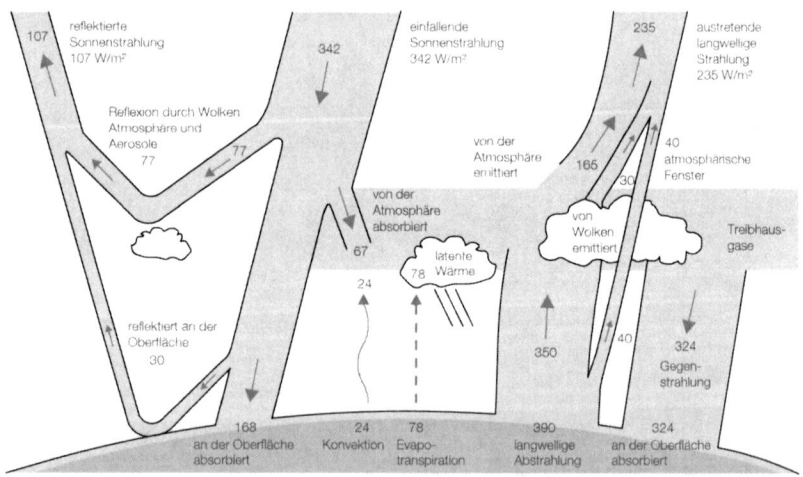

Abb. 8 Schätzung der globalen jährlichen Energiebilanz. Gut die Hälfte der Energie wird von der Erdoberfläche absorbiert und wird als Wärmestrahlung an die Atmosphäre abgegeben, die wieder einen Teil zur Oberfläche zurückstrahlt, einen Teil ans All abgibt. (Nachzeichnung nach: Kiehl, J.T./ Trenberth, Kevin E. 1997).

kommen. Wie hoch die Energieaufnahme ist, hängt erstens von der Entfernung der Erde zur Sonne ab, zweitens vom Winkel der Einstrahlung, also von der temporären Neigung der Erde zur Sonne; der dritte bedeutende Faktor ist planetarischer Natur: die Zusammensetzung der Atmosphäre. An dieser Stelle setzt der anthropogene Einfluss ein, der in letzter Instanz die Abgabe der Insolationsenergie ans Weltall verzögert – mit der Folge steigender atmosphärischer Erwärmung.

Die Entfernung der Erde zur Sonne ist nicht konstant, zunächst ist in kurzer Frist die *elliptische Bahn* der Erde in Betracht zu ziehen, die im Laufe eines Sonnenumlaufs für unterschiedliche Jahreszeiten sorgt. Aufgrund der *Achsenneigung* des Planeten empfangen nördliche und südliche Hemisphäre unterschiedlich stark Sonnenenergie; die Äquatorzone ist der am intensivsten bestrahlte Teil des Planeten. Wie der Mathematiker Milutin Milanković errechnete, gibt es in langen Perioden Schwankungen in der Menge der Energieaufnahme, die nicht auf solare Aktivitäten zurückzuführen sind, weil Sonneneruptionen, der elfjährige Sonnenfleckenzyklus und die Abnahme der solaren Energieabgabe dabei mit 0,1 °C bis 0,3 °C weniger ins Gewicht fallen.

Erstens ist die Stellung der Erdrotationsachse nicht konstant, sondern schlingert mit Zyklen von ca. 21.000 Jahren um einen Punkt (Präzessionsbewegung), bedingt durch die Gravitationswirkungen von Sonne und Mond. Zweitens neigt sich diese rotierende ideale Achse selbst (Ekliptik,

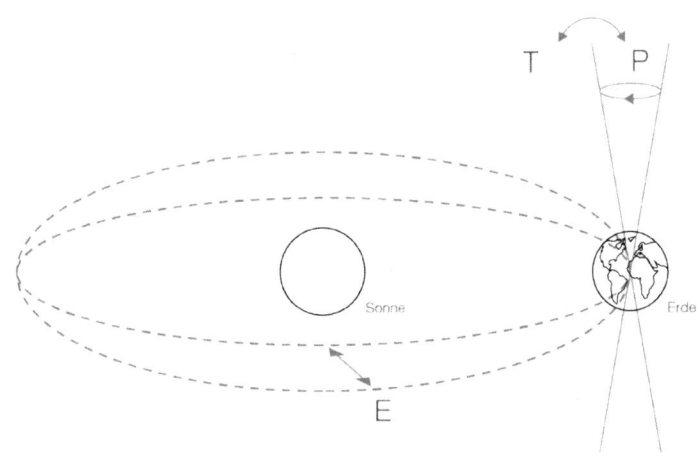

Abb. 9 Milanković-Zyklen. Exzentrizität (E), Präsession (P) und Obliquität (*engl.* tilt = T) der Erde (Nachzeichnung nach UCAR).

d. i. Erdschiefe) um ca. 21° bis 24° im Verlauf von ca. 40.000 Jahren. Drittens bleibt die Bahn der Erde um die Sonne nicht einförmig elliptisch, sondern durchläuft im Laufe von 100.000 Jahren einen Formwandel von der Ellipse zum Kreis und zurück (Exzentrizität). Gegenwärtig verläuft die Erdbahn in einer Phase geringer Exzentrizität (Schönwiese 1995, 128-142).

Diese Milanković-Zyklen spielen aufgrund ihrer spezifischen Zeitlichkeit eine Rolle für die sehr langfristigen Klimaveränderungen auf der Erde, vorranging für die Eiszeitzyklen. Die Veränderungen der Insolation durch diese Abstandsvariationen zur Sonne sind praktisch nicht wahrnehmbar innerhalb einer Generation, in einem Jahrhundert tragen sie zu einer Veränderung von etwa einem Hundertstel Grad Celsius in der globalen Durchschnittstemperatur bei. Der volle Zyklus bis zum kältesten Zeitpunkt schafft eine Veränderung von maximal 5 °C im Vergleich zum wärmsten Zeitpunkt. Gegenwärtig befindet sich der Planet auf dem Weg in die nächste Eiszeit, Ankunft in etwa 25.000 Jahren (Endlicher/Gerstengarbe 2007, 3). Die Vorgänge auf dem Planeten selbst, d. h. im Klimasystem, und deren Einfluss auf die Zusammensetzung der Atmosphäre sind stär-

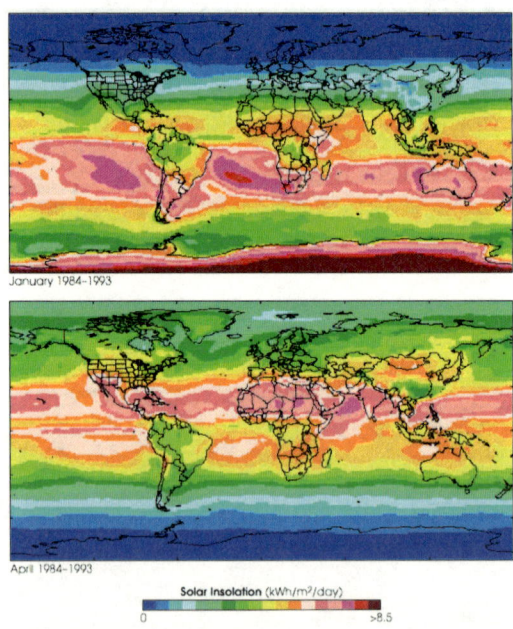

Abb. 10: Insolation aggregiert über 10 Jahre im Januar im Vergleich zum April, angegeben in kWh/m²/Tag (DiPasquale 2001).

ker in Betracht zu ziehen, um den anthropogenen Anteil am Klimawandel von den zyklischen Variationen und Schwankungen unterscheiden zu können. Es handelt sich (nicht nur) beim klimatischen Geschehen um komplexe Rückkopplungsprozesse, die z. B. durch vulkanische Vorgänge auf der Erde, vor allem solche in Äquatornähe, Bestärkung erfahren können. Ohne diese Eigenaktivität des Planeten wären die Eiszeitperioden vielleicht auf begünstigende Koinzidenzen im Rhythmus dieser Zyklen zurückzuführen, zumindest glaubte Milanković das seinerzeit (die These ist strittig). Zumindest kommt den Milanković-Zyklen aber die begünstigende Wirkung für die Entstehung einer Eiszeit zu. Bohrungen im ewigen Eis zur Untersuchung des Molekulargewichts von Wasser, das Rückschlüsse auf frühere Globaltemperaturen und Kohlendioxidkonzentrationen zulässt, haben die Zyklentheorie Milanković' in jüngster Zeit bestätigt, was die Frage der Begünstigung von Eiszeiten angeht.

Albedo

Für die Frage des Klimas ist die Oberflächenreflektivität des Planeten von Bedeutung, weil sie einen großen Einfluss darauf hat, wie viel Energie im System gespeichert wird. Speicherung bedeutet nicht Speicherung für immer (dann wäre die Erde praktisch verdampft), sondern verzögerte Abgabe. Je länger die Verzögerung, desto höher die Erwärmung des Weltklimas. Die Atmosphäre sorgt zum Teil für eine Reflexion der Sonnenstrahlung, vor allen jedoch für diese Verzögerung. Zum Vergleich: Der Mond hat keine Atmosphäre und seine Oberfläche erwärmt sich sonnenseitig bis zu 130°C, die Mondnacht hingegen bringt eine Abkühlung bis zu -150°C mit sich, wie die Mondmission »Chang'e 1« der Volksrepublik China im Jahr 2010 ergeben hat. Ohne Atmosphäre spielt beim Mond allein die Entfernung der beschienenen Oberfläche zur Sonne eine Rolle für die Energieaufnahme.

Was die Oberfläche der Erde betrifft, so gilt die Alltagserfahrung: Dunkle Oberflächen heizen sich stärker auf als helle, weil sie mehr Energie speichern und langsamer abgeben. Helle Areale wie etwa die Polkappen, die Gletscher und beschneite Gebiete, aber auch Wüsten reflektieren mehr Sonnenstrahlung zurück ins All als die aufgebrochene Erde der Äcker oder andere relativ dunklere Flächen. Das Maß für den Reflektivitätsgrad einer Oberfläche heißt Albedo (Weißheit, nicht zu verwechseln mit Weisheit). Das Maß Albedo reicht von vollständiger Schwärze ohne jede Reflexion = 0 bis zu vollständig reflektierendem Weiß = 1, also 100 % Reflexion eingehender Strahlung. Je höher der Albedo-Wert, desto mehr Strahlung wird ins All zurückgeworfen. Hier wiederum kommt die Eigenschaft der Atmosphäre ins Spiel, Strahlungsenergie verzögert aus dem Gesamtsystem zu entlassen. Andererseits hat ihre jeweilige Beschaffenheit selbst die Eigenschaft, Sonnenstrahlung zu reflektieren, d. h. gar nicht erst auf der Erdoberfläche ankommen zu lassen, sei es durch Wolken, sei es durch reflektierende Teilchen aus Emissionen von Vulkanausbrüchen, große Meteoriteneinschläge oder den großflächigen Einsatz von Atomwaffen – der sog. atomare Winter würde auf diesem Effekt beruhen. Besonders vulkanische Aktivitäten in Äquatorregionen können eine Abkühlung der durchschnittlichen planetarischen Oberflächentemperatur bewirken, weil sich die Verteilung der Emissionen über den Globus vom Äquator aus recht gleichmäßig vollzieht. Zudem verändert sich die Zusammensetzung der Strahlung. Energiestrahlung im sichtbaren Spektrum – Licht – trifft auf die Oberfläche, wird aber mit abnehmendem Albedo immer weniger in den Wellenlängen sichtbaren Lichts, sondern als unsichtbare Infrarotstrahlung – Wärmeabstrahlung – zurückgeworfen. Auch dies ist ein allseits nachvollziehbares physikalisches Phänomen: blendende Schneeoberflächen im Winter, erwärmte Asphaltflächen im Sommer. Die Wellenlängen dieser Wärmeabstrahlung erlauben aber nicht die langen Wege, die das Licht zurückgelegt hat. Sie heizen stattdessen die Atmosphäre auf. Je dichter die Atmosphäre, desto länger bleibt diese Wärmenergie im System.

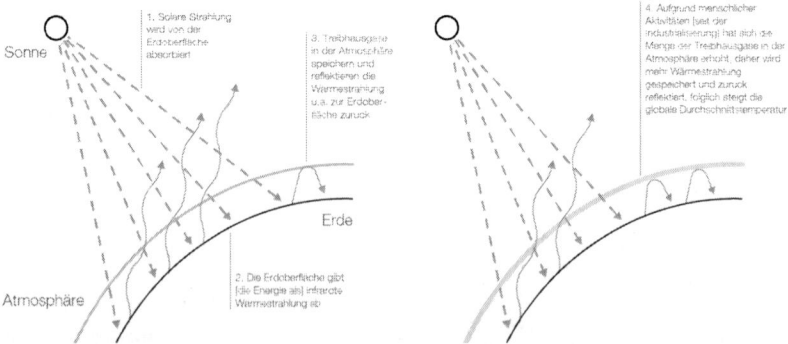

Abb. 11: Verdichtete Atmosphäre (Nachzeichnung nach Stix 2006).

Positive Feedbacks

Verändert sich der Albedo einer Oberfläche, verändert sich also ihr Reflektivitätsgrad. So kann etwa bei einer globalen durchschnittlichen Erhöhung des Albedo die Zunahme reflektierender Flächen zu einem sich selbst verstärkenden Effekt (positives Feedback) führen. Wenn anfänglich geringe Energieaufnahme zu einer Senkung der globalen Durchschnittstemperatur führt, verstärkt die Zunahme von Schnee- und Eisflächen den Anstieg des Albedo-Wertes – mehr Sonnenstrahlung als zuvor wird reflektiert. Das wiederum bedingt die weitere Zunahme von Schnee und Eis usw. Als Initialisierung dieses positiven Feedbacks kommen vulkanische Ausgasungen in Frage, deren atmosphärische Effekte die Insolation solange beeinträchtigten, bis die Ausgasungen als Teilchen auf die Erdoberfläche abgesunken wären. Derweil hätte sich die Erdoberfläche in der beschriebenen Weise abgekühlt und ihren Albedo geändert, so dass die wieder durchdringende Sonnenstrahlung stärker als zuvor reflektiert würde. Mit Blick auf die Eigenschaften der Atmosphäre könnte ein positives Feedback auch in entgegengesetzter Richtung einsetzen, und das ist das Thema des Jahrhunderts: Die menschengemachte Veränderung u. a. der Atmosphäre, die den Treibhauseffekt verstärkt, mit weitreichenden Folgen für alles, was sich auf dem Planeten abspielt.

In der Erdgeschichte bis zur Epoche vor der Industrialisierung regulierte sich die Atmosphäre singulären Ereignissen zum Trotz auf das Maß, das Leben auf dem Planeten in seiner Mannigfaltigkeit ermöglicht hat. Was das Erdinnere durch vulkanische Aktivitäten an die Oberfläche beförderte, hat sich im Laufe des Erdalters im Zusammenspiel mit biologischen Prozessen in einen Zustand gebracht, den Menschen als »Gleichgewicht« zu bezeichnen pflegen, weil ihnen der erreichte Status quo das Leben auf dem Planeten als Teil der Biosphäre ermöglicht. Dieses vermeintliche Gleichgewicht könnte durch einen gigantischen Ausbruch etwa des Vulkans, den Sommerfrischler als Yellowstone Naturpark durchwandern, genauso gut wieder in einen Zustand gebracht werden, der das Leben zumindest von komplexen und empfindlichen Organismen verunmöglicht und eben ein anderes Gleichgewicht herstellt, in dem u. a. Homo sapiens nicht vorgesehen ist. (Das ist für die spätere Diskussion über »dissipative Strukturen« in Erinnerung zu behalten.)

Referenzereignisse, wie der Ausbruch des Tambora 1815, der Neuengland Schneefälle im Juni bescherte, oder der Ausbruch des Pinatubo 1991 mit einer anschließenden Senkung der globalen Durchschnittstemperatur um 0,5 °C, stützen die Theorie dieses Wirkungszusammenhangs. Unter veränderten Rahmenbedingungen kann vulkanische Ausgasung aber auch genau das Gegenteil bewirken. In der Diskussion um die Frage, was die großen Eiszeiten in der Erdgeschichte beendet haben könnte, spielen auch die Treibhausgase aus Vulkanen eine Rolle. Zunächst könnte eine Zunahme von Gletschereis eine Albedo-Feedback-Schleife in Gang gesetzt haben, das heißt: Die Sonneneinstrahlung wird zunehmend reflektiert, die Temperaturen sinken, mehr Eis entsteht, das die Sonneneinstrahlung reflektiert usw. Jüngste Forschungsergebnisse legen nahe, dass die Erde während der drei großen Eiszeiten eher ein »Slushball« als ein »Snowball« war und nicht vollständig mit Eis bedeckt war. Eine Unterbrechung dieser positiven Feedback-Schleifen setzte dann mit der fortgesetzten vulkanischen Aktivität ein, deren Treibhausgasemissionen die Atmosphäre umso stärker angereichert hatten, je weniger die Ozeane als Speicher zur Verfügung standen – diese waren ja größtenteils eisbedeckt. Infolge der gestiegenen Treibhausgaskonzentration wurde jeweils das große »Abtauen« eingeleitet.

Treibhausgase

Als sog. Treibhausgase (Greenhouse Gases, GHG) spielen vor allem Wasserdampf, Kohlendioxid (CO_2), Methan und Ozon (medial) die Hauptrollen im anthropogenen Klimawandel. Um eine Ahnung von der Hebelwirkung menschlicher Aktivitäten zu erlangen: GHG machen gerade einmal 1 % der Zusammensetzung der Atmosphäre aus, der überragende Teil besteht aus Stickstoff und Sauerstoff. Das lässt erahnen, dass bereits kleine Veränderungen im Anteil der GHG die bekannten Wirkungen entfalten, insbesondere, wenn neu erfundene GHG als Nebeneffekt der Zivilisation in die Welt gesetzt werden.

Die Atmosphäre selbst unterliegt dem Albedo-Effekt: Je nachdem, welche Art Teilchen in ihr schweben und wie die Zusammensetzung der GHG ist, verändert sich die Relation ihrer beiden Hauptfunktionen: reflektieren und speichern. Generell überwiegt ihre Speicherfunktion; die Atmosphäre, die Leben auf dem Planeten ermöglicht, ist ein gewaltiger Zwischenspeicher solarer Energie. Je nachdem, wie lange die Abgabe von Energie verzögert wird, kommt es unterhalb der Atmosphäre zu verstärkten Treibhauseffekten oder eben zu einer Eiszeit.

Abbildung 11 zeigt schematisch die Variante der verdichteten Atmosphäre: Kurzwelliges Licht tritt ein, die Erdoberfläche speichert in verschiedenem Maße Energie und gibt diese wieder in die Atmosphäre ab – allerdings nicht als Licht, sondern als langwellige Wärmestrahlung, die im Gegensatz zum Licht nicht direkt der Atmosphäre entkommt, sondern im atmosphärischen System verbleibt und die im Vergleich zum kalten Universum relativ hohe Temperatur erhält, bevor sie sukzessive ins Universum verschwindet (Dissipation). Eine Verdichtung der Atmosphäre verändert nun die zeitlich-energetischen Relationen: Es gelangt immer noch die gleiche durchschnittliche Energiemenge ins System, doch die Wärmestrahlung verbleibt länger im System.

Natürliche Ursachen atmosphärischer Veränderungen

In der Erdgeschichte spielen wiederum Vulkane als natürliche Ursache für Klimaveränderungen die Hauptrolle. Ein Vulkanausbruch kann nämlich nicht nur eine atmosphärische Abkühlung aufgrund reflektierender Schwebteilchen zur Folge haben, sondern durch die Ausbringung von CO_2 zur atmosphärischen Verdichtung und Erwärmung beitragen. Es kommt also u. a. auf die quantitativen Relationen der Mechanismen an. Die prähistorischen vulkanischen Aktivitäten sind gewissermaßen die Auslöser des Prozesses, in dessen Verlauf sich eine schützende Atmosphäre etabliert. Die allmählich entstehende Biosphäre ist das komplementäre Regulativ dieser Vorgänge, indem sie u. a. die CO_2-Konzentration reduziert und im Gegenzug Sauerstoff emittiert.

Die Selbstregulation der Atmosphäre ist ein Vorgang verschiedener ineinander greifender Zeitlichkeiten. So dauert die Umwandlung von CO_2 per Fotosynthese, Eintrag in Gewässer und Sedimentierung länger als der Abbau eines Methanmoleküls, das nach zehn Jahren aus der Atmosphäre verschwunden ist, ganz zu schweigen von Wasserdampf, der sich innerhalb weniger Tage auflöst. Der Abbau von Fluorchlorkohlenwasserstoffen (FCKW), die in nicht allzu entfernter Vergangenheit in Industrie und Konsumsektor als Kältemittel, Treibgas und Lösungsmittel zum Einsatz kamen, benötigt etwa ein Jahrhundert – und es ist ausgerechnet ihr Abbauprozess in der starken UVB-Strahlung auf der Höhe der Stratosphäre, der sie in klimaschädliche Zerfallsprodukte umwandelt. Die optimalen Bedingungen der Kettenreaktion finden sich in den kühlen Luftschichten und Strömungsbedingungen der Antarktis, weswegen das Loch in der Ozonschicht wiederholt im arktischen Frühling (September bis Oktober) zu beobachten ist. Der im Jahr 2014 bestätigte Regenerationsprozess der Ozonschicht zeigt exemplarisch, dass politische Änderungen wie das weitgehende Verbot der Verwendung von FCKW durch das Protokoll von Montreal 1987 auf Dauer durchaus Wirkung zeigen können.

Gegenwärtige Klimaveränderungen

Das Zusammenspiel des Albedo-Effekts mit der Kombination der Milanković-Zyklen (die die Quantität der Insolation beeinflussen) und dem Gehalt von GHG in der Atmosphäre resultiert in positiven, d. h. selbstverstärkenden Feedback-Schleifen. Die Steigerung der CO_2-Emissionen seit der Industrialisierung hat einen Parameter verändert und zur Aufheizung der Atmosphäre geführt; die Polkappen- und Gletscherschmelze im Zuge der steigenden durchschnittlichen Globaltemperatur hat wiederum die Veränderung des globalen Albedo zur Folge. Oberflächenveränderungen im Zuge der Besiedlung und landwirtschaftlichen Nutzung haben diesen Effekt möglicherweise verstärkt, wenn auch das Gros der planetarischen Oberflächenveränderungen (insbesondere Desertifikation) dafür zu sprechen scheint, dass der Albedo sich erhöht hat, was theoretisch eine globale Abkühlung zur Folge haben könnte. Offenbar überwiegt der Effekt, der sich mit den erhöhten GHG-Emissionen eingestellt hat. Eine Reihe von Messungen bestätigt, dass sich die globale Durchschnittstemperatur in der jüngsten Vergangenheit aus ihrem alten Schwankungsbereich herausbewegt hat. Die komplexe Abbildung auf der nächsten Seite bezieht drei Diagramme aufeinander: a) Verschiedene historische Aufzeichnungen der Temperatur in der nördlichen Hemisphäre, b) die rekonstruierten Temperaturen verschiedener Quellen über einen Zeitraum von 1300 Jahren, c) die prozentuale Überlappung der verschiedenen Quellen der in b) rekonstruierten Temperaturen. Die Durchschnittstemperatur zwischen 1961-1990 ist als Nulllinie zur Bemessung der Abweichungen gesetzt. Die unterschiedliche Sättigung des Temperaturkorridors in c) bildet die Bandbreite der Abweichungen, aber eben auch die Übereinstimmungen (dunkle Stellen) wieder. Das Hin und Her von Erwärmung und Abkühlung verschiebt sich allmählich auf höheres Temperaturniveau, seit Beginn des 19. Jahrhunderts sind die negativen Spitzen von Abkühlungsprozessen nicht mehr so stark ausgeprägt wie vermutlich zuvor.

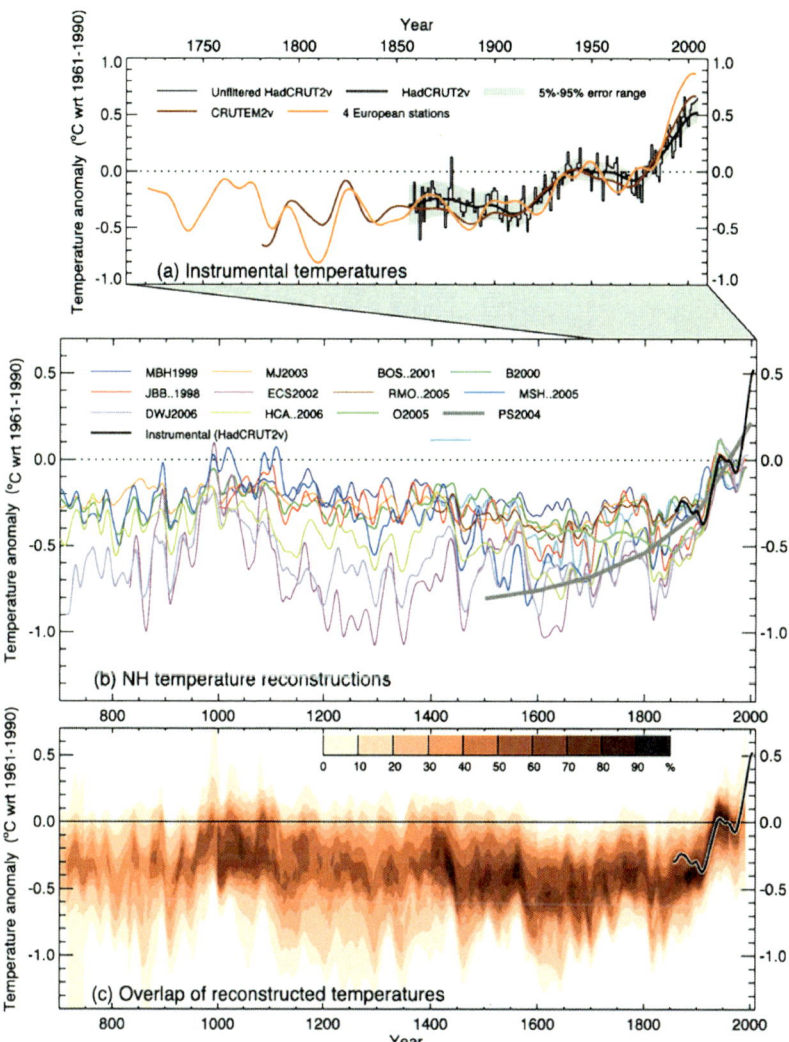

Abb. 12: Diagramme zur durchschnittlichen historischen Oberflächentemperatur in der nördlichen Hemisphäre (Quelle: IPCC Working Group I 2007).

53

Abbildung 12 zeigt, dass in der Vergangenheit selten die angesetzte Referenzlinie der Temperaturschwankung um mehr als 0,5 °C überschritten wurde. Erst seit dem 19. Jahrhundert vollzieht sich eine Steigerung der globalen Durchschnittstemperatur um ca. 1 °C. Diese Steigerung kann nicht auf die gesteigerte Insolation von 0,12 W/m² seit 1750 zurückgeführt werden – es würde fast 1 W/m² benötigt, um durch Insolation eine Steigerung von 1 °C zu erreichen, rechnen Theis/Tomkin vor (Theis/Tomkin 2012, 103).

Nicht zuletzt die weltweite Entforstung beraubt den Planeten zusätzlich der natürlichen CO_2-Wandler mit der Folge, dass dieses CO_2 zunächst in der Atmosphäre verbleibt und schließlich stärker von den Ozeanen aufgenommen wird. Die gegenwärtige Konzentration von CO_2 in der Erdatmosphäre ist höher als in den letzten 650.000 Jahren, menschliche Aktivität hat CO_2 aus den natürlichen Speichern in die Atmosphäre überführt – allen voran die fossilen Brennstoffe Öl, Kohle und Gas. In den vergangenen 250 Jahren ist der Kohlendioxidgehalt in der Atmosphäre von rund 280 parts per million (ppm) auf zuletzt (2013) über 400 ppm angestiegen, also um gut 42 %.

Abb. 13: Die Überschreitung der 300 ppm-Marke in den 1950er Jahren (Nachzeichnung nach NASA 2014).

Direkte Messungen des CO_2-Gehalts in der Atmosphäre hat der Forscher Charles Keeling seit den 1950er Jahren im Mauna-Loa-Observatorium auf Hawaii angestellt. Die berühmt-berüchtigte »Keeling-Curve« bildet den Anstieg unmissverständlich ab.[1]

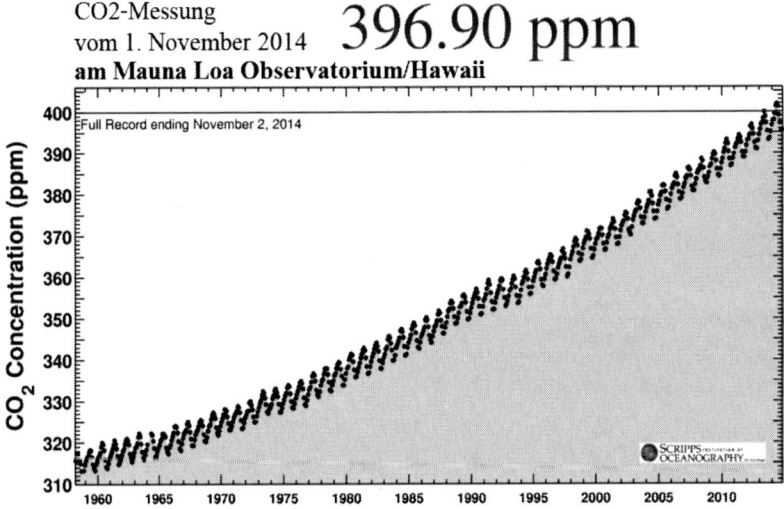

CO2-Messung
vom 1. November 2014 **396.90 ppm**
am Mauna Loa Observatorium/Hawaii

Abb. 14: Die komplette Messreihe Keelings et al. von den 1950er Jahren bis in die Gegenwart (Nachzeichnung nach Scripps Institution for Oceanography 2014).

Biosphärische Kreislaufprozesse

Der Begriff der Biosphäre umfasst prinzipiell alles Lebendige auf dem Planeten. Exemplarisch wird hier der Bereich der Phytosphäre betrachtet. Das Pflanzenreich bildet den primären Eintrittspunkt des atmosphärischen Kohlendioxids in die Biosphäre, sprich: den Übergang von einem Teilsystem in ein anderes. Mikroorganismen und Pflanzenfresser wandeln diese Quelle ihres energetischen Bedarfs in Wachstumsprozesse und geben im Zuge dessen wiederum CO_2 in die Atmosphäre ab. Pflanzliche und mikrobielle Atmungsprozesse (Faulprozesse) geben zeitverzögert genau die Menge Kohlendioxid ab, die zuvor durch Fotosynthese der Atmosphä-

---

1 Sie kann online interaktiv mit verschiedenen Zeiträumen zum Vergleich aufgerufen werden: https://scripps.ucsd.edu/programs/keelingcurve/.

re entnommen wurde. Die Landnutzung und damit einhergehende Veränderung trägt nicht nur zum oben erwähnten veränderten Albedo der Erdoberfläche bei, sie setzt vor allem in Erde und Pflanzen gebundenes CO_2 frei. Der menschengemachte zusätzliche CO_2-Strom in die Atmosphäre, der durch das U.S. Department of Energy für das Jahr 2009 errechnet worden war, belief sich auf 9 Gigatonnen (Gt); davon konnten 5 Gt durch Fotosynthese in die Biosphäre eingespeist werden; die restlichen 4 Gt verblieben zunächst in der Atmosphäre und gingen zum Teil in die Hydrosphäre ein, mit den noch zu erörternden Folgen für die marine Welt (Theis/Tomkin 2012, 131).

Neben den pflanzlichen Biotopen spielen die Ozeane eine bedeutende Rolle für die Absorption von CO_2. Diese Aufnahme des Kohlendioxid-Stroms durch die Weltmeere gehört zum Kreislaufsystem des Planeten – es ist wiederum die quantitative Veränderung, die bei Überschreiten

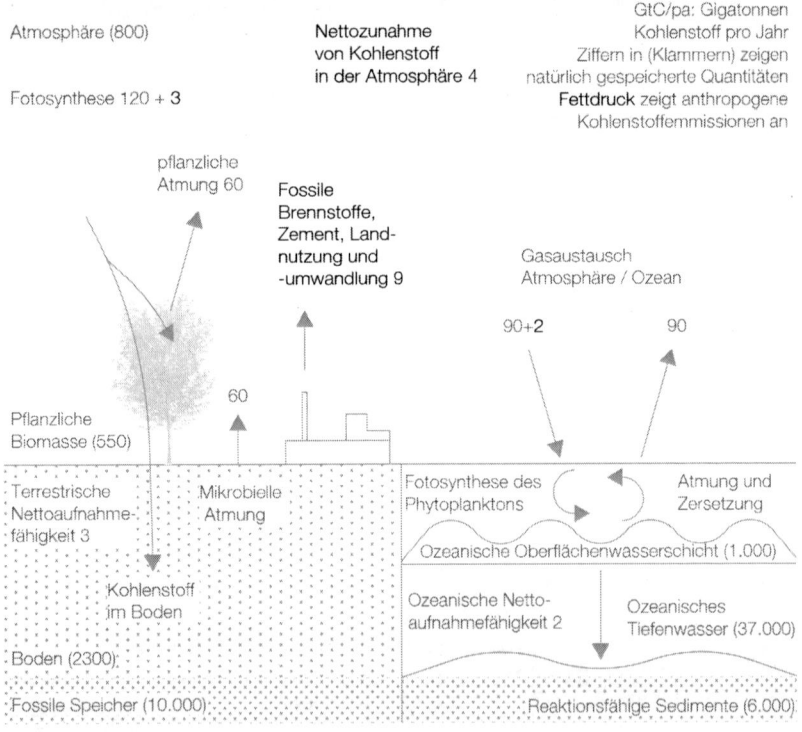

Abb. 15: Der Kohlenstoff-Zyklus (Nachzeichnung nach U.S. Department of Energy 2008).

eines Kipppunktes wie in einer Reihe von Dominosteinen mit dem Fall eines Steins den der anderen nach sich zieht. Wie die Pflanzenwelt zu Land (terrane Phytosphäre) verarbeitet die seeische (marine) Phytosphäre einen Teil des Kohlendioxids durch Fotosynthese zu Zucker und Sauerstoff; die Größenordnungen werden auf 90 Gt pro Jahr für den marinen Bereich und 120 Gt p.a. für die terrane Phytosphäre kalkuliert, was rund einem Viertel der jährlichen CO_2-Menge im atmosphärischen Speicher von ca. 550 Gt entspricht. CO_2 wird außerdem in der dabei entstehenden Biomasse gebunden (Theis/Tomkin 2012, 130). Sowohl in absinkenden Wassermassen als auch in organischem Material gebundener Kohlenstoff sinkt auf den Meeresgrund und verwandelt sich im Laufe der Zeit in Kalkgestein – geht gewissermaßen auch auf diesem Weg in die Lithosphäre über.

Die vermehrte Aufnahme von CO_2 führt zu einer Versauerung der Ozeane. Das aufgenommene CO_2 reagiert mit Wasser und wandelt sich zu Kohlensäure, die sich im weiteren Verlauf in Bicarbonat und Carbonat aufspaltet. Infolge wachsender CO_2-Aufnahme erhöht sich die Wasserstoff-Ionen-Konzentration, und damit der Säuerungsgrad des Wassers. Nach Angaben der Royal Society sei der pH-Wert der Ozeane zwischen 1750 und 2004 von ca. 8,25 auf 8,14 gefallen (The Royal Society 2005, 57). Diese Veränderungen des sog. Karbonat-Puffersystems beeinflussen kalzifizierende tierische wie pflanzliche Lebensformen negativ, also Muscheln, Korallen (und deren »Zement«, die Kalk-Rotalgen) und Plankton (Wild 2012, 38). So reduzieren sich auf Dauer z. B. Korallenriffe, deren wellenbrechende Funktion für die betroffenen Küsten fortfällt. Untersuchungen am Great Barrier Reef haben gezeigt, dass die Kalzifizierungsrate der Korallen im Zeitraum von 1988 bis 2003 um 21 % abgenommen hat (Doney et al. 2009, 175).

Die Hydrosphäre – der Wasserkreislauf

Die steigende durchschnittliche Globaltemperatur wirkt zwangsläufig auf die Hydrosphäre ein, von deren »Funktionieren« im anthropozentrischen Sinne die Versorgung mit Trinkwasser abhängt. Auch hier hilft die Vergegenwärtigung der Quantitäten der Vorstellung auf die Sprünge: Der »Blaue Planet« mag so genannt werden, weil etwa 70 % seiner Oberfläche mit Wasser bedeckt sind; die Ozeane speichern 97 % des gesamten Wassers. Weitere Speicher sind die Gletscher, das ewige Eis, Flüsse und Seen, das Grundwasser und die Atmosphäre.

»If all of world's water was shrunk to the size of 1 gallon, then the total amount of fresh water would be about 1/3 cup, and the amount of readily usable fresh water would be 2 tablespoons.« (Theis/Tomkin 2012, 161)

Der Wasserkreislauf funktioniert durch das Ineinandergreifen von Verdunstung, Evapotranspiration durch Pflanzen, Tiere und Menschen sowie durch Niederschläge und Abflüsse. Wenn also der Planet auch über große Wasserreserven verfügt, so nimmt sich die Menge des für die menschliche

Wasser in, auf und über der Erdoberfläche
● flüssige Frischwasserreserven
• Frischwasserreserven in Flüssen und Seen

Abb. 16: Volumenvergleich des Gesamtbestandes an Wasser zu flüssigem Frischwasser und direkt verfügbaren Quellen in Flüssen und Seen ins Verhältnis gesetzt (Nachzeichnung nach Gleick 1993).

Zivilisation nötigen Frischwassers äußert gering aus – der überwiegende Teil ist aufgrund des Salzgehalts nicht verwendbar oder ist dem Zyklus durch seine Aggregatform entzogen (Eis). Menschliche Eingriffe haben weitreichende Auswirkungen auf dieses Teilsystem. Rodung für landwirtschaftliche Nutzung reduziert den natürlichen Auffang von Niederschlagswasser, die freigelegten Böden sind so direkt der Erosion preisgegeben, Niederschläge fließen auf diese Weise schneller ab und weniger Wasser gelangt in den Grundwasserspeicher; die mit der Urbanisierung einhergehende Versiegelung und die künstliche Lenkung der Flüsse begünstigen diesen Mechanismus ebenfalls. So ist der »Rückweg« verdunsteten Wassers in die für den Menschen nutzbare Form gewissermaßen verstellt, abgesehen von den Folgen für die fruchtbaren Oberflächenschichten. Der teilweisen Übernutzung der Grundwasserspeicher steht daher deren verminderte Rückspeicherungsleistung gegenüber. Allein dieser Umstand zwingt früher oder später zur Anpassung z. B. der landwirtschaftlichen Anbautechniken, was mit steigenden Kosten verbunden sein wird. Die kommenden Starkwetterereignisse treffen auf Oberflächen mit erhöhter

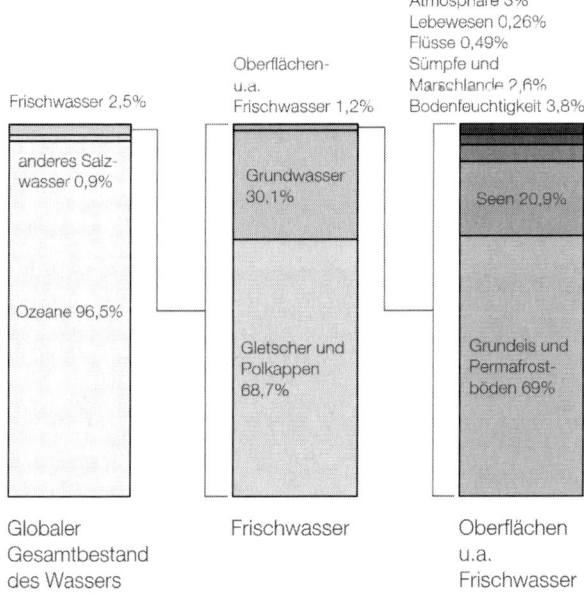

Abb. 17: Differenzierung des Gesamtbestandes des Wassers und der Frischwasserspeicher (Nachzeichnung nach: Shiklomanov 1993).

Vulnerabilität und verminderter Umweltleistung. Der dabei entstehende Schaden wird die Volkswirtschaften der Welt unter Druck setzen, so dass ein erheblicher Teil künftiger Wirtschaftsleistung in die Wiederherstellung betroffener Regionen fließen wird – es sei denn, die Zivilisation zieht sich aus Kostengründen zurück, geordnet oder ad hoc. So weist der Bericht der IPCC-Working Group II 2013 u. a. für Nord- und Mitteleuropa eine Verdopplung der Flutereignisse bis 2080 aus, während einige nord-, vor allem aber süd- und osteuropäische Länder mit sinkenden Pegelständen und Trockenheit zu kämpfen haben werden (IPCC WG II 2013, 11f). Für die wirtschaftlich armen Regionen der Welt beginnt dieser Aspekt eines weitreichenden De-Zivilisationsprozesses früher und mit gravierenden sozialen Folgen, die erhebliches Konfliktpotenzial bergen.

Als Frischwasserquellen kommen Flüsse, Seen und vor allem Grundwasser in Frage. Die Senkung des Grundwasserspiegels als der größten Quelle ist äußerst problematisch und das Ergebnis von Übernutzung, veränderten Niederschlagsmustern und der veränderten Oberflächenbeschaffenheit. Die Zerstörung z. B. von Auen und anderen flachen Landschaften, in denen Niederschläge optimal versickern können, spielt hierbei eine große Rolle. Die fortschreitende globale Erwärmung reduziert wiederum die Gletscher, deren Schmelzwasser hauptsächlich zur Grundwasserbildung beiträgt – die Regeneration der Gletscher ist gestört und damit die Funktion, die sie für die Frischwasserbildung im Zyklus aus Verdunstung, Gefrieren und Schmelze einnehmen. Diese Störungen sind technisch kaum zu kompensieren; es ginge darum, im Maßstab dieser natürlichen»Reinigungsmaschinen«, die verdunstetes Wasser aus Niederschlägen aufnehmen und ins Frischwassersystem einspeisen, Substitution zu praktizieren, um die gut erreichbaren Grundwasserreservoirs zu erhalten. Tiefere Quellbohrungen sind nicht nur teurer, sondern fördern mit zunehmender Wahrscheinlichkeit versalzenes Wasser, dessen Aufbereitung für menschliche Zwecke zusätzlich zu Buche schlägt.

Dürrekatastrophe in Kalifornien

Ein aktueller Fall, der dieses Geschehen in einer der technisch avancierten Ökonomien konkret vor Augen führt, ist die anhaltende Trockenheit im US-Bundesstaat Kalifornien. Im Januar 2014 hat die kalifornische Regierung den Dürre-Notstand ausgerufen und bemüht sich seitdem um Anpassung an die Folgen der schwersten Dürre seit Beginn der Aufzeichnungen. Davon sind praktisch alle der über 37 Mio. zählenden Einwohner/innen des mit Abstand bevölkerungsreichsten Bundesstaates der USA betroffen.

Am Beispiel der Situation in Porterville, Tulare County, lassen sich die Folgen dieser Situation bildhaft vor Augen führen: Die Landgemeinde ist gezwungen, seit 2014 ohne fließendes Wasser auszukommen – keine Toilettenspülung, keine Dusche, kein Abwasch, kein Wäschewaschen, kein Kochen, kein Trinkwasser aus dem Wasserhahn.

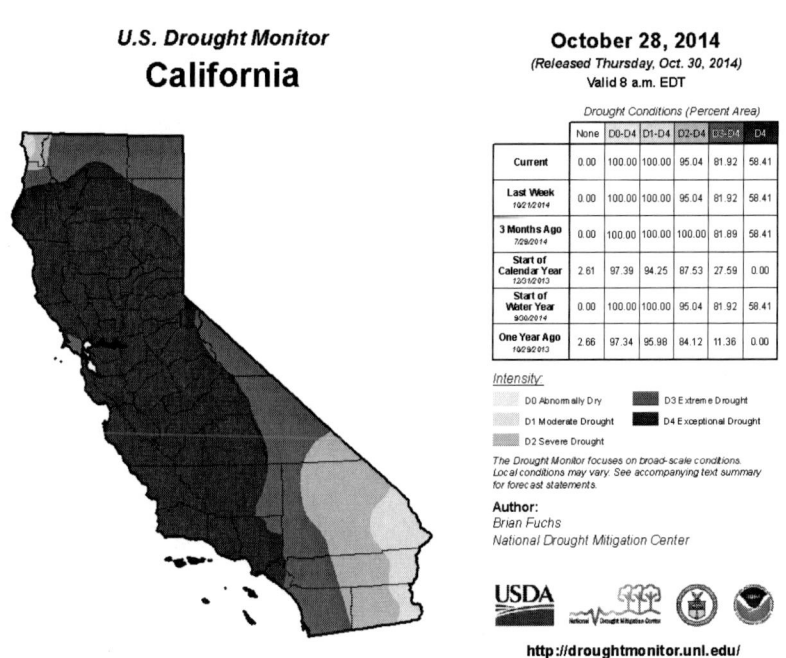

Abb. 18: 44,84 % der Gesamtfläche Kaliforniens verzeichnen im Winter 2015 den höchsten Dürre-Status D4 »Exceptional Drought« (Quelle: US Draught Monitor 2015).

Die rund 500 Einwohner, viele unter ihnen mexikanische Immigranten, die als Landarbeiter für geringste Löhne arbeiten, sind auf die Unterstützung des Porterville Area Coordinating Council, einer gemeinnützigen Organisation, angewiesen. So erhält eine vierköpfige Familie eine Tagesration von drei Kisten Trinkwasser und zwei zusätzlichen Gallonen. Zum Vergleich:

»Human beings require only about 1 gallon per day to survive, but a typical person in a U.S. household uses approximately 100 gallons per day, which includes cooking, washing dishes and clothes, flushing the toilet, and bathing.« (Theis/Tomkin 2012, 170)

Die verfügbaren monetären Ressourcen werden nun in die Substitution einer für selbstverständlich gehaltenen natürlichen Basisleistung umverteilt, d. h. das Geld fehlt an anderen Stellen. Die Regierung hat keine Anlaufstellen aufgebaut, an die sich Betroffene wenden können.

»For months, families called county and state officials asking what they should do when their water ran out, only to be told that there was no public agency that could help them.« (Medina 2014)

Wasserverbrauch und Wasserknappheit

Während die Weltbevölkerung sich im Laufe des 20. Jahrhunderts verdreifachte, wuchs der globale Wasserverbrauch um das Sechsfache. Wasserverbrauch lässt sich in zwei Hauptkategorien aufteilen: Wassernutzung, die das Wasser im Bezugssystem verwendet (z. B. Energieerzeugung), und Entnahme, die das Wasser nach seiner Nutzung auf verschiedene Weisen in den übergeordneten Kreislauf, nicht aber direkt in die Entnahmequelle, Oberflächen- und Grundwasser, zurückführt. Zur zweiten Kategorie zählt der konsumtive Gebrauch, der das Wasser längerfristig dem Kreislauf entzieht (z. B. Verdunstung nach Bewässerung, Bindung in Pflanzen). Die gegenwärtige Entnahme entfällt zu 68 % auf Bewässerung, zu 21 % auf öffentliche Versorgung und zu 11 % auf die Industrie (Theis/Tomkin 2012, 172). Freilich verschwindet das Wasser nicht aus dem Wasserkreislauf, doch die Zeit, die es benötigt, um einen gesunkenen Grundwasserspiegel wiederherzustellen, übersteigt jedes menschliche Maß – abermals spielt Zeit eine Schlüsselrolle. Ein entscheidender Punkt ist also, wie sich das Verhältnis aus Bevölkerungskonzentration und verfügbarem Frischwasser gestaltet – die Stellen, an denen sich diese ökologische Dienstleistung abspielt, reduzieren sich gewissermaßen mit zunehmendem Verbrauch. Dem ist technisch nur bedingt zu begegnen, die erste grundlegende Maßnahme wäre vielmehr die Veränderung der Entnahmemuster. Im Zusammenhang mit dem absehbaren Trend der zunehmenden Urbanisierung werden sich diese Mechanismen zusätzlich verschärfen: Nicht nur belasten wachsende Städte den Grundwasserspiegel, ihr Aufbau und die mit ihnen einhergehende, bereits erwähnte Oberflächenversiegelung erschweren zusätzlich die natürliche Rückführung des Wassers. Knappheit wird sich außerdem durch veränderte Niederschlagsmuster im Zuge der globalen Klimaerwärmung ergeben, wenn in vormals niederschlagsarmen Regionen der Regen fast zur Gänze ausbleibt, wie dies in der Sahelzone bereits vor 40 Jahren begonnen hat. Diese Entwicklung wird als »Water Stress« bezeichnet.

Dieser kurze und notwendigerweise unvollständige Abriss zu einigen grundlegenden stofflichen Prozessen auf dem Planeten zeigt, was die in Kapitel 2 angesprochene Vorrangigkeit des stofflichen Registers im Kontext Nachhaltiger Entwicklung bedeutet. Rockström et al. haben eine Konzeptualisierung der planetarischen (und interdependenten!) Grenzen vorgelegt, innerhalb derer ein – nach derzeitigem Wissensstand – als sicher geltender zivilisatorischer Handlungsspielraum liegt: Klimawandel, ozeanische Versauerung, Ozongehalt in der Stratosphäre, Stickstoff-Phosphat-Zyklen, Bodenveränderungen, Biodiversität, Wassernutzung und (bislang ohne Grenzbestimmung) chemische Verschmutzung und Aerosoleintrag in die Atmosphäre. Die Grenze hinsichtlich z. B. der Wassernutzung liege bei <4000 km^3/Jahr. Die Forscher gehen davon aus, das drei der neun identifizierten Grenzen – Klimawandel, Biodiversitätsverlust und Modifizierungen des Stickstoff-Zyklus – bereits überschritten seien (vgl. Rockström/ Steffen/Noone et al. 2009, o. S.). Eine Auseinandersetzung mit den naturwissenschaftlich ermittelten Grundlagen und Grenzen ist für die Beurteilung ökonomischer Theorien der Nachhaltigkeit von höchster Bedeutung, weil Ökonomie die Art und den Umfang der stofflichen Vermittlung der Gesellschaft, des gesellschaftlichen Metabolismus bestimmt. Eine Fortsetzung der vorherrschenden Wachstumswirtschaft in allen Teilen der Welt wird die Situation in überschaubarer Zeit verschärfen, auch wenn sie behauptet, im andauernden Innovationsprozess besser zu werden und damit unterhalb solcher Grenzen zu bleiben. Wie sich noch zeigen wird (Kapitel 5): Manche Ökonomen haben es nicht mit der Logik ...

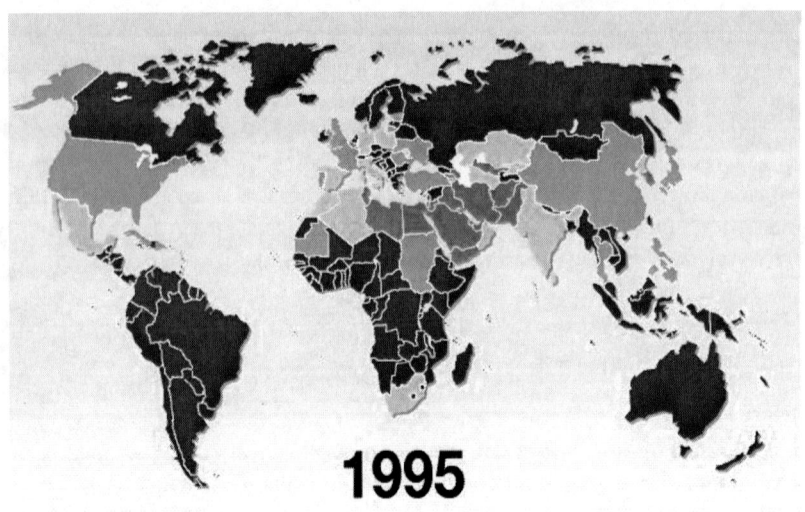

1995

2025

Water withdrawal as a percentage of total available water

■ more than 40 %	■ from 20 % to 10 %
from 40 % to 20 %	■ less than 10 %

Abb. 19 Wasserstress: Entwicklung des Verbrauchs verfügbaren Frischwassers im Vergleich von 1995 mit einer Projektion für 2025 (Nachzeichnung nach Rekacewicz/UNEP/GRID-Arendal 2006).

***

Ein Teil der dargestellten naturwissenschaftlichen Zusammenhänge ist im Prinzip schon seit Jahrzehnten bekannt, jüngere Forschung hat frühere Annahmen bestätigt. Vor allem zeigt sich, dass es nach dem gegenwärtigen Stand des Wissens keinen Grund für Entwarnung gibt. Wundersame Selbstheilungskräfte des Planeten, die ein Festhalten am Rollenmodell des »Western Way of Life« ungestraft gestatten, wurden bisher nicht entdeckt. Eher das Gegenteil – es kommt wahrscheinlich für die verwundbarsten unter den künftigen Generationen noch schlimmer. Sie werden zunehmend ihre Produktivkraft darauf verwenden müssen, die Folgen der heutigen Gegenwart zu beseitigen bzw. sich anzupassen. Es erscheint dringend notwendig, diese basalen Zusammenhänge ins Alltagswissen einzugliedern, um jene Entscheidungskompetenz zu erlangen, die nötig ist, um überhaupt der Forderung ethischer Verallgemeinerungsfähigkeit gerecht zu werden. Die Verbindung zwischen prinzipiengestützter Ethik und dem jeweiligen Korpus des Wissens über den Planeten als eines Rahmens, in dem die ethische Prüfung auf die jeweils zur Diskussion stehende Entscheidung angewandt wird, ist bereits im zweiten Kapitel behauptet worden. Nun ist in der Geschichte der soziologischen Systemtheorie von Seiten Niklas Luhmanns das Argument vorgebracht worden, dass das Umweltbewusstsein nicht seine gewünschte gesellschaftliche Wirkung entfalten werde. Im anschließenden Kapitel wird dieser Gedankengang, aber auch die Struktur der Luhmann'schen Systemtheorie näher untersucht, um zu sehen, ob dieses Argument zutreffend ist. Träfe es zu, wäre nämlich das Unterfangen dieses Buches im Ansatz durchaus zum Scheitern verurteilt: einen Beitrag zu leisten, der die ethischen Implikationen des ökologischen Wissens mit ökonomischen und politischen Analysen verbindet und damit ein wenig zur nüchternen Versachlichung der Vorstellungen über gesellschaftliche Entwicklungspfade beiträgt. Zusätzlich wird der neuere systemtheoretische Beitrag Ingolfur Blühdorns betrachtet, der Luhmanns Befund auf geschickte Weise modifiziert und seinerseits das Scheitern ökologischer Aufklärung verkündet.

4. Systemtheoretische Absage und Reprise

Im Jahr 1986 erteilte der Systemtheoretiker Niklas Luhmann der Wirksamkeit der »ökologischen Kommunikation«, wie er das Phänomen der Ökobewegung bezeichnete, in seiner Schrift gleichen Titels eine deutliche Absage. Der Grund für dieses Urteil erscheint, mit etwas Abstand betrachtet, zum einen dem Zuschnitt der Theorie, zum anderen dem des Gegenstandes geschuldet. Nun könnte angesichts der empirisch nachvollziehbaren Verbreitung basaler ökologischer Konzepte in der Gesellschaft das Urteil ergehen, die negative Auffassung Luhmanns sei historisch überholt. Allerdings ist auch unübersehbar, dass diese allgemeine Einsicht in ökologische Zusammenhänge (im Sinne eines sozial Erwünschten) in der Gesamtbilanz weitgehend wirkungslos geblieben ist.

Im Folgenden wird diskutiert, wie Luhmann zu seiner Einschätzung gelangen konnte und welche konzeptionellen Schwächen dem zugrunde liegen. Seine Argumentation ist jedoch aus anderen Gründen der Betrachtung würdig: Sie erscheint sozusagen als der Theorie gewordene »Sachzwang«, der heute jeder politischen Diskussion mit Verweis auf exklusives, das Publikum überforderndes Expertenwissen den Garaus macht. Es mag manchmal so wirken, als ob die Systemtheorie als Typus eines gnadenlos pragmatisch interessegeleiteten Denkens in die Institutionen eingewandert sei. Natürlich ist das nicht richtig, die Systemtheorie Luhmanns ist vielmehr der ideologische Ausdruck einer bestimmten Machtkonstellation, in der den Strukturen des jeweiligen gesellschaftlichen Bereichs gegenüber den handelnden Individuen Vorrang gegeben wird. Das hat auch nicht zu unterschätzende psychologisch entlastende Funktion für den Einzelnen. Vor der Übermacht und Komplexität der Welt kapituliert nur der Unbelehrbare, der Pfiffige passt sich an und findet sein Glück darin, unbehelligt von Problemen Dienst nach Vorschrift zu tun. Der Übergang zum bloßen Ausführen von Befehlen ist fließend.

Um die Ansichten Luhmanns zur ökologischen Bewegung verstehen zu können, ist im Auge zu behalten, dass es sich bei der soziologischen Systemtheorie ihrem Selbstverständnis nach um eine strikt deskriptive Theorie handelt, die keinerlei Handlungsbegründung oder Ethik liefern will. Auch zeitgenössische Systemtheoretiker halten weiterhin an diesem *Ethos* der Theorie fest, sich zugunsten einer sachlichen Beschreibung ethisch enthalten zu wollen (Blühdorn 2013, 42) Das ist freilich eine andere Paradoxie ...

Zum zeitgenössischen Kontext der Schrift gehört die allmähliche Sensibilisierung der Öffentlichkeit durch die verschiedenen Warnungen, die in kurzer Zeit vorgetragen worden waren. Der Club of Rome hatte bereits 1972 ausgesprochen, dass das Wirtschaftswachstum Grenzen habe, Dennis und Donella Maedows, Jørgen Randers und William W. Behrens III lieferten die Forschungsergebnisse und Weltentwicklungsszenarien in »The Limits to Growth« dazu. Der Bericht der World Commission on Environment and Development unter Vorsitz der norwegischen Ministerpräsidentin Gro Harlem Brundtland war noch in Arbeit, als Luhmanns Buch in Deutschland erschien. In Deutschland war die erste Hälfte der 1980er Jahre die Zeit einer am NATO-Doppelbeschluss von 1979 wie nie zuvor (und danach) erstarkten Friedensbewegung; die Partei »Die Grünen« schaffte zum ersten Mal den Einzug in den Bundestag. Auf der anderen Seite riefen die konservativen politischen Kräfte die »geistig-moralische Wende« aus, um das Phänomen der zweiten, postindustriellen Moderne einzuhegen.

»In der zweiten Moderne traten die Nebenwirkungen und Risiken der Ausbeutung der Natur verstärkt ins öffentliche Bewusstsein. Die Befreiung und der Schutz der verwalteten und überbeanspruchten Natur wurden zum zentralen Gegenstand der Umweltbewegung; die Emanzipation und Selbstverwirklichung des dem modernistischen Anspruch nach autonomen, tatsächlich aber als zunehmend entfremdet erlebten Individuums wurde zum Projekt der partizipatorischen Revolution.« (Blühdorn 2013, 51)

Der »Zeitgeist«, so die Schmähung Helmut Kohls gegen den seinerzeit noch amtierenden Bundeskanzler Helmut Schmidt (gemeint war der gesellschaftliche Aufbruch seit Ende der 1960er Jahre, mit dem Schmidt wahrlich nichts zu tun hatte), sollte zumindest rhetorisch wieder in die sprichwörtliche Flasche zurückgedrängt werden, um den Souverän auf den Umbau der sozialen Marktwirtschaft einzustimmen. Der konservative Backlash sollte dann im Anschluss an die sinkenden Wachstumsraten seit dem Kriseneinbruch in den 1970er Jahren im folgenden Jahrzehnt zu anhaltender Blüte kommen. In dieser Gemengelage hat Luhmann also ein schwer zu fassendes Potpourri aus klaren und weniger klaren Positionen einer jungen Öko-Bewegung vor Augen und prüft mit seinen theoretischen Werkzeugen, ob die (übrigens von ihm für berechtigt erachteten) Warnungen vor Umweltzerstörung, gar die Forderung einer Umweltethik, Einfluss auf die verschiedenen gesellschaftlichen Bereiche – funktional differenzierte »Subsysteme«[1] – zu nehmen vermögen. Während die

---

1 Funktionale Differenzierung bedeutet, dass Unter-Systeme entstehen, die für das

Theorie ihrer deskriptiven Programmatik folgt und auf einen Gegenstand ihrer Wahl anwendet, bleibt der Gegenstand, die ökologische Kommunikation, das ökologische Bewusstsein, recht weitschweifig bestimmt. Das wird erklärlicher, wenn die Vorgehensweise bzw. die zentralen Begriffe der Luhmann'schen Systemtheorie im Text erkannt werden. Es fängt schon mit dem Titel an: »Ökologische Kommunikation. Kann die moderne Gesellschaft sich auf ökologische Gefährdungen einstellen?« Die Öko-Bewegung ist aktivistisch und agitiert für einen Wandel, der Theoretiker schreibt jedoch von »Kommunikation« – wie ist das zu begreifen? Dazu ist zunächst auszuführen, dass »Kommunikation« neben anderen Termen wie »Resonanz«, »Beobachtung der Beobachtung«, »Code«, »Programm«, »funktionale Differenzierung«, »System«, »Teilsystem«, »Rückkopplung« u. v. m. zu den von Luhmann adaptierten Begrifflichkeiten des Sammelsuriums der Kybernetik[2] gehört:

> »Dieses ›Set von Modellen‹ hat drei Hauptbestandteile, die allesamt auf amerikanische Arbeiten der frühen 40er Jahre datieren: erstens den logischen Kalkül der Nervenaktivität von Pitts/McCulloch, zweitens die Informationstheorie Shannons und drittens die Verhaltenslehre von Wiener/Bigelow/Rosenblueth. Es sind, mit anderen Worten, eine universale Theorie digitaler Maschinen, eine stochastische Theorie des Symbolischen sowie eine nicht-deterministische und trotzdem teleologische Theorie der Rückkopplung, die es im Rahmen der Macy-Konferenzen zu einer Theorie zu überblenden gilt, die dann für Lebewesen ebenso wie für Maschinen, für ökonomische ebenso wie für psychische Prozesse, für soziologische ebenso wie für ästhetische Phänomene zu gelten beanspruchen kann.« (Pias 2004, 13)

Der Mensch erscheine in diesem Großentwurf einer vereinheitlichten Theorie, so Pias, als Unterkategorie der *Informationsmaschine*, die alle Kommunikation in sich fasse (Pias 2004, 14). In einem kybernetisch gefassten System gehören Kommunikationen also zu den tragenden Aktivitäten, sie informieren Regelkreisläufe über die Zustände eines in je

---

Ganze der Gesellschaft lebenswichtige Funktionen erfüllen.

2 Bereits in der Kybernetik der frühen Tage, also der 1940er Jahre, ging es thematisch um die Steuerung und Regelung von Maschinen, Systemen und schließlich sozialen Prozessen. Inkubatoren waren die geschlossenen Konferenzen der Macy-Stiftung, anfangs unter dem Titel »Circular Causal, and Feedback Mechanisms in Biological and Social Systems«, ab 1949 war dann auf Vorschlag von Heinz von Foerster von »Cybernetics« die Rede (zu gr. *kybernetes*, Steuermann, Staatslenker).

engen, funktionalen Grenzen gefassten Systems. Dementsprechend ist vom Standpunkt der Systemtheorie Luhmanns der »elementare, Soziales als besondere Realität konstituierende Prozeß [...] ein Kommunikationsprozeß«. (Luhmann 1984, 193)

Anzumerken ist ferner, dass Luhmann sich weiterer Inspirationsquellen bedient: Abgesehen von Smelsers und Parsons soziologisch-systemtheoretischen Ansätzen, Varelas und Maturanas Begriff der »Autopoiesis«, der sich auf Zellen (!) bezieht, gehen außerdem Argumentationen aus Piagets avant la lettre konstruktivistischer Psychologie in sein Theoriegebäude ein. In einem Kraftakt laufen diese verschiedenen Ströme in der Luhmann'schen Version von Systemtheorie zusammen und finden sich auf den Gegenstand der Gesellschaft angewandt, die »Gesellschaft« tritt gewissermaßen aus einer Vielzahl von kommunikativen Schaltzuständen und Kopien des immer Gleichen hervor. Protest gegen herrschende Muster wird aus dieser Perspektive als im wahrsten Sinne des Wortes *nonkonform* registriert.

Was Aktivisten mit Demonstrationen und anderen Formen des Protests darbieten, ist üblicherweise eingebettet in begleitende Kommunikationen, die das Non(system)konforme des Protestrepertoires in Systembegriffe *übersetzen* – oder eben nicht. Im letzteren Fall versteht »das System« nicht, was »die Leute« wollen, im ersteren Fall ist keineswegs ausgemacht, dass sich das System in der von der Opposition gewünschten Weise wandelt bzw. in Rauch aufgeht, wenn das zu den Forderungen zählen würde. Die sozio-kulturelle Evolution schließe auch ein, keinerlei Anpassungsbewegungen zu vollziehen, also z. B. die selbstgefährdende Naturzerstörung fortzusetzen (vgl. Luhmann 2004, 36).

»Selbstreferenzielle autopoietische Systeme sind endogen unruhig und reproduktionsbereit. Sie entwickeln zur Fortsetzung ihrer Autopoiesis eigene Strukturen. Dabei bleibt die Umwelt als Bedingung der Möglichkeit und als Beschränkung vorausgesetzt. Das System wird durch seine Umwelt gehalten und gestört, nicht aber zur Anpassung gezwungen und nicht nur bei bestmöglicher Anpassung zur Reproduktion zugelassen. Doch dies ist ein Resultat von Evolution und zugleich Voraussetzung weiterer Evolution. Nur wenn man diese Reformulierung der Evolutionstheorie akzeptiert, ist zu erklären, daß die ökologische Situierung des Gesellschaftssystems nicht notwendigerweise auf Anpassung angewiesen ist und schließlich sogar auf Selbstgefährdung hinauslaufen kann.« (Luhmann 2004, ebd.)

Diese Formulierungen haben den Charakter ewig gültiger, weil plausibler Gesetzmäßigkeiten. Das ist der Systemtheorie keineswegs vorzuwerfen, die das, was sie nicht in den Blick bekommt, kurzerhand in den Bezirk jenseits des Systems ausgegliedert: Die Systemtheorie selbst wird nämlich auch nicht zur Anpassung an die Realitäten ihrer Umwelt gezwungen und dies wirft die Frage auf, was den Protokollanten des Systems kognitiv hemmt bzw. warum die Einsicht fehlt, »daß das theoretische Instrumentarium, das diese Theorie in Anwendung bringt, selbst historischen und lokalen Kontingenzen unterworfen ist« (Knorr-Cetina, 1992, 407). Wie funktioniert Luhmanns Argument? Die Beobachtung (und Beschreibung) eines Systems in seinem selbstschöpferischen Modus, kybernetisch gesprochen handelt es sich um die Beobachtung einer Kybernetik erster Ordnung, ist selbst den Gesetzmäßigkeiten unterworfen, die sie eine Ebene tiefer an ihrem Gegenstand beobachtet. Der Kybernetik-Pionier Heinz von Foerster nannte dieses Verhältnis der zwei Ebenen eine Kybernetik zweiter Ordnung. Luhmann hat dieses kybernetische Selbsterkenntnis adaptiert und sprach von der Beobachtung der Beobachtung, das heißt, es geht um Kommunikation über Kommunikationen. Freilich reicht die Beobachtung, die als Theorie in das wissenschaftliche Subsystem eingespeist wird, immer nur so weit, wie das – »konstruktivistisch« formuliert – psychische Beobachtersystem mit erfahrungsgesättigten Begriffen ausgestattet ist. Darunter versteht man Begriffe, die die Konstruktion neuer – »viabler«, wie von Glasersfeld es nennt – Einsichten ermöglichen (oder eben nicht).

»Nach konstruktivistischer Denkweise ersetzt der Begriff der Viabilität im Bereich der Erfahrung den traditionellen philosophischen Wahrheitsbegriff, der eine ›korrekte‹ Abbildung der Realität bestimmt. [...] Für diejenigen, die an Erkenntnis als Abbildung glauben, bewirkt diese radikale Veränderung des Begriffs der Erkenntnis und seines Bezugs zur Realität einen furchtbaren Schock. Sie schließen direkt daraus, daß die Ablehnung der Abbildungsvorstellung gleichbedeutend ist mit dem Leugnen der Realität schlechthin, was freilich töricht wäre.« (von Glasersfeld 1998, 43)

Das Problem ist ein klassisch erkenntnistheoretisches und ein kognitionswissenschaftliches, denn die Objekte spiegeln sich nicht einfach im erkennenden Subjekt wider, wie es etwa die griechischen Atomisten im 5. Jh. v. Chr. einst erdacht hatten.

»Mit anderen Worten, das Erfordernis, daß Wissen nur dann ›wahr‹ genannt wird, wenn es eine reale Welt widerspiegelt, wird durch das Erfordernis ersetzt, daß es der Erreichung unserer Ziele in der Welt unserer Erfahrung dient. Ein Problem dieser Auffassung ist, daß die Art, wie wir die Welt erfahren, von den Hypothesen und dem Wissen abhängig ist, womit wir unsere Erfahrungsumwelt begrifflich fassen. Genau darauf bezog sich Heisenberg, als er sagte, daß das immer tiefere Eindringen in die Natur den Naturwissenschaftlern zunehmend klarer mache, daß das, was sie dort sehen, eine Widerspiegelung ihrer eigenen Begriffe ist.« (von Glasersfeld 1998, 86)

In den heutigen, »konstruktivistisch« genannten Argumentationslinien (es gibt keine einheitliche Theorie) schöpft hingegen das Erkenntnissubjekt die Welt, systemtheoretisch überspitzt: sein systematisiertes Bild von einer Welt, die die unsystematische innerliche wie äußerliche Umwelt seines kognitiven Systems ist. Unter Rückgriff auf Piagets Theorien zur Kognition formuliert von Glasersfeld die Leitlinien des Radikalen Konstruktivismus:

»1. a) Wissen wird nicht passiv aufgenommen, weder durch die Sinnesorgane noch durch Kommunikation. b) Wissen wird vom denkenden Subjekt aktiv aufgebaut. 2. a) Die Funktion der Kognition ist adaptiver Art, und zwar im biologischen Sinne des Wortes, und zielt auf Passung oder Viabilität. b) Kognition dient der Organisation der Erfahrungswelt des Subjekts und nicht der ›Erkenntnis‹ einer objektiven ontologischen Realität.« (von Glasersfeld 1998, 96)

Die Lösung des erkenntnistheoretischen Problems sieht die Systemtheorie in der Ersetzung der traditionellen Subjekt-Objekt-Zweiteilung durch die Unterscheidung von *Beobachtungsgraden*, wie oben am Bespiel der Theorie selbst angedeutet. Theorien nähmen gegenüber ihren Gegenständen dann die Figur der Beobachtung n-ter Ordnung ein, also Beobachtungen von Beobachtungen von »autopoietischen« Prozessen. Allgemein formuliert erhielten sich Systeme durch die Reproduktion ihrer Kommunikationen und auf diese Weise allein reagierten sie auf Störungen aus der systemfremden Umwelt (wenn der Zerfall eines Systems nicht als Reaktion hinzugerechnet wird). Mit Autopoiesis als Supersynthese aller denkbaren erklärenden Prinzipien werde, so Luhmann, »die ontologische, in Seinsinvarianten liegende Erklärungsweise aufgegeben und mit ihr die Subjekt/Objekt-Differenz.« (Luhmann 1997, 66)

»Die autopoietische Operation der Kommunikation voraussetzen-
den Kommunikation erzeugt Gesellschaft, aber daraus ergibt sich
noch nicht: was für eine Gesellschaft. Autopoiesis ist demnach ein für
das jeweilige System invariantes Prinzip, und erneut: für das erklärte
ebenso wie für das erklärende.« (Luhmann 1997, 66)

Entscheidend ist in Luhmanns Verständnis autopoietischer Prozesse,
dass diese umfassend systemstiftend seien. Autopoiesis erzeuge Zustände einer inneren Unbestimmtheit, die »nur durch systemeigene Struk-
turbildungen reduziert werden« könnten (Luhmann 1997, 67). Der Eindruck trügt nicht, dass Autopoiesis als ein Metaprinzip eingeführt wird,
das jedes System von der Zelle bis zur Gesellschaft beschreibbar mache.
Darüber hinaus besteht der Verdacht, dass die Eigenschaft der Selbstbezüglichkeit, also der Selbstreferentialität, diese Idee einer »Schöpfung
aus sich selbst« genährt hat. Während Humberto Maturana – mit großen
Einschränkungen – den Gedanken nicht gleich verworfen hat, insofern
Gesellschaften von Organismen gebildet werden und Organismen auch
auf autopoietischen Zellsystemen beruhten, lehnte Francisco Varela das
rundweg ab. Die beiden Biologen waren mit ihrem Begriff der Autopoiesis auf zellulärer Ebene zunächst auf ein Gegenbild zur traditionellen,
letztlich mythologischen Erklärung der Lebensprozesse aus, nicht auf ein
einheitliches Prinzip, das jede Systembildung erklären könnte, zumal Autopoiesis dafür ungeeignet ist. Innerhalb ihres Metiers ist zumindest klar,
dass mitnichten alle lebendige Selbstorganisation im Kern auf *auto*poi-
etischen Prozessen beruht, sondern *allo*poietische, also nicht-autonome
Prozesse ebenso in Rechnung zu stellen sind. Nicht jedes System, das sich
in seiner Funktionsweise auf sich selbst bezieht, ist deshalb schon aus sich
selbst entstanden oder erhält sich rein aus sich selbst. Ob Luhmann sich
der Tragweite dieser spezifischen Bedeutung von Autopoiese bewusst
war, sei dahingestellt. Im Weiteren lässt sich bestenfalls davon ausgehen,
dass er eine ungedeckte theoretische Analogiebildung vorgenommen
hat. Allerdings, wenn er das Gehirn als »Paradebeispiel« für operativ geschlossene Systeme anführt, bewegt er sich nolens volens im biologischen
Fahrwasser – und dann ist seine Verwendung des Begriffs Autopoiesis
falsch. Das Gehirn ist ein selbstreferenzielles, jedoch kein autopoietisches
System. Der Verdacht eines Kategorienfehlers, der kaum durch ein per-
spektivisch einschränkendes »Insofern« zu retten wäre, liegt nahe (vgl.
Bühl 1987, 225).
    Damit werden dann Argumentationen wie jene hinfällig, dass Kommu-
nikation über Kommunikation eine autopoietische Operation sei, die Ge-

sellschaft erzeuge, mithin Autopoiesis das unveränderliche Prinzip (vgl. Luhmann 1997, 66) jeglichen Systems sei, auf der Ebene sowohl des Erklärens (Sozialwissenschaft) wie auch des Gegenstandes (Gesellschaft) – wenn man in Rechnung stellt, dass Sozialwissenschaftler ihr nicht allein autopoietisch organisiertes Gehirn für solche Operationen anstrengen.

Autopoiesis bei Maturana/Varela bedeutet vordringlich, dass ein System aus identischen Strukturen besteht und insofern nicht auf importierte angewiesen ist. Selbstverständlich beruhen diese selbstidentischen Strukturformen materiell auf dem Stoff ihrer Umwelt, sind in energetischer und thermodynamischer Perspektive also offen (vgl. Bühl 1987, 226). Luhmann deutet das in eine strukturelle und operative Autonomie um, soll heißen: Es gebe nichts in seine Umwelt ab, noch empfange es etwas aus dieser. Es werde bestenfalls zu einem Echo herausgefordert. Die »Resonanz« eines Systems, die Entwicklung seiner »Eingriffskompetenz« (Luhmann 2004, 37) bleibe ihrem Wesen nach Kommunikation. Freilich sind autopoietische Systeme bei Maturana/Varela sehr wohl auf Interaktionen mit ihrer nichtautopoietischen Umwelt angewiesen, auch wenn sie ihrer Begriffsbestimmung nach in ihren Strukturfunktionen nicht umweltdeterminiert sind (vgl. Maturana 1980, 70f/Varela 1981, 19).

So gibt es für Luhmann nur die Beobachtung einer Störung, was auf Systemebene Differenzierung bedeute, also Ausdrücke zu finden für etwas, das zuvor in sich nicht wahrgenommen wurde; der Grad der Ausdifferenzierung (also die Erfahrungssättigung) erscheint dabei eigentümlich aleatorisch. Auch der technische Aspekt scheint dem untergeordnet. Um diese Sicht am Beispiel zu erläutern: Wenn etwa die Wahrnehmung, dass Feinstaub der Gesundheit der Einzelnen abträglich ist (und irgendein Leitwert, sei er ethisch oder ökonomisch, dies negativ ausweist), eine Kette in Gang setzt von der öffentlichen Diskussion über die politische Debatte, die in einer Gesetzgebung münden mag, bis zur Produktion und zum Einsatz von Schadstofffiltern, sind dies alles für die Theorie Kommunikationen innerhalb des Systems. Der Einwand, dass Techniken und Maschinerien unvorhersehbare Langzeitfolgen und unerwünschte Effekte mit sich bringen können, ginge als kritischer Einwand an der Systemtheorie vorbei. Derlei gehört ihr zufolge nicht ins Register des Systembegriffs, sondern in jenes der »Umwelt«. Umwelt ist also wesentlich das Nicht-Kommunizierte – wobei es empirisch schwer zu ermessen ist, was wann wo nicht kommuniziert oder bewusst überhört worden ist, weil es nicht der eigenen Interessenkonstellation entspricht. Derlei kann die Systemtheorie nicht aussagen, weil sie es theoretisch nicht erfasst – warum nicht?

System und Umwelt

Luhmann stellt eine Reihe von Bedingungen für die Möglichkeit auf, dass im engeren Sinne ökologische Aufklärung eine gesellschaftliche Veränderung bewirken könnte. Es gelte 1), wer System sagt, sage Umwelt – und umgekehrt. Alles, was nicht zum Erfassungsbereich eines Systems gehört, sei logisch die das System umgebende Umwelt. Ein derart definiertes Außen ist, wie zu bemerken ist, nicht an die Topografie eines Zentrums und seiner Peripherie gebunden, es sitzt überall in den Ritzen und Poren, die das System nicht begriffen bzw. »codiert« hat. Eine weitere Grundannahme lautet 2), dass die Umwelt komplexer als das System sei – weil eben nicht systematisiert, zumindest nicht vom Standpunkt des beschreibenden Systems. Es ist wichtig festzuhalten, dass der Umweltbegriff in der Systemtheorie abstrakt definiert ist und nicht auf die alltagssprachlich gefasste Umwelt zielt, sondern auf die fundamentale Unterscheidung, die jedes System betreffe. Die Umwelt sei der Horizont eines Systems, selbst wenn diese Metaphorik das schiefe Bild befördert, dass »Hier« immer dort ist, wo das System ist – wo aber wäre der Ausgangspunkt dieser Perspektive des Systems zu lokalisieren, und wem gehörte das Augenpaar, das den Horizont erfasste, und warum kann dieses Subjekt für das System sprechen? Wie immer es um die Metapher bestellt ist, ein System vermöge sich auszudehnen, verschiebe damit aber lediglich diesen Horizont. Es reguliere nach der Verschiebung quantitativ mehr und möglicherweise auf qualitativ andere Weise, doch die Differenz System/Umwelt sei konstitutiv. Die Beschreibung einer Umwelt bleibe 3) logisch immer auf ein System bezogen. Wird diese Beobachtungsrichtung Innen-Außen umgekehrt, also der Blick ins Innere eines Systems gerichtet, zeigt sich: Das System Gesellschaft bestehe 4) aus einer Vielzahl von Subsystemen, die jedes für sich die Umwelt des jeweiligen Beobachtersystems darstellten. Jedes Subsystem – Wirtschaft, Recht, Politik, Wissenschaft werden genannt, doch sind die Grenzen, wo das eine aufhört und das andere beginnt, unklar – verfüge über eigentümliche Kommunikationsformen, die es zu dem machten, was es jeweils ist. Der springende Punkt dieser Argumentation ist, dass jedes Subsystem die Anliegen anderer Subsysteme – beispielsweise des Rechts gegenüber den Wirtschaftsunternehmen – nur in seiner eigenen Sprache bearbeiten könne. Da nun im Detail nicht geklärt ist, ob etwa die freiwillige EMAS-Zertifizierung eines Unternehmens dem Subsystem Recht oder dem der Wirtschaft angehört, bleibt im Rahmen der Systemtheorie nicht widerspruchsfrei bestimmbar, warum derselbe Konzern, der seine Dependencen in der EU zertifizieren lässt, bei seinem Engagement z. B. auf dem afrikanischen Kontinent jeglichen Umweltschutzgedanken ignoriert. Die Sicht der Systemtheorie lautet schlicht: Wirkt beispielsweise das Rechtssystem auf das Wirtschaftssystem ein, so registriert das System Wirtschaft dies als »Umweltstörung«. Es prozessiert diese Störung ggf. in seinen eigenen Mitteln, seinem Medium bzw. seiner Codierung.[3] Gelinge die Übersetzung in die eigene Kommunikation (das bedeutet im Subsystem Wirtschaft die Übersetzung in monetäre Dimensionen), so sei die fortgesetzte Stabilisierung des Systems gelungen, vorausgesetzt, die Störung kann bzw. soll nicht ignoriert werden. Damit ist 5) das Prinzip der Selbstregulation autopoietischer Strukturen skizziert, zumindest in der Version der soziologischen Systemtheorie:

»Die Eigendynamik komplexer autopoietischer Systeme bildet einen rekursiv-geschlossenen, auf Selbstreproduktion, auf Fortsetzung der eigenen Autopoiesis eingerichteten Operationszusammenhang, der zugleich in hohem Maße offen, das heißt sensibel ist für wechselnde Umweltbedingungen.« (Luhmann 2004, 37)

Bezogen auf die ökologische Umwelt des Systems Weltgesellschaft ist der Klimawandel die Störung, die es zu verarbeiten gilt. Ein System muss 6) also bei Strafe seines Untergangs aus sich selbst Eingriffskompetenz schöpfen. Das bedeute Autopoiesis: die Reproduktion von Systemelementen aus Systemelementen. Gelinge es dem System nicht, Umweltstörungen in seinen spezifischen Code zu übersetzen, könne es zusammenbrechen. In Luhmanns o. g. Fassung der Evolution ist ein sozusagen fehlerbehaftetes System aber keineswegs ausgeschlossen von der Fortsetzung seiner Wucherungen, d. h. der Emergenz seiner Strukturen.[4] Diese Idee, den Evolutionsbegriff auch auf dysfunktionale Organisationsweisen anzuwenden, beruht auf der Projektion des Autopoiesis-Begriffs auf alle Organisationsebenen von der Reproduktion einer Körperzelle bis zu der der Gesellschaft. Bühl kritisiert diese Erhebung der Autopoiesis zum Grundprozess, der sich durch alle Ebenen ziehe, als die »Wiedereinführung eines univer-

---

3 In einer Master-Arbeit der Betriebswirtschaftslehre zu Compliance-Risiken an einer privaten Berliner Hochschule las sich das sinngemäß einmal so: Sind die Strafzahlungen nach Aufdeckung eines Korruptionsfalls niedriger als der Profit, der auf dem Compliance-Verstoß beruht, so ist Letzterer zu bevorzugen.

4 Piaget hat dies mit seiner Unterscheidung der Anpassung auf physiologischer und auf kognitiver Ebene differenzierter vorweggenommen (vgl. von Glasersfeld 1998, 102). Letztere übersteigt das schiere Überleben und sucht begriffliche Passung. Das kann für das Überleben von Vor- oder von Nachteil sein. Planvolles, begrifflich gesteuertes Handeln war offensichtlich bisher von Vorteil.

sellen Organizismus durch die Hintertür« (Bühl 1987, 245). Andere Autoren rezipieren die Idee unkritisch als Beitrag zur Schaffung von »global theories, that is, theories that point to a collection of objects to which they themselves belong« (Geyer/van der Zouwen 1986, 7). Dabei wird Selbstreferenzialität mit Autopoiesis gleichgesetzt und die Möglichkeit einer Übertragung der biologischen Herkunft des Begriffs auf soziale Systeme unbegründet postuliert:

»Therefore, when one tries to generalize the usages of this concept to make it applicable also to social systems, the biology-based theory of autopoiesis should [!] also be expanded into a more general theory of self-referential autopoietic systems.« (Geyer/van der Zouwen 1986, 6)

Auf welche Norm dieses Sollen (»should be«) gegründet wird, bleibt ungesagt. Bühl dagegen hält den ganzen Vergleich von Zellverbänden und sozialen Verbänden für falsch. Eher zeigten Gesellschaften »die Charakteristika eines ziemlich heterogenen und locker gekoppelten ›ökologischen Systems‹ als die eines bloßen ›Zellverbandes‹.« (Bühl 1987, 240)

Gesellschaft als Gesamtheit sinnhafter Kommunikationen

Die Gesellschaft als Gesamtheit der sinnhaften Kommunikationen müsste in vermutlich allen Subsystemen (wenn auch mit verschieden gravierenden Konsequenzen für die Re-Codierung) auf die Störung durch den Klimawandel reagieren. Näher betrachtet ist diese Störung aber nicht als Flaschenpost von Mutter Erde an die Gesellschaft ergangen. Vielmehr handelt es sich aus systemtheoretischer Sicht um die Kommunikation vor allem eines Subsystems: der Wissenschaft. Dessen Codierung an der Leitlinie der Wahrheit sei es, die im Diskurs der nachhaltigen Entwicklung aufgerufen werde. Insofern liefere Wissenschaft also den alarmierenden Befund, der etwa im Subsystem Wirtschaft nur dann Relevanz erlange, falls Klimawandel sich auf die Profitaussichten auswirke.

Ein entscheidender Punkt dabei sei 7), dass ein System, wie bereits erwähnt, nur punktuell gestört werde, nie als Ganzes – es habe geringe Resonanz, wobei offenbleibt, was der Maßstab für die Quantität dieser Resonanz ist. Die Beschreibung seiner Reaktion umfasse nur Momentaufnahmen, nie das Ganze seiner Umwelt. Auch aus diesem Grund sei eine völlige Anpassung des Systems an seine Umwelt unmöglich. Die Selbstbeobachtung 8) zeitige Systemeffekte, unabhängig vom Gegenstand der Beobachtung; es handle sich um eine reflexive Operation auf einer höheren

Stufe als die Operationen, die am Gegenstand beobachtet werden. Jede Strukturreform auf Grundlage eines beobachteten Missstandes entspricht dieser Beschreibung. 9) Jedes System repräsentiere und vereinheitliche sich auf diese Weise. Im Zuge dieser Operation erzeuge sich erst die Differenz von Einheit und Vielheit der Teilsysteme.

Luhmann verlangt von einer ökologischen Kommunikation folgerichtig die Erfüllung dieser neun Kriterien. Hier stellt sich erneut die Frage, was der systematische Ort sein könnte, an dem diese Kriterien ausformuliert werden – wenn nicht die Gesellschaft selbst? Das sieht auch Luhmann so, wenn er ökologische Kommunikation als »jede Kommunikation über Umwelt« bestimmt, »die eine Änderung von Strukturen des Kommunikationssystems Gesellschaft zu veranlassen sucht.« (Luhmann 2004, 62) Das führt in eine Paradoxie: Ist ökologische Kommunikation dazu verdammt, ein Leitwert, ein Paradigma innerhalb der Einheit sinnhafter Kommunikationen zu werden, so stellt das Scheitern zugleich aber die These von der gesellschaftlichen Einheit als Gesamtheit sinnhafter Kommunikationen in Frage: Welche Einheit sollte das noch sein, wenn sie auf einem »unsinnhaften« Leitwert beruht? Anders gesagt: Hinter bestimmte Erkenntnisse zurückzufallen, gefährdet das Prädikat der Sinnhaftigkeit – es kann keinen Weg zurück zu überholten Weltbildern geben, der nicht zugleich in den Zerfall einer Kultur führt.

Umgekehrt, wenn Sinn sich als Sinn der jeweiligen Subsysteme beschränkte und die Einheit nicht mehr wäre als die Summe sich widersprechender Einzelteile, so wäre die Gesamtheit zwar immer »sinnhaft«, aber die Sinnhaftigkeit fände sich gewissermaßen entleert – also sinnlos. Bereits die Prämisse der funktionalen Ausdifferenzierung lebt von der Voraussetzung, dass Funktionalität sich über den Beitrag des jeweiligen Subsystems zum Gesamtsystem bewährt; so hängt die Bildung eines Subsystems mit dessen funktional komplementärem Beitrag zusammen; es soll eine Antwort darstellen auf ein Problem, das im bisherigen systemischen Rahmen nicht zu lösen war. Diese Antwort dürfte es kaum in einem – am Maßstab der höheren Einheit bemessen – unsinnigen Beitrag abliefern.

Daher stellt sich die Frage, was »der« Leitwert vor der Herausforderung der ökologischen Kommunikation ist. Jenseits systemtheoretischer Argumentationen würde die These vermutlich Zustimmung finden, dass die Wirtschaft bzw. ökonomische Kategorien die bestimmende Größe moderner Gesellschaften darstellen, nach denen sich alles in letzter Instanz richtet. Systemtheoretisch passt dazu aber der Subsystemstatus der Wirtschaft im Supersystem Gesellschaft nicht recht ins Bild. Warum nicht Wirtschaft und den damit einhergehenden Stil der Codierung als Einheit betrachten, unterhalb der sich Subsysteme eingerichtet haben, die vormals vielleicht einen anderen Status genossen? In der Tat erscheint es so, dass die ökonomischen Codes noch die letzte Kirchengemeinde, das Bildungswesen, Wissenschaft, Politik und Rechtssphäre usw. durchdrungen haben – nach dem Golde drängt, am Golde hängt doch alles. Im Lichte dieser schwerlich abzuweisenden Erfahrung erscheint Luhmanns Gesellschaftsbegriff überraschend idealistisch. Gemessen am ökonomischen Leitwert haben die anderen Subsysteme auf die Gesamtheit der Gesellschaft relativ geringen Einfluss. Insofern wäre der Gegenstand einer gut beratenen soziologischen Forschung wohl eher die Systematik der Politischen Ökonomie und nicht irgendein summarisches Nebelreich kategorial gleichgewichteter Subsysteme, die sich zudem beständig fortdifferenzieren. Wohlgemerkt: Die Bedingung solcher Forschung beruhte auf der Einführung eines nicht-ökonomischen Leitwertes – das wäre die Freiheit der Forschung. Nur auf dieser Basis könnte die Durchdringung der Ökonomie in alle Bereiche, auch solcher Forschung selbst, der Kritik zugeführt werden.

Die sukzessive Entwertung der Gesellschaftswissenschaften bzw. die stille Revolution, mit der sich die Ökonomietheorie von ihrer Zugehörigkeit zu den Gesellschaftswissenschaften losgerissen hat und stattdessen die Systematik der Kapitalakkumulation mit affirmativer Theorie beliefert, zeigt, dass die Chancen einer anders gearteten Gestaltung der Wirtschaft kaum auf der Anpassung aus Einsicht in die Notwendigkeit beruhen werden. Nebenbei zeigt sich darin auch, dass das Subsystem »Wissenschaft« sich so wenig wie andere Subsysteme alleine (wenn überhaupt) nach dem binären Schema von »wahr/unwahr« richtet und von den anderen Unterscheidungen nichts wissen will. Wie überhaupt davon auszugehen ist, dass alle Subsysteme alle Codes kennen und verschieden gut beherrschen, wenn das erforderlich wird. Damit steht auch die Auffassung Luhmanns zur Disposition, dass jedes Subsystem in einer je eigenen Rationalität operiere – was Hürden theoretisch aufbaut, die praktisch nicht bestehen. Die Frage, warum eine primär an ökonomischer Macht ausgerichtete Gesellschaftsformation auf den erreichten Erkenntnisstand der Wissenschaften in der Frage der Nachhaltigkeit mit Verschleppungstaktiken reagiert, ist dann nicht länger das Problem von Systemcodes und autopoietischen Strukturen, die ein System aus seinen eigenen Elementen anpassen oder dies unterlassen – es ist eine Frage, die die Interessen der Akteure und deren Durchsetzungsfähigkeit betrifft. Vor jeder Bewertung einer Notwendigkeit steht aber die Einsicht in die objektiven Interessen der Akteure. Daran schließt sich die Möglichkeit einer Prüfung an, welche Interessen als verallgemeinerungsfähig gelten können, also sich nicht widersprechen. Objektive Interessen sind nicht schon widerspruchsfrei, weil ihre Protagonisten in ihren jeweiligen Rollen sie verfolgen *müssen* (oder eben aus der Rolle fallen).

Kognitive Dissonanzen

Der bereits konstatierte Idealismus der Luhmann'schen Systemtheorie, z. B. Wirtschaft als Subsystem zu fassen, das wie andere gesellschaftliche Bereiche unverzichtbare Funktionen für das große Ganze erfüllt (also nicht reale Widersprüche produziert, wie z. B. Wirtschaftskrisen und Übernutzung der Ökosphäre), was ganz auf der Linie der neoklassischen Markttheorie liegt, wird noch unterstrichen durch die Grundbestimmungen des Systembegriffs bzw. des ganzen theoretischen Rahmens:

>»So ist es innerhalb dieser Auffassung anscheinend nicht möglich, sich ein System vorzustellen, das statt Autopoiesis deren Gegenteil, Determination (sic!) wählt oder eines, das anstelle von Geschlossenheit Offenheit abhandelt; oder eines der klassischen Funktionssysteme (Wissenschaft, Politik, Wirtschaft), das sich gegen Spezialisierung entscheidet.« (Knorr-Cetina 1992, 415)

Vor allem historisch vergängliche Formen, wie früher oder später auch die monetär basierten Marktwirtschaften, erhalten in solcher Perspektive Ewigkeitscharakter. In dieser Fassung liefert Systemtheorie die ideologische Rechtfertigung für eine spezifische Ausrichtung der Ökonomie, entzieht sie geradezu dem politischen Zugriff – jedes in sich geschlossene System erscheint immun gegen externe Gestaltung. Es müsste schon selbst reagieren, um sich zu ändern. Das erinnert sehr an die vornehmlich sanfte Hand des Staates, der gegenüber der Wirtschaft auch in wichtigen Fragen auf Freiwilligkeit setzt. Umweltmanagementsysteme und Corporate Social Responsibility werden der Wirtschaft nahegelegt, anstatt sie gesetzlich vorzuschreiben, wie etwa das Verbot von Kinderarbeit (zumindest auf deutschem Boden) Gesetzeskraft hat – die kognitive Dissonanz ist offenkundig. Schon die Existenz des Lobbyismus und der NGOs als hybride politisch-soziale-wirtschaftliche Strukturen widerspricht der Idee der Geschlossenheit augenscheinlich. Auch die leitende Hypothese einer aufgrund der Arbeitsteilung zwingenden Zunahme der gesellschaftlichen Ausdifferenzierung, also einer sich vertiefenden Subsystematisierung, ist fraglich, weil sie das Verschwinden von Institutionen ebenso wenig in Rechnung stellt.

Es ist diese Verengung des Systembegriffs, die – allen deontologischen Konstrukten von Beobachtungen der Beobachtungen zum Trotz – selbst einen ontologischen Status hat: Dieses Systemdenken sagt, es *ist* so. Ausgerechnet an einem seiner zentralen Begriffe, der Autopoiesis, ließ sich zeigen: Es ist *nicht* so, oder konstruktivistisch: Es ist von äußerst geringer Viabilität. Die sonst postulierte Beobachterperspektive findet auf der Metaebene des theoretischen Zuschnitts selbst keine Anwendung. Ein Vergleich der Forschungsstrategien so disparater Wissenschaftsbereiche wie der Teilchenphysik, der Astronomie und der Molekularbiologie, den Knorr-Cetina exemplarisch vorführt, zeigt, dass diese avancierten Wissenschaftsbereiche jeweils verschiedenste Systematisierungen verfolgen. Es lassen sich gleichzeitig Offenheit und Geschlossenheit der Teilsysteme beobachten, die jeweilige Reproduktion und Erweiterung der Wissensgebiete erfolgt mal aus eigenen, mal aus fremden Ressourcen usw. Die Forscherinnen und Forscher bearbeiten ihre wissenschaftlichen Probleme in verschiedenen »Sinnprovinzen« (Knorr-Cetina 1992, 414), verstehen es also, fremde »Codes« in ihre Disziplin zu integrieren. Der nähere Blick bestätigt, dass selbstverständlich Wissensproduktion nicht allein, wenn überhaupt, im Medium der Wahrheit (mit der binären Codierung wahr/ falsch) operiert, sondern in ein ökonomisches Geschehen eingebunden ist, in dem es letztlich um die Existenz dieser oder jener wissenschaftlichen Institution geht. Teilchenbeschleuniger kosten Geld – viel Geld – und die Akquise verlangt etwas mehr als das Pochen auf die Einsicht, diese Forschung sei notwendig und damit in sich selbst begründet. Die Trade-offs sind also vorprogrammiert und werden in die Wissensproduktion integriert, als ob es sie nicht gegeben hätte – was sollten Wissenschaftler auch sonst tun? Die Heuristiken der Wissensproduktion werden sublim durch die Heuristiken der Kapitalverwertung gebogen, aber zugleich in ihrem Fortkommen befördert, gerade weil hier nicht »Alles oder nichts« gespielt wird. All das dürfte nach dem Verständnis der Systemtheorie, für die die Selbststabilisierung eines Systems gerade durch seine Rekursivität und Schließung nach außen erreicht wird, nicht stattfinden..

So ist das heute diskutierte Zwei-Grad-Ziel auch als politisch-ökonomisch-klimawissenschaftlicher Kompromiss und hoffentlich nicht allein als fataler Trade-off zu begreifen. Es gibt durchaus Stimmen im Konzert, die sehr deutlich die These einer Art ökonomischer Vollbremsung als Notwendigkeit vortragen.[5] Es ist natürlich klar, dass dem selbst bei gutem Willen die Trägheit der Systeme entgegensteht, und von gutem Willen

---

5 Etwa Herman Daly, Walden Bello, Hans Christoph Binswanger, Niko Paech usw.

darf ohnehin nicht ausgegangen werden. Kurioser noch, dass der Trade-off das Gegenteil von zunehmender Differenzierung darstellt; im Wissenschaftsbereich ereignet sich *Ent-Differenzierung* (vgl. Knorr-Cetina 1992, 408). Der Systembegriff bildet hier nicht die Wandlungen gerade der Funktionen ab, die sich selbst historisch entwickeln. Eine Einrichtung wie das International Panel on Climate Change allein als wissenschaftliche Einrichtung abzubuchen wäre naiv. Hier wird Politik gemacht, und anderes wäre vermutlich auch gar nicht sinnvoll. In letzter Instanz liegt dem eine ethische Struktur zugrunde, also ausgerechnet eine Motivation, der Luhmann kaum systemprägende Kraft zusprechen mag, weil die anderen Subsysteme deren Intervention angeblich nicht verstünden.

Haltungsfragen

Ein Springpunkt, der das tautologische Verfahren Luhmanns – eben den eines kybernetischen Regelkreises – motiviert, ist die von ihm paradoxal formulierte Frage, wie die Soziologie als Teil der Gesellschaft die Gesellschaft selbst zum Gegenstand ihrer Untersuchung machen könne. Etwas bescheidener auf die Einzelnen bezogen lässt sich die Paradoxie in die nach den Bedingungen der Möglichkeit der Selbsterkenntnis des »Beobachters n-ter Ordnung« rückübersetzen, denn die unhinterfragte Transponierung von Mikrostrukturen auf nächst höher gelegene Organisationsformen ist durch nichts gedeckt als die These, dass immer nur Gleiches erkannt werden könne oder gar nichts. In einer anderen Sprache ausgedrückt, deren Andersartigkeit weniger der völligen Unverträglichkeit mit dem kybernetisch-konstruktivistisch-systemtheoretischen Denken geschuldet ist als einer grundsätzlich anderen Haltung zur eigenen Lebendigkeit, ist das die Frage nach der Möglichkeit von Aufklärung. Eingedenk des Kant'schen Leitspruchs der Aufklärung »Habe Mut, dich deines eigenen Verstandes zu bedienen!«, keimt der Verdacht auf, dass der Schwerpunkt der Mess- und Regeltechniker des Geistes auf »Bedienung« liegt, während die Eigentümlichkeit der normativen Aufforderung, Mut haben zu sollen (sapere aude), sich zu »erkühnen« (Schiller), unterbelichtet bleibt. Das kennzeichnet einen Unterschied der *Haltung*. Der Eindruck ist nicht gänzlich zu verdrängen, dass der Entscheidung, lieber den Status quo mit Bedienungsanleitungen für den Thermostat der Gesellschaft abzusichern, eine Angst eingeschrieben ist. Es ist nämlich die Entscheidung, *nicht* den Mut zu haben, sich einer Alteritätserfahrung auszusetzen. Man springt als Turmspringerlaie sozusagen grundsätzlich nicht vom Zehner, weil das gar keinen Sinn macht. Dabei entgeht, dass es beim berüchtigten Sprung vom Zehner nicht um Sinn im bisher bekannten Maße geht. Nicht von ungefähr findet sich in der Systemtheorie mit der »Umwelt« ein bannender Name für die bedrohliche Alterität dessen, was keine Systemadresse hat und dennoch unaussprechliche Anwesenheit reklamiert. Wittgenstein verwendete für diese Präsenz ohne Repräsentation, die sich dem Logos beharrlich entzieht, den Titel des *Mystischen*: Nicht *wie* die Welt ist, sondern *dass* sie ist. Er hatte außerdem die dem Positivismus von vorneherein unverständliche Kühnheit, sein streng logisches Traktat als eine Ansammlung von Unsinn zu bezeichnen, was freilich erst nach den Exerzitien der Lektüre zu erkennen sei. Ihm war klar, dass ein unauflöslicher »Rest« insistieren würde, dem mit zweiwertiger Logik prinzipiell nicht beizukommen war. Deshalb sei die strenge Untersuchung dessen, was überhaupt sinnvoll ausgesagt werden könne, nichts als eine Leiter, die nach dem Aufstieg fortzuwerfen sei.

Gerade weil in jeder Polemik, die klassisch zweiwertig als ein Krieg der Auffassungen zwischen Systembefürwortern und Systemkritikern inszeniert wird, die Entscheidung nie fallen kann, ob die herrschaftspragmatischen Positivisten Recht haben oder die Kritiker der Herrschaft des Positivismus, bricht das »Mystische« beharrlich herein und fordert eine grundsätzliche Haltung, um nicht zu sagen: ein Ethos heraus. Das ist eine der Möglichkeiten, die alte Leitformel der Aufklärung zu deuten: den Mut zu haben, sich im Vermögen seiner vernünftigen Kräfte der Begegnung mit gänzlicher Andersartigkeit auszusetzen, also etwa auf andere Formen der Produktion und Allokation von Gütern zu sinnen. Es ließe sich alternativ mit Knorr-Cetinas Begriff der Sinnprovinzen formulieren, dass eine Veränderung der gesellschaftlichen Reproduktionsbedingungen vom Mut der Einzelnen abhängt, sich eben in unbekannte Sinnprovinzen zu begeben.

Reprise

In Sachen Haltung sind die Kritiker die mutigeren, was ihnen die Gegenseite eben als »Neigung« zum Irrationalismus bescheinigt. Das ist die Motivation, mit der Luhmann der Umweltbewegung seiner Zeit systemisches Unvermögen attestiert, obwohl gerade seine Systemtheorie genauso gut die Prognose einer zukünftigen Integration bis hin zur Korrumpierung des ökologischen Bewusstseins abgegeben hätte. Das muss zunächst als überraschende argumentative Wendung erscheinen. Genau diese Kritik formuliert jedoch Ingolfur Blühdorn als Systemtheoretiker einer neuen Generation (Blühdorn 2013, 280).

Die vorangegangene Argumentation zielte darauf ab, dass Luhmanns Ausarbeitung einer soziologischen Systemtheorie in entscheidenden Punkten an den historisch evidenten Entwicklungen vorbeigeht. Gerade dass die Akteure nicht aus ihrer Haut könnten, weil die Subsysteme aufgrund ihrer internen Codierung nicht aus dem Rahmen fallen können, hat sich logisch und mit Beispielen widerlegen lassen. Besonders die dominierende Stellung ökonomischer Aktivitäten als der Metabolismus von Mensch und Natur schlechthin erscheint für eine plausible systemtheoretische Lesart der Gesellschaft hinderlich. Der Verdacht, dass der Einzelne mehr kann, als er oder sie zeigt, und mehr weiß, als sich im jeweiligen Erwerbsleben abbildet, lässt sich nicht von der Hand weisen. Vor dem Hintergrund dieser Mutmaßung erhebt sich die Frage anders, warum die Umsetzung ökologischer Einsichten so wenig vorankommt. Blühdorn bietet eine alternative Erklärung an, die den Akzent stärker auf die Frage legt, in welcher Verfassung sich die Subjekte und die Demokratie heute befinden. Er versucht sich einen Reim auf die Motivationen der Menschen zu machen, in deren Hand es läge, aus Einsicht einen ökologisch nachhaltigen Lebensstil zu praktizieren.

Historisch steckt Blühdorn den Rahmen seiner Gegenwartsdiagnose mit drei Epochen der Moderne ab, deren Bestimmung – mit einem Begriff, den Blühdorn nicht wählt – am Stand der Produktivkraftentwicklung erfolgt. Damit gehen bestimmte ökonomische Organisationsformen einher, die dem Selbstverhältnis der jeweiligen Generation ihre Prägung verleihen. Die *Erste Moderne* (Blühdorn 2013, 53) bezeichnet bei Blühdorn die Phase des Industriezeitalters. Kennzeichen dieser Zeit sei ein starker Korporatismus, dem ein gehorsames Subjekt entspreche, dass sich weitestgehend dem Gesellschaftsentwurf einer Herrschaft von Eliten füge. Bedeutende wissenschaftlich-technologische Fortschritte ermöglichen eine rasant wachsende industrielle Ausbeutung von Erde und Arbeit, Verwaltungsstrukturen installieren sich mit zunehmender Effizienz. Diese erste industrielle Moderne zeichne sich nicht zuletzt durch die Erfindung dessen aus, was später die Konsumgesellschaft genannt werden wird, d. h. die gelingende massenhafte Einbindung abhängig Beschäftigter in die Profitrealisierung eines wachsenden Konsumgütersektors. Was Blühdorn nicht explizit sagt, gleichwohl unterstellt, ist der spezifisch subjektbildende Prozess des Einzelnen, als Adressat des aufblühenden Konsumismus auf sich selbst zentriert zu werden. Zumindest erscheint so plausibel, wenn von einer »emanzipatorischen Revolution« (Blühdorn 2013, 53) die Rede ist, welche schließlich den Aufbruch des Subjekts in die *Zweite Moderne* markiere. Neben der Erstattung des Subjekts, das nunmehr in Gestalt der nächsten Generation gegen die traditionellen Vorstellungen opponiert, dabei freilich auf andere Ressourcen und Freiheitsgrade zurückgreifen kann als die Alten, dürfte Bildung ebenfalls eine Rolle spielen. Hier markieren vor allem die 1960er bis 1980er Jahre die Kernphase des Geschehens. Umweltrisiken werden zu einem breit aufgefächerten Thema; zu erinnern ist an die bereits erwähnten Warnungen des Club of Rome und an den Brundtland-Report. Weniger breit propagierte Zeitdiagnosen von größerer Schärfe, wie zum Beispiel Günther Anders' wiederholte Feststellung von der Antiquiertheit des Menschen (1956/1980) gehören ebenfalls in das skeptische Kolorit dieser Zeit.

Die besondere Pointe von Blühdorns Schema erschließt sich aus der Gegenwart als der *Dritten Moderne*, von deren Warte aus betrachtet der emanzipatorische Aufbruch mit seinem die Demokratie und das bürgerliche Selbstbild stärkenden Impetus als ein transitorisches Stadium erscheint. Eingelassen in den Prozess der Globalisierung, was eine unscharfe ökonomische Kategorie ist, erweise sich die spezifische Qualität der Dritten Moderne als die einer Konsumgesellschaft, die sich demokratischen Werten verpflichtet sehe (und dafür auch wieder in den Krieg zieht), während der Souverän sich für die Sache der Mitbestimmung nur noch in eingeschränktem Maße in politische Engagements verwickeln lässt (vgl. Strauß 2015).

Wo sich einst politische Ökologie mit der Forderung nach mehr Demokratie verband, habe sich ein »post-ecologist turn« (Blühdorn 2013, 116) zugetragen, was vorderhand vermuten ließe, dass auch das politische Konzept der Demokratie nur noch schwindende Anziehungskraft besitze:

> »Die Autonomie und Integrität der Natur und die des Menschen wurden als zwei Seiten der gleichen Medaille gedacht, als zwei unzertrennliche Dimensionen derselben Idee. Die Befreiung des einen, glaubte die politische Ökologie, wäre ohne die Aufhebung der Entfremdung des anderen nicht zu erreichen, und für beide wäre eine radikale Abkehr vom System der kapitalistischen Konsumgesellschaft unverzichtbar.« (Blühdorn 2013, 126f)

Dem setzt Blühdorn seine These eines emanzipatorischen Begriffs der Postdemokratie entgegen (Blühdorn 2013, 116). In Absetzung gegen die polemische Fassung von Postdemokratie bei Jacques Rancière[6] und Sheldon Wolin[7] und den alarmierten Pessimismus Colin Crouchs[8] entwickelt

---

6 Jacques Rancière (2011): Der Hass der Demokratie. Berlin.
7 Sheldon Wolin (2008): Democracy Incorporated. Managed Democracy and the Specter of Inverted Totalitarianism. Princeton.
8 Colin Crouch (2008): Postdemokratie. Frankfurt/M.

Blühdorn die Idee, dass der Souverän der Postdemokratie alle vorangegangenen Bekenntnisse zu Mutter Natur und zur Utopie der Brüderlich-
keit aufgekündigt habe – weil es das »Goldene Zeitalter der Demokratie
[...] empirisch nie gegeben hat.« (Blühdorn 2013, 120) Der entscheidende
Punkt, der das politische Selbstverständnis in der Gegenwart präge, sei
»die politische Ernüchterung« (Blühdorn 2013, 125), die den Demokratie-
Idealisten entgehe, wenn sie die vermeintliche Entpolitisierung anpran-
gerten. Wenn zutreffe, dass Demokratie die Subjektivierungsweise des
Politischen sei (mit Rancière, vgl. Blühdorn 2013, 127), so stelle sich die
Frage, ob jenseits des Mythos eines Demos, eines Volkes als Souverän,
nicht vom Mythos des autonomen Subjekts die Rede sein müsse. Damit
stehe die »Zentralkategorie der Demokratie« (Blühdorn 2013, 128) überhaupt auf dem Prüfstand:

> »Modernisierung bedeutete nicht einfach nur die schrittweise Durch-
> setzung der für sich selbst unveränderlichen Normen des autonomen
> und identitären Subjekts und entsprechend die schrittweise Durchset-
> zung der Demokratie, sondern auch die schrittweise Weiterentwick-
> lung dieser Norm selbst und entsprechend die Transformation der
> Demokratie.« (Blühdorn 2013, 119)

Dabei werde allerdings, anders als Rancière annimmt, das autonome und
identitäre Subjekt nicht zerstört, sondern verwandelt (Blühdorn 2013,
130). Leitend für die Umformung über Generationen ist für Blühdorn, den
Systemtheoretiker, der Markt, also die Ökonomie, deren Invasion noch
die privatesten Regionen des Einzelnen erreicht. Hedonismus, Arbeiten,
um zu konsumieren, und Pragmatismus in politischen Dingen regieren
demnach die Handlungsweisen des postdemokratischen Subjekts – und
das unter emphatischer Bejahung demokratischer Werte. Dieses schein-
bare Paradox löst sich auf, wenn unterstellt wird, dass Demokratie als die
Bedingung der Möglichkeit individuell-konsumistischer Identitäten verstanden wird. Nicht mehr und nicht weniger. Selbst für eine Nachfrage
nach »nachhaltigen« Konsumartikeln, mit denen ökologisches Bewusstsein demonstriert werden kann, existieren zahlreiche Angebote in jedem
Konsumsegment bis hin zum Luxusgut.
    Die politische Sphäre scheint sich an diese postdemokratische Subjek-
tivität angeschmiegt zu haben, sollte es zutreffen, dass ihr oberster Imperativ »die Stimulation der Kauflust« ist (Blühdorn 2013, 132). Anders
formuliert bestünde die Schwierigkeit einer radikalen Nachhaltigkeitspolitik, wenn es denn eine Partei gäbe, die dafür einträte, in der fehlenden

Legitimation durchs (post-)demokratische Prozedere. Blühdorn referiert mit Anleihen bei Richard Sennet[9] und Zygmunt Baumann[10] das Bild einer Verflüssigung und Verflüchtigung des Subjekts, das nicht mehr zu sich selbst komme und daher auch keine Substanz habe, die politisch repräsentiert werden könnte (Blühdorn 2013, 135f). Die Eindimensionalität der politischen Strukturen treffe sich gewissermaßen weder mit den Wünschen der verstreuten Subjektivität noch mit Prinzipien der Demokratie. In diesen demokratiepessimistischen Perspektiven finden sich die traditionellen Normen der Demokratie gewissermaßen abgewählt. Freilich bezweifelt auch Blühdorn, dass es je ein gefestigtes Subjekt gegeben habe, was die ganze Beschreibung auf einen Modernepessimismus der genannten Autoren verkürzt (und einem Universalpessimismus Platz einräumt). Damit wird die gesamte Diskussion um »den« Menschen obsolet, bzw. Kants vierte Frage »Was ist der Mensch?« bleibt unbeantwortet, denn Differenzierung lässt sich letztlich nur konstruieren, wenn es unterscheidbare Haltungen gibt. Unterscheidbarkeit aber beruht auf wenigstens zeitweise identifizierbaren Festlegungen. Die Frage, wie es um die Bereitschaft der vielen Einzelnen steht, die – vorsichtig ausgedrückt – Wende zu einer nachhaltigen, globalen gesellschaftlichen Reproduktion zu fordern und deren Konsequenzen zu tragen, ist eine empirische. Ganz entgeht das Blühdorn auch nicht, wenn er feststellt, dass die Hyperflexiblen, die er letztlich kritisch ins Auge fasst, etwa in den Milieu-Kategorien des Sinusinstituts, die sogenannten »Performer« sind (Blühdorn 2013, vgl. 138), in den Schattierungen der »Hedonisten«, der »Explorativen« und der »adaptiven Pragmatiker«.

Blühdorn unterstellt, dass es sich um Leitmilieus handele, was für seinen Befund einer paradoxalen modernen Nachhaltigkeitskritik wichtig ist. Mit Blick auf die Kategorien des Sinus-Instituts lässt sich feststellen, dass die Performer und das expeditive Milieu sich nur zum Teil mit der »Oberschicht« decken; etablierte Konservative, Liberal-Intellektuelle und Teile des sozial-ökologischen Milieus sind ebenfalls in der Oberschicht vertreten. Im Datenreport 2013 des Statistischen Bundesamtes macht die kumulierte Gruppe aus leitenden Angestellten/höheren Beamten sowie qualifizierten Angestellten/gehobenen Beamten als typische in der Oberschicht vertretene Berufsgruppen bis 60 Jahre in Ostdeutschland 24,1 % und in

---

9   Richard Sennet (1998): The Corrosion of Character. New York (dt. 2006: Der flexible Mensch. Berlin).

10 Zygmunt Baumann (2003): Flüchtige Moderne. Frankfurt/M.; ders. (2007): Leben in der flüchtigen Moderne. Frankfurt/M.; ders. (2008): Flüchtige Zeiten. Hamburg; ders. (2009): Leben als Konsum. Hamburg.

Die Sinus-Milieus® in Deutschland 2015
Soziale Lage und Grundorientierung

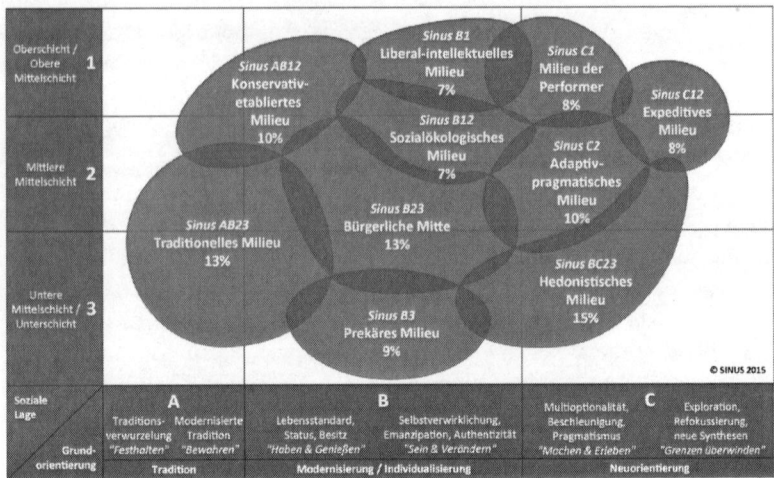

Abb. 20: Zehn Milieus in drei sozialen Lagen und drei Dimension der Grundorientierung (Quelle: Sinus-Institut 2015).

		Objektiv führende Milieus:	Blühdorns Leitmilieus:
Gesamtbevölkerung Deutschland	81,1 Mio.		
Konservativ-etabliertes Milieu	7,02 Mio.	? Mio.	
Liberal-intellektuelles Milieu	5 Mio.		
Performer	5,2 Mio.		
Expeditives Milieu	5 Mio.		
Traditionelles Milieu	9,8 Mio.		
Sozial-ökologisches Milieu	5 Mio.		
Adaptiv-pragmatisches Milieu	9,3 Mio.		
Bürgerliche Mitte	9,8 Mio.		
Prekäres Milieu	6,4 Mio.		
Hedonistisches Milieu	10,5 Mio.		
			19,5 Mio.
fehlen:	8,08 Mio.		

Abb. 21: Eigene Aufstellung nach Angaben des Sinus-Instituts (2015), des Statistischen Bundesamtes (2014) und Bontrup (2015).

Westdeutschland 28,5 % aus (Statistisches Bundesamt 2013, 183). In der Perspektive der nach Weber'schen Kategorien gebildeten elf Klassenlagen lässt sich feststellen, dass 13,5 % der Bevölkerung zur »Obersten Dienstklasse« zählen – die sich weitestgehend auf die Lebensstile der »Oberschicht« der Sinus-Studie aufteilen mögen. Es ist dieser Teil, der faktisch die Geschicke des Landes lenkt. Alle anderen mögen noch so nicht-nachhaltig leben, sie verfügen nicht über die politische und monetäre Gestaltungsmacht im Land. Es lässt sich bestenfalls noch das Argument einbringen, dass es die sprichwörtliche Masse macht. Wenn jedoch von »Masse« die Rede ist, kommt unweigerlich die monetäre Begrenzung ins Spiel. All diese quantitativen Verhältnisse sind also bei der Lektüre der Theorie zur »simulativen Demokratie« im Hinterkopf zu behalten, weil es sich dabei möglicherweise um die Beschreibung der Hegemonie einer relativ kleinen Gruppe handelt, die noch nicht einmal deckungsgleich mit den Kategorien der Oberschicht bzw. der Obersten Dienstklasse sein muss.

Nun bestehe die (Umwelt-)Politik der Dritten Moderne aus widersprüchlichen Ansätzen (Blühdorn 2013, 249). Einerseits gehört Nachhaltigkeit mittlerweile zum offiziellen Wertekanon der Gesellschaft, die gleichzeitige Bejahung des leitenden (hedonistischen) Lebensstils macht aber gerade die Vertiefung der Verschwendungsökonomie notwendig. Die allgemein verbreitete Einsicht,

»[...] dass sich soziale und ökologische Beben tektonischen Ausmaßes, wenn überhaupt, dann wohl nur durch einen radikalen Werte-, Kultur- und Strukturwandel verhindern (oder zumindest noch begrenzen) ließen, gehörte nie zuvor so sehr zum Mainstream des umwelt- und nachhaltigkeitspolitischen Diskurses wie heute.« (Blühdorn 2013, 250)

Wer diese Einsicht teilt, wird empirisch jedoch nicht belegt. Die Alltagserfahrung lehrt, dass die Konzepte von Nachhaltigkeit selbst in den gebildeten Schichten recht oberflächlich, um nicht zu sagen: schlichtweg falsch sind, weil in Unkenntnis der stofflich-technologischen Implikationen im Zweifel an die Technologieentwicklung geglaubt wird. Dieses Urteil bemisst sich natürlich daran, dass einer Mehrheit der Bevölkerung der Ernst der Lage durchaus bewusst ist. Einer Studie des Zentrums für europäische Wirtschaftsforschung zu Risikowahrnehmung und Anpassungsstrategien von Privathaushalten von 2012 sind 81,1 % der Befragten der Meinung, dass der Klimawandel bereits im Gange ist; dem stehen nur 4,4 % gegenüber, welche die Existenz eines Klimawandels überhaupt leugnen (Osberghaus/Schwirplies/Ziegler 2013, 13). Nach Parteien sortiert stehen sich vor allem Anhänger der FDP und der Grünen gegenüber:

»Der Anteil der FDP-Anhänger, die von einem Klimawandel bereits heute ausgehen, ist von allen Parteianhängern mit 65,8 % am gering-sten, während unter den Grünen-Anhängern über 93,2 % dieser Über-zeugung sind. Umgekehrt glauben 11,4 % der FDP-Anhänger, dass es einen globalen Klimawandel weder heute noch zukünftig geben wird. Bei den Grünen-Anhängern ist dieser Anteil mit 0,6 % sehr gering.« (Osbergshaus/Schwirplies/Ziegler 2013, ebd.)

Da nur eine Minderheit der Bevölkerung dieser Partei und der Leugnung des Klimawandels zuneigt, mit anderen Worten: vier Fünftel der Bevöl-kerung nicht vom Faktum des Klimawandels überzeugt werden müssen, erhebt sich die Frage, welche Vorstellungen von der Lösung des Problems allgemein verbreitet ist (eine Frage, die mangels Studien nicht so einfach beantwortet werden kann). Der subjektive Eindruck vermittelt hier das Bild einer gewissen Technikgläubigkeit.

Zweitens unterstellt Blühdorn, dass systemische Imperative im Ver-bund mit nicht-nachhaltigen Lebensstilen die dazu widersprechende Pra-xis in den postdemokratischen Gesellschaften ausmachen. Zweifel kom-men auf, inwieweit das Systemische nicht doch vor allem ein verkapptes Klasseninteresse ist, wenn Blühdorn selbst formuliert, dass »[v]erbissen [...] um die Stabilisierung genau jener Strukturen gekämpft [wird], die ei-gentlich fundamental umarrangiert werden müssten.« (Blühdorn 2013, 250) Was eine Handlungsnorm unterstellt. Doch liegt die Betonung für ihn eben nicht bei den »Sachzwängen« des Systems, sondern bei den Glücksvorstellungen der Einzelnen. Das ist eine schiefe Perspektive, die abermals zeigt, wie nötig es ist, die ökonomischen Bewegungen ins Auge zu fassen. Wie könnte der, relativ betrachtet, nicht allzu große zahlungs-kräftige Teil der abhängig Beschäftigten in ihrem Konsum zur Hauptursa-che erhoben werden, wenn gerade der ökonomische Erfolg Deutschlands auf den beständigen Exportüberschüssen beruht? Die damit verbundene Steigerung des gesamtgesellschaftlichen Impacts resultiert nicht alleine aus inländischer Nachfrage, sondern aus der des Auslandes, was den Ho-rizont der gegenwärtigen europäischen Misere abgibt. Exportüberschüs-se bedeuten Werttransfer aus dem Ausland ins Inland, wobei die mit der ausländischen Wertschöpfung verbundenen stofflichen Umwandlungs-prozesse nicht transferiert werden, außer bei der Belastung der Quellen und Senken, die alle teilen. Umgekehrt würde mit Blick auf die Lohnentwicklung der vergangenen Jahrzehnte[11] ebenfalls deutlich werden, dass die Möglichkeit einer massenhaft gesteigerten Nicht-Nachhaltigkeit in der individuellen Reproduktion auf der Armut ferner Produzenten beruht, um einmal eine erweiterte Begründung zu geben, welche die letztlich normative Lebensstil-Kritik überschreitet (vgl. Strauß 2014). In effektiven Quantitäten ausgedrückt, stünde also eine Berechnung an, wie viel CO_2-Äquivalent Mehrbelastung auf die Masse der hierzulande produzierten Exportgüter im Vergleich zur Mehrbelastung anfiele, welche die importierten und die inländisch hergestellten Reproduktionsgüter repräsentieren. Erst auf dieser Grundlage – zu ergänzen um weitere Faktoren – ließe sich ein Urteil darüber fällen, ob die Attacke gegen den nicht-nachhaltigen Lebensstil das richtige Ziel oder eher eine Phänomenologie der Nebenkriegsschauplätze ist.

Freilich spielt das von Blühdorn wiederholt behauptete Paradox der Einsicht in die Umweltschädlichkeit des modernen Lebensstils bei hartnäckiger Verteidigung desselben (Blühdorn 2013, vgl. 250-252) eine Schlüsselrolle für die These eines Übergangs von »der traditionellen Politik der Nachhaltigkeit zur neuen *Politik der Nicht-Nachhaltigkeit*« (Blühdorn 2013, 252). Unter diesem Titel entwickelt er die These, dass diese Politik – Protagonisten werden nicht genannt – sich längst entschieden habe, die Folgen der Nicht Nachhaltigkeit als unabwendbare zu akzeptieren und sich der Verwaltung der Konsequenzen zuzuwenden. Bemerkenswert ist ferner, dass Blühdorn durchaus den letztlich chauvinistischen (denn das Ende der Armutskette liegt jenseits hiesiger Grenzen) Charakter dieser Politik der Nicht-Nachhaltigkeit benennt:

> »Tatsächlich sind das gewandelte Verständnis demokratischer Werte und die neuen Formen der *governance* ein unverzichtbares Instrument zum Management der nachhaltigen Nicht-Nachhaltigkeit. Sie sichern den Einfluss der privilegierten Mittelklasse und erleichtern die Ausgrenzung der neuen Unterklasse.« (Blühdorn 2013, 268)

Dies korrespondiert mit der hier entwickelten These, dass Blühdorn vor allem den besser gestellten Teil einer relativ zahlungskräftigen Mittelschicht ins Visier genommen hat. Im Grunde geht es in seiner gesamten Schrift um den Nachweis, dass die Frage einer übergeordneten Gerechtigkeit, die durch demokratische Beteiligungsverfahren hergestellt werden

---

11 Für einen länderübergreifenden Vergleich der langfristigen Verteilung der Einkommen aus Arbeit und Kapital siehe Pikettys Studie von 2013.

soll, sich in der Epoche des Konsumierens als Lebenssinn in ein segregierendes Verfahren verwandelt hat, im Zuge dessen eine quantitative Minderheit unter den gegebenen Machtverhältnissen dem armen Rest eine ökonomische Gestaltung aufzwingt, deren Folgen zuerst die Verwundbarsten treffen wird. Für die relativ reiche nördliche Hemisphäre des Planeten laufe »Nachhaltigkeit« auf eine Steigerung der Resilienz hinaus (Blühdorn 2013, vgl. 270 u. 274). Und in der Tat hat beispielsweise die deutsche Bundesregierung eine »Anpassungsstrategie an den Klimawandel 2008« vorgelegt, gefolgt von einem »Aktionsplan Anpassung« im Jahr 2011. Allerdings ist – gleich welche Politik in Zukunft verfolgt wird – Anpassung und gesteigerte Resilienz unabdingbar, denn die angestoßenen Prozesse zeitigen selbst dann noch Konsequenzen, wenn die Menschheit heute vom Planeten verschwinden würde.

Trotzdem gründet Blühdorn seine Demokratiezweifel auf die Annahme einer Art Common Sense, dass man es sich eben gemütlich zu machen versteht in einer ungemütlich werdenden Welt; er hält dieses Demokratieverständnis aber durchaus für geeignet, eben den Pfad in die fortgesetzte Nicht-Nachhaltigkeit zu organisieren. Schließlich findet er dafür die Steigerungsform der »reaktionären Demokratie« (Blühdorn 2013, 280). Dabei bleiben die treibenden exkludierenden/exklusiven Interessen der wirklich Reichen außen vor bzw. das Verhältnis von objektiv herrschender Klasse, in deren Interesse die Politik der Experten dem Wahlvolk ein enges Setting vorlegt (Sachzwänge), bleibt unbehandelt. Das konstatierte Paradox mag sich abschwächen, insofern Blühdorn zugesteht, dass es durchaus Akteure gibt, die für die sogenannte traditionelle Nachhaltigkeitspolitik einstehen; dem steht etwas amorph auf der anderen Seite die breite Masse und die Politik der Nicht-Nachhaltigkeit gegenüber. Dabei ist daran zu erinnern, dass gesellschaftliche Umwälzungen nicht selten von entschlossenen Minderheiten initiiert wurden. Mit einer Verschiebung von der Lebensstilkritik zu einer Kritik der politischen Ökonomie könnten dann auch die Akteure identifiziert werden: Am Wachstum muss festhalten, wer Profitinteressen hat. Dass dabei abhängig Beschäftigte letztlich als Akteure nicht infrage kommen, sie mögen noch so viele Flugreisen buchen und konsumsüchtig sein, liegt in der Logik der Sache, wie im anschließenden Ökonomie-Kapitel erläutert wird. Von daher kann der Spannung von wohlfahrtsstaatlicher Gleichheit und individueller Freiheit hier nicht der Raum gegeben werden, den Blühdorn ihr zumisst. Spätestens mit der Agenda-Politik der Regierung Schröder/Fischer ist diese Spannung einseitig aufgelöst worden, die berechtigte Angst um das Auskommen hat strukturell über einen vernünftigen Widerstandswillen in der Mehrheit der Bevölkerung gesiegt.[12] Das schließt die qualitative Veränderung der Demokratie, die Blühdorn vor allem betrachtet, nicht aus. Die Novität dieser Diagnose ist jedoch in Zweifel zu ziehen, weil sie mit einem historischen Tableau operiert, in dem die Demokratie der frühen Tage aus vermeintlich weniger komplexen Situationen hervorgegangen erscheint als die der heutigen Zeit. Vielleicht ist es Geschmackssache, aber die umfassende Vereinheitlichung der Weltauffassung in den Kategorien des Kapitals hat erheblich zur Reduktion von Komplexität beigetragen. Immer wenn die Rede von den vitalen Interessen der Nation ist, weiß mittlerweile fast jeder, dass damit vor allem die Interessen der jeweils Reichsten gemeint sind; es ist gleichermaßen die Angst, dass alles noch schlimmer wird, und die fatale Hoffnung auf den Trickle-down-Effekt, bei dem angeblich vom Tisch der Reichen immer etwas für den Rest abfällt, die möglicherweise weite Teile der Bevölkerung davon abhalten, ein völlig anderes Leben ins Auge zu fassen.

So sind es am Ende die Kritiker, die im unaussprechlichen Namen ihrer Lebendigkeit Haltung bewahren, was nichts anderes heißt, als eine *systemische* Selbststabilisierung inmitten zunehmender Entropie zu praktizieren, also genau das, was die Systemtheorie nur beschreiben zu können glaubt, aber nicht praktizieren kann, weil sie Wittgensteins Leiter nicht fortwerfen mag.

***

Gerne werden beim Thema Nachhaltigkeit alle wie die armen kleinen Sünder ins Boot der Verantwortung geholt. Richtig daran ist, dass das Prinzip jeden angeht, weil es abstrakt jeden ohne Ansehen der Person oder der Klasse betrifft. Die höher Gebildeten, die zum Teil noch mit den Besserverdienenden zusammenfallen und daher intellektuell wie finanziell eine Wahl haben, mögen ihren Lebensstil unter Umständen als

---

12 Die Ausgaben der Kommunen für den Sozialbereich wie auch die Einkommensentwicklung und die schiere Masse der so genannten Aufstocker, also erwerbstätige Personen, die Hartz IV beantragen müssen, spiegeln das gesellschaftliche Abstiegspotenzial. »Nach Angaben des Sozio-oekonomischen Panels (SOEP) hatte im Jahr 2010 das Zehntel der Bevölkerung mit den niedrigsten Einkommen (1. Dezil) einen Anteil von lediglich 3,7 Prozent am gesamten bedarfsgewichteten Nettoeinkommen. Bei den 10 Prozent mit den höchsten Einkommen (10. Dezil) lag der entsprechende Wert bei 23,1 Prozent – der Anteil war damit höher als der Anteil der unteren vier Zehntel (1. bis 4. Dezil) zusammen (22,9 Prozent). 1991 lag der Einkommensanteil des obersten Zehntels noch bei 20,5 Prozent. Das entspricht einer Steigerung um 12,3 Prozent bis 2010. Während das oberste Zehntel seinen Anteil am Einkommen vergrößern konnte, ist bei allen anderen Dezilen der Einkommensanteil gegenüber dem Jahr 1991 gesunken.« (BPB 2013, o. S.)

ökologisch korrekt empfinden. Blühdorns Verdacht, dass der Ausweis von Nachhaltigkeit hier vor allem dazu dient, den Anspruch auf diesen Lebensstil aufrechtzuerhalten, erscheint plausibel – trifft aber immer nur auf eine relative Minderheit zu, weil der relativen Mehrheit immer die Mittel dazu fehlen. Die wachsende Mehrheit hat mangels finanzieller Ausstattung einen geringeren Durchsatz, und das widerlegt möglicherweise den ersten Augenschein. Vom Facharbeiter über die Bürokauffrau bis zum Arbeitslosen mag die vollständige Reproduktion aus teuren, mit Nachhaltigkeit werbenden Produkten schlicht unbezahlbar sein. Doch in der Gesamtbilanz dürfte der Lebensstil reicher Leute mit ökologischen Neurosen einen wesentlich größeren ökologischen Fußabdruck hinterlassen. Arme konsumieren weniger und hinterlassen deshalb schon weniger Spuren, mag das, was sie konsumieren, noch so umweltfeindlich produziert sein. Daher sind kaum sie es, die im Namen der Nachhaltigkeit einen Lebensstil verteidigen – wenn sie etwas verteidigen, dann ein legitimes Niveau gesellschaftlicher Reproduktion für die Seite der Arbeitskraft. Natürlich gilt für jeden in der Masse, was für die Happy Few gilt: Jeder hat nur ein begrenztes Kontingent an Quellen und Senken, welches er nutzen darf. Der Rebound-Effekt im Konsumsektor geht vor allem auf die Kappe derjenigen, die wirklich Geld unter die Leute zu bringen haben.

Länderübergreifend betrachtet gilt die Lebensstilkritik durchaus für alle Angehörigen eines durchschnittlich reichen Landes im Vergleich zu einem relativ ärmeren Land. Nur ist das selten gemeint in dem Appell, der keine Klassen mehr kennen will und alle Deutschen auf statistisch durchschnittliche Einheiten reduziert. In diesem Kniff, Kritik nur unter der Bedingung gelten zu lassen, dass sie jedem gelten soll oder keinem, schwingt mit, dass alle mit dem Markt verbunden seien, auf Angebot und Nachfrage Einfluss nähmen und somit am Gesamtbild mitwebten. Der Markt egalisiert scheinbar alle Unterschiede im Akt der Zahlung, so will es die Theorie. Um diese Auffassung verstehen und zurückweisen zu können, ist ein Blick auf die Konstruktion der vorherrschenden ökonomischen Theorie und die Geschichte ihrer Verbreitung hilfreich.

5. Kritik der ideologischen Ökonomie

»I don't care who writes a nation's laws—or crafts its
advanced treaties—if I can write its economics textbooks.«

Paul A. Samuelson [1]

Die Auseinandersetzung mit den landläufigen ökonomischen Vorstellungen, welche die politischen Entscheidungen vor allem der atlantischen
Gesellschaften entscheidend beeinflussen, ist de facto eine Auseinandersetzung mit der sog. *neoklassischen Theorie*. Die Grundbotschaft der Neoklassik ist sehr einfach: Der Markt reguliere sich selbst, wird er von der
Politik in Ruhe gelassen, und erzeuge qua Gleichgewicht eine gerechte
Ordnung mit Vollbeschäftigung. Wer arbeitslos ist, ist es freiwillig. Es gilt
der methodische Individualismus. Der Markt sei das beste Instrument zur
optimalen Allokation knapper Ressourcen. Gerecht sei die Ordnung des
Marktgleichgewichts, weil niemand sich besser stellen könne, ohne andere schlechter zu stellen. Die Entsprechungen dieser Auffassungen können
in den Programmen etablierter Parteien rasch identifiziert werden; eine
empirische Untersuchung, wie viel von dieser Botschaft im Alltagsbewusstsein eingesickert ist – und damit die nichtnachhaltige Wachstums-
option zum Rationale des Denkens von Ökonomie schlechthin hat – fehlt
bislang (vgl. Strauß 2015).

Die Vorsilbe *Neo-* insinuierte Ende des 19. Jahrhunderts ein wissen-
schaftliches Novum, das in irgendeiner Verbindung mit den sog. »Klas-
sikern« der politischen Ökonomie in Verbindung zu stehen schien, also
illustren Gelehrten des 17. und 18. Jahrhunderts wie Jean-Baptiste Say,
Adam Smith, David Ricardo, John Stuart Mill u. a. Freilich ist Neoklassik dem Inhalt nach wesentlich in der »marginalistischen Revolution« der
1890er Jahre verwurzelt – was im Kern die Verabschiedung einer objektiven Werttheorie ermöglichte, die noch die lebendige Arbeit als einen ihrer zentralen Bezugspunkte kannte. Die Konsequenz läge auf der Hand:
Dann hätten die Träger der Arbeitskraft ein Wörtchen mitzureden. William Stanley Jevons, Léon Walras, Carl Menger u. a. entwickelten mehr
oder weniger zeitgleich und in wechselseitiger Unkenntnis voneinander

---

1 Zit. n. Sylvia Nasar »A Hard Act to Follow? Here Goes«, in: The New York Times«
v. 14. März 1995. Nasar beschreibt in ihrem Artikel das lukrative Geschäft, Lehrbücher der Ökonomie zu schreiben, am Beispiel von Gregory N. Mankiws »Makroökonomik«, für das dieser seinerzeit einen Autorenvertrag über 1,4 Mio. US-Dollar aus-
gehandelt hatte – plus 22 % Tantiemen.

subjektive Wertlehren, in denen der individuelle Nutzen (und die Bestimmung seiner *Grenze*, darum *Marginalismus*) die Grundkonstante zur Bildung ökonomischer Austauschrelationen bilden sollte. Wie Michael Krätke schreibt, ging es darum,

>»die ebenso altbekannten und bereits oft behaupteten – von Say bis Bastiat – ökonomischen Harmonielehren gegen die peinlichen Widersprüche der klassischen Theorie zu verteidigen und sie auf eine sichere, wissenschaftliche Grundlage zu stellen, sozusagen die Klassiker wie ihre Kritik zu überwinden. [...] Léon Walras wollte mit einer neuen, ›reinen‹ Ökonomie den Nachweis liefern, daß die gegenwärtige ökonomische Gesellschaftsordnung allen früheren überlegen sei. Sie habe mit jeder Form der Ausbeutung Schluß gemacht und sei zwar nicht natürlicher, aber dafür gerechter als alle früheren Ordnungen, gerechter auch als der Sozialismus, der mit dem (Privat)Interesse wie der Gerechtigkeit im Streit liege. Ähnliche Bekenntnisse finden sich bei allen Protagonisten der Neoklassik.« (Krätke 1999, 108)

Krätke betont, dass es mit der Innovation, welche die spätere, vermutlich durch Alfred Marshall Ende des 19. Jahrhunderts geprägte Wortschöpfung ankündigt, nicht weit her ist: Die Harmonievorstellungen (Gleichgewicht) waren bereits Jahrhunderte alt, die Versuche, ökonomische Prozesse mathematisch zu modellieren, waren ebenfalls nicht neu, die Nutzentheorie tauchte schon bei Johann Heinrich von Thünen 1826 auf. Augenscheinlich eignet der ökonomietheoretischen Entwicklung zum Ende des 19. Jahrhunderts – Marx' Schriften werden kaum zur Kenntnis genommen, der dritte Band des »Kapital« wird erst 1894 erscheinen – der Wille, durch eine mimetische Anschmiegung an das Vorbild der dominanten Naturwissenschaften die Weihe der Wissenschaftlichkeit zu erlangen.[2]

>»Die ökonomischen Kategorien – Wert, Ware, Nützlichkeit, Grenznutzen, Gleichgewicht usw. – wurden analog zu zeitgenössischen physikalischen Begriffen – Partikel, Raum, Kraft, Arbeit, Energie usw. – geformt und interpretiert. Es war in der Tat zum ersten Mal das, was die Väter der deutschen Historischen Schule den klassischen Ökonomen

---

2 Nicht von ungefähr lehnt z. B. Thomas Piketty den Begriff »economic science« ab, »because it suggests that economics has attained a higher scientific status than the other social sciences.« Stattdessen hält er am Begriff der Politischen Ökonomie fest, weil es »political, normative, and moral purpose« dieser Sozialwissenschaft zum Ausdruck bringe. (Piketty 2014, 573f)

zu Unrecht vorwarfen: der Versuch, eine ›Naturwissenschaft der Wirtschaft‹ zu begründen.« (Krätke 1999, 109)

Heute dominiert die Neoklassik in den Universitäten, in den Beratungsinstitutionen und in den wirtschaftstheoretischen Vorstellungen der Politik (vgl. Strauß 2015). Als etwa der französische Wirtschaftsminister Emmanuel Macron angesichts der anhaltenden Krise der Währungsunion im Spätsommer 2015 mit der Forderung eines Zahlungsausgleichs[3] zwischen den Mitgliedsstaaten der Euro-Zone vorstößt, kontert die schwarz-rote deutsche Regierung:»Wettbewerbsstabilität« statt»Transferunion« – die deutsche Regierung hält am Primat vermeintlicher Selbststeuerungskräfte des Marktes fest, also an Austerität, willkürlich gewählten Defizitkriterien und fortgesetzt sinkenden Arbeitseinkommen.

Freilich beruht die Dominanz der Neoklassik auf anderen Grundlagen als z. B. die Gültigkeit der Theorie des anthropogenen Klimawandels, die von fast 100 % der Wissenschaftlergemeinde in der Klimaforschung geteilt wird. Zum einen ist die neoklassische Schule nicht die einzige oder die modernste ökonomische Theorie – sie ist lediglich die am häufigsten vertretene Lehrmeinung über die Funktionsweise von Wirtschaft. Die Neoklassik hat an sich nicht nur nichts, was sie für den Titel eines Primus inter pares qualifizieren würde, vielmehr zeigt sie bei näherem Hinsehen sowohl als Mikro- wie als Makrotheorie eine Reihe von Fehlern auf verschiedenen Ebenen, die geeignet sind, ihren Status als Theorie überhaupt in Frage zu stellen. Der neoklassische Mehrheitskonsens hat sich jedenfalls nicht im Streit der Argumente bewährt. Das für Außenstehende Merkwürdige an dieser nunmehr gut 100 Jahre zurückreichenden theoretischen Vorstellung ist, dass die im Zuge einer letztlich vernichtenden Kritik vorgetragenen Argumente selbst schon einige Jahrzehnte alt sind; deren Triftigkeit wurde sogar von einem der Protagonisten der Textbook-Economics, dem eingangs zitierten Paul Samuelson, in den 1960er Jahren zugegeben (Samuelson 1966, 568). Ein eigentlich normaler Vorgang im akademischen Streit, Ideen und Thesen werden der Fachgemeinde vorgetragen, gewo-

---

3 Eine der Ideen von Keynes, die»International Clearing Union«, die übrigens auch ein zentraler Bestandteil der Steady State Theorie Herman Dalys darstellt (siehe Kapitel 6). Sie soll die Außenhandelsungleichgewichte durch Zahlungsausgleich, ähnlich dem im nationalen Rahmen praktizierten Länderfinanzausgleich, nivellieren – also punktuell angehäuften Reichtum auf ein Gemeinwohl verteilen. Die regional-chauvinistischen Abspaltungsbewegungen überall in Europa zeigen indes, wie gering der Wille vor allem der ökonomisch besser gestellten Regionen ist, auf diese Weise zum Gemeinwohl eines größeren Ganzen beizutragen.

gen und bewertet; je nach Zustand der jeweiligen Scientific Community findet eine rasche Weiterentwicklung statt, bei der kurzatmigen Beiträgen eben die Puste ausgeht. Bloß dass die im Fall der Neoklassik eingestandenen Unzulänglichkeiten in zentralen Annahmen nicht zum Verschwinden der Theorie führten, sondern ganz im Gegenteil erfolgreich ignoriert werden konnten. Der Vorrang der Neoklassik in allen gesellschaftlichen Bereichen, die mit ökonomischer Theorie umgehen, rührt nicht von theoretischer Stärke oder Erklärungskraft für die Phänomene der Gegenwart, sie scheint vielmehr Ansichten anzubieten, die das Publikum vermutlich in seinem Weltbild und seinen Normen bestärken, so dass selbst die Abfassung eines Lehrbuchs zu einer Bestseller-Veranstaltung geraten kann:

»Only one economics superstar, Professor Samuelson, has transformed a new gospel into a category killer. That was in 1948. His reputation as the most brilliant theorist of his generation secure by the time he was 30, the self-confident Professor Samuelson set about writing a textbook that would, as he put it, awaken students like ›the kiss of the prince in Sleeping Beauty‹.« (Nasar 1995, o. S.)

Anders als die begeisterte Wirtschaftsjournalistin Nasar, die den »new gospel« in der orthodoxen Gemeinde preist, gab die Ökonomin Joan Robinson am Beispiel der Produktionsfunktion ein hartes Urteil über die etablierten Denkstile der Zunft zu Protokoll. Das Beispiel rührt an den peinlichen Umstand, dass etwa der Kernbegriff des Kapitals in der neoklassischen Theorie unterbestimmt ist (höflich formuliert). Um den Preis des Kapitals zu errechnen, wird auf den Zins zurückgegriffen; da Zins eine vom Preis abgeleitete Größe ist, ergibt sich ein Zirkelschluss. Als Potpourri physischer Güter wiederum – auch eine gängige Vorstellung in der Neoklassik – kann Kapital auch nicht auf einen Nenner gebracht werde.

»Moreover, the production function has been a powerful instrument of miseducation. The student of economic theory is taught to write $O = L, C)$ where L is a quantity of labour, C a quantity of capital and O a rate of output of commodities. He is instructed to assume all workers alike, and to measure L in man-hours of labour ; he is told something about the index-number problem involved in choosing a unit of output ; then he is hurried on to the next question, in the hope that he will forget to ask in what units C is measured. Before ever he does ask, he has become a professor, and so sloppy habits of thought are handed on from one generation to the next.« (Robinson 1953/54, 81)

Wie konnten diese »sloppy habits of thought« im Bereich der Wirtschafts-theorien reüssieren, zumal die Krisenlawine von 1929 die Neoklassik unter sich begrub? Nach den großen Krisen und Kriegen in der ersten Hälfte des 20. Jahrhunderts erfuhr die nachfrageorientierte (d. h. die Nachfrage durch staatliche Eingriffe stärkende) Wirtschaftspolitik, die im Allgemeinen mit dem Namen John Maynard Keynes verbunden wird, bedeutenden Zu-spruch. In Deutschland setzte dieser Paradigmenwechsel in der offiziellen Wirtschaftspolitik mit der Verabschiedung des »Stabilitäts- und Wachs-tumsgesetzes« (Stichwort »Globalsteuerung«) unter der sozial-liberalen Regierung 1967 später ein als in anderen europäischen Ländern (wenn auch die Wirtschaftspolitik in der NS-Zeit als Rechtskeynesianismus diskutiert werden kann). Bis zum ersten Einbruch des Wachstums 1966/67 schien die westdeutsche Wirtschaft nur Wachstum zu kennen, freilich unter Ausblen-dung der bedeutenden Starthilfe, die der Nachfolgestaat des Nazi-Regimes durch die Alliierten, vor allem die USA erhalten hatte – Schuldenerlass und Marshall-Plan sind hier vorrangig ins Gedächtnis zu rufen.[4] Diese Periode einer mehr oder weniger keynesianischen Vorherrschaft (von einer politi-schen Umsetzung einer kohärenten Theorie kann nicht die Rede sein) büßte ihre Geltung mit dem versiegenden Boom der Nachkriegszeit ein und erlitt ihrerseits vorläufig irreparablen Schaden mit der Wirtschaftskrise in den 1970er Jahren, deren Kennzeichen in der alltäglichen Wahrnehmung an-wachsende Arbeitslosigkeit und Inflation darstellen.[5] Innerhalb des (post) keynesianischen Lagers wurden diese Adaptionen im Namen von Keynes als »Bastard-Keynesianismus« bezeichnet, zumal schon seit dem Ende der 1930er Jahre Versuche einer Zusammenführung von Neoklassik und Keynes'scher Theorie betrieben wurden, die nicht ohne Resonanz blieben.[6]

---

4 Also Rezepte, die Deutschland als führende Macht der EU heute den krisengeschüt-telten Mitgliedsstaaten der EU hartnäckig verweigert und stattdessen die Rosskur der Austerität verordnet, eine Maßnahme, die ungute Erinnerungen an die fatale Politik in der 1929er Weltwirtschaftskrise weckt.

5 In einer Situation langjährig gebremsten Wachstums und einer deflationären Ent-wicklung reicht der geringste Anstieg der Inflationsrate, um weite Teile der deutschen Presse in Inflationshysterie verfallen zu lassen.

6 John R. Hicks entwarf 1937 ein Modell, in dem Gütermarkt und Geldmarkt unter der Prämisse eines Gleichgewichts in Beziehung gesetzt wurden (»ISLM-Modell«). Hicks selbst nahm später Abstand von seinem »classroom gadget«, das trotzdem zu einer der Grundlagen für die »neoklassische Synthese« durch Paul A. Samuelson sowie Franco Modigliani geriet. Im Übrigen einer der Gründe, warum Samuelson als Neo-keynesianer bezeichnet wird, obwohl dieser Versuch der Eingemeindung der keyne-sianischen Theorie in das Reich der Neoklassik weitgehend unter Ausblendung der keynesianischen Theorie stattgefunden hat.

Ohne die Frage an dieser Stelle zu vertiefen, wie viel oder wenig Keynes in den Wirtschaftspolitiken bis in die 1970er enthalten war, sind für den vorliegenden Kontext zwei Punkte hervorzuheben: Keynes führte vor allem eine bedeutende Differenz *in* den Korpus neoklassischen Denkens ein, als er sich angesichts der 1929er Weltwirtschaftskrise in Fragen der Arbeitslosigkeit (bei erreichtem Marktgleichgewicht – was es der Neoklassik gemäß nicht geben dürfte) und der Krisenhaftigkeit des Systems gegen die »Orthodoxie« innerhalb des neoklassischen Theoriegebäudes positionierte. Gleichwohl:

»Auch die ›keynesianische‹ Revolution war bestenfalls eine halbe. Keynes hatte wie vor ihm Marx zwar vor, einen ›wissenschaftlichen Versuch zur Revolutionierung einer Wissenschaft‹ zu unternehmen; eine radikale Kritik der ›ökonomischen Denkweise‹ oder der ›ökonomischen Kategorien‹ kam ihm aber nicht in den Sinn. Er wollte eine offensichtliche Schwäche der Standardökonomie beheben, ihre Unfähigkeit, etwas Sinnvolles zur Erklärung von Unterbeschäftigung und Krisen zu sagen. Wenn allerdings ein Zustand der Vollbeschäftigung erreicht sei, so war nach Keynes' fester Überzeugung die alte, neoklassische Theorie des Konkurrenzgleichgewichts wieder gültig.« (Krätke 1999, 115)

Keynes' Theorie stand der Orthodoxie also näher, als mancher Anhänger heute vielleicht zugeben möchte – ob der Post-Keynesianismus hier größere Distanz eingenommen hat, mag ebenso dahingestellt bleiben. Der zweite Punkt ist: Diese Differenz in der Frage, wie gesellschaftliche Wohlfahrt zu erreichen ist, hat als entscheidendes Moment *Wachstum* zur Bedingung. Keynesianische Rezepte sind Wachstumsrezepte und fallen damit als wirtschaftspolitische Leitlinien für die Etablierung einer Nachhaltigen Entwicklung auf lange Frist aus; aus gerechtigkeitstheoretischer Perspektive gilt das Gleiche, weil die Frage der gesellschaftlichen Produktion des Reichtums bei gleichzeitiger privater Aneignung und Verfügungsgewalt über das Produkt höchstens indirekt über die Fiskalpolitik berührt wird – doch wozu der Umweg? Welche Möglichkeiten sich für nachholende Entwicklungspfade bzw. die Einleitung einer Transformation ergeben, mag auf einem anderen Blatt stehen. Der entscheidende Punkt ist, dass die grundsätzlichen Probleme des Kapitalismus sich unter keynesianischer Wirtschaftspolitik vielleicht anders darstellen, jedoch nicht verschwinden würden. Doch die Gegenwart der atlantischen Gesellschaften scheint ohnehin weit entfernt von auch nur solchen Reformen zu sein – siehe Macrons Vorschlag. Selbst der Shooting Star des Feuilletons, Thomas Piketty, der über hunderte Seiten nachweist, dass in der Entwicklung des Kapitalismus die Rate der Kapitaleinkommen höher ist als die Rate des Wirtschaftswachstums, und damit die Zukunft finster, hält nichts von einer kräftigen Besteuerung der Kapitaleinkommen:

»To be sure, one could tax capital income heavily enough to reduce the private return on capital to less than the growth rate. But if one did that indiscriminately and heavy-handedly, one would risk killing the motor of accumulation and thus further reducing the growth rate. Entrepreneurs would then no longer have the time to turn into rentiers, since there would be no more entrepreneurs.« (Piketty 2014, 572)

Die Frage nach der demokratischen Legitimität, die Kapitalakkumulation in privater Hand zu belassen, wird erst gar nicht gestellt, ganz zu schweigen von der Frage des Wachstums.

Die Autogamie der Neoklassik

Der Erfolg der Neoklassik beruht in gewisser Weise auf einer Reihe selbstverstärkender Effekte, die kaum zu bremsen sind, wo sie einmal ihren Anfang genommen haben. Diese institutionelle Verstetigung in Wissenschaft, Politik und Medien beruht heute zunächst schlicht darauf, dass die Minimalbedingung für eine Anstellung als Ökonom die Zugehörigkeit zur »Orthodoxie« ist. Expertise in Institutenökonomik, Arbeitswertlehre, Post-Keynesianismus usw. ist vergleichsweise selten gefragt. Das zeichnet Mainstreaming aus: Nur Angehörige der gleichen Konfession werden zugelassen. Damit bilden sich in zweiter Hinsicht Kontinuitäten in der personellen Reproduktion der jeweiligen Institution aus. Im Hochschulbereich ist es die Berufungspraxis, die zur intellektuellen Inzucht führen kann. Die gesellschaftliche Verankerung dieser Art zu denken bedarf eines möglichst geschlossenen Auftritts, was sowohl die Curricula als auch die Publikationen betrifft, begleitet von Institutionsgründungen und medienwirksamen Aktionen. Besonders das publizistische Feld der Fachmagazine bietet eine Filterstruktur, die dafür sorgt, dass »Orthodoxe« weitestgehend unter sich bleiben; das Zitationsranking, das sowohl den Kurs der Magazine wie das der Autoren steigen lässt, lebt dabei nicht nur von dieser Autogamie (Selbstbefruchtung), sondern auch noch von den Zitierungen, die Nicht-Neoklassiker (»Heterodoxe«) zwangsweise betreiben müssen, wenn sie sich wissenschaftlich redlich an der »Orthodoxie« abarbeiten. Berufungschancen steigen für den, der an renommierter Stelle und regelmäßig publiziert – auch hier wirkt das neoklassische Netzwerk geschlossen-zirkulär und exklusiv, denn Renommée hat, was große Namen vorweisen kann, und groß wird der Name durch Publikationen in renommierten Zeitschriften. Katrin Hirte und Walter Ötsch (2011) haben zu dieser Paradigmenentwicklung eine knappe Meta-Studie vorgelegt, in der sie der Neoklassik die prägende Wirkung eines Denkstils[7] attestieren:

»Mit diesem verbunden sind die folgenden Ausprägungen: a) eine ahistorische Betrachtung der Wirtschaft, wodurch eine konservative Orientierung auf den Status Quo der bestehenden Gesellschaft begünstigt wird, sowie der potentielle Ausschluss prinzipieller Fragen zum Wirtschaftssystem, b) das Suggerieren, in der Wirtschaft (bzw. auf ›dem Markt‹) würden ahistorisch und kontextfrei ›Gesetze‹ existieren. Dies korrespondiert mit einer Sicht ›des Marktes‹, dem implizit eine übergeordnete Stellung vor anderen Subsystemen der Gesellschaft eingeräumt wird, c) vor allem aber: die methodische Fokussierung auf formale Modelle, wobei der methodische Zugang selbst nicht thematisiert und Alternativen kaum diskutiert werden. Die standardisierten Lehrbücher der Mikroökonomie entfalten zudem ihre Wirkung nicht nur auf ÖkonomInnen, sondern auf die (viel größere) Gruppe von Anwendern, die eine Einführung in das ökonomische Denken in ihrem Studium erhalten, wie WirtschaftsjuristInnen, WirtschaftsinformatikerInnen, JournalistInnen, PolitikerInnen, BetriebswirtInnen usw. Der mikroökonomische Denkstil prägt auf diese Weise das Denken einer zukünftigen Elite, die potentiell wichtige Positionen in der Gesellschaft einnimmt.« (Hirte/Ötsch 2011, 426f)

Insbesondere die Zusammensetzung des deutschen »Sachverständigenrats« (SVR), der fünf »Wirtschaftsweisen«, zeigt, wie Mainstreaming funktioniert. Drei der fünf Positionen werden von der Politik berufen, je eine wird von Arbeitgebervereinigungen und von den Gewerkschaften besetzt. Die Dauersituation ist seit den 1970er Jahren eine »4 + 1«-Konstellation, also vier Neoklassiker, die sich einig sind und ein Post-Keynesianer, der sein Veto einlegt. Was die Reproduktionsstruktur in der Ebene des Lehrer-

---

7 Der Begriff des »Denkstils« ist von Ludwig Fleck entwickelt worden, auf den sich u. a. Thomas S. Kuhn in »Die Struktur wissenschaftlicher Revolutionen« bezieht, und findet auch in der Diskussion des neoliberalen Diskurses sinnvolle Anwendung. Über die Klammer des Denkstils lässt sich dann die Verbindung von Neoliberalismus und Neoklassik skizzieren (vgl. Strauß 2015).

Schüler-Verhältnisses angeht, zeichnet sich für das neoklassische Team ein klarer Punktsieg gegenüber dem Team Gewerkschaften ab. Allein Herbert Giersch, bis 1970 Mitglied des SVR, hat mit Olaf Sievert, Jürgen Donges und Gerhard Fels drei Schüler, die von der Politik alle als Sachverständige berufen worden sind. Die Auswertung, wer in welchen Organisationen Mitglied ist oder welche Initiativen unterstützt, verfestigt die These: Zahlreiche unternehmerfreundliche Mitglieder sind im marktradikalen »Kronberger Kreis« Mitglied, ebenso in der »Initiative Neue Soziale Marktwirtschaft[8]«, einige haben den u. a. vom späteren AfD-Gründer Bernd Lucke initiierten »Hamburger Appell«[9] von 2005 unterschrieben, zwei unterstützten das ebenfalls von Lucke ins Leben gerufene »Plenum der Ökonomen« von 2010 (Hirte/Ötsch 2011, 442f). Auch universitär lassen sich Hotspots ausmachen:

> »Die geographischen universitären Zentren der genannten Akteure sind: Tübingen (Erwin von Beckerath, Paul Binder, Norbert Kloten), Kiel (Gustav Walther Hoffmann, Herbert Giersch), Saarbrücken (Herbert Giersch, Olaf Sievert), Köln (Günter Schmölders, Erich Gutenberg, Gerhard Fels, Jürgen Donges), Mainz (Kurt Schmidt, Rolf Peffekoven).« (Hirte/Ötsch 2011, 442)

Die Analyse der Lehrbücher, die die Mitglieder des SVR im Laufe ihrer Karriere geschrieben haben, zeigt wesentliche inhaltliche Übereinstimmungen – also in allen drei von Hirte und Ötsch untersuchten Dimensionen (Lehrbuch, Berufungspraktiken, öffentliche Verlautbarungen) herrscht im neoklassischen Lager nur ein Weltbild: arbeitnehmerfeindlich und angebotsorientiert.

---

8 Dieser im Jahr 2000 gegründete neoliberale Think Tank wird durch den Arbeitgeberverband Gesamtmetall mit einem millionenschweren Budget ausgestattet und arbeitet mit Fleiß an der Neubestimmung des Begriffs der »Sozialen Marktwirtschaft« zugunsten des Kapitals.

9 Der Hamburger Appell trat 2005 in Erscheinung und steht in Zusammenhang mit der »Initiative Neue Soziale Marktwirtschaft«. Neben dem AfD-Gründer und Hamburger VWL-Professor Bernd Lucke zählt der ehemalige (bis 2014) Leiter des »Hamburgischen WeltWirtschaftsInstituts« (HWWI) Thomas Straubhaar zu den bekannteren Initiatoren.

Kernpunkte einer Kritik der Neoklassik

Was findet sich in einer Vielzahl der Lehrbücher, deren Autoren der neoklassischen Schule angehören? Die Analyse, die Hirte und Ötsch anhand der 42 neoklassischen Lehrwerke von (ehemaligen) Mitgliedern des SVR durchgeführt haben, fördert mehrheitlich die folgenden Analogien in Struktur und Inhalt zutage: Zunächst wird ins »ökonomische Denken« eingeführt (was der Kritik im Rahmen des Denkstil-Begriffs unfreiwillig entgegenkommt), rasch wird das basale Angebot-Nachfrage-Schema, also die Gleichgewichtsprämisse, als Grundlage erläutert; in diesem Zusammenhang ist dann vom »Preismechanismus« die Rede, der konstitutiv für die Vorstellung von Märkten sei; das Schema Alfred Marshalls, das Marshall-Kreuz, mit jeweils monoton fallender Nachfrage- und ebenso monoton steigender Angebotskurve, dient als Grundschema für die Darstellung von Marktgleichgewichten unter der Bedingung vollkommener Konkurrenz – es wird wiederholt auf die verschiedensten Konstellationen angewendet, da nämlich alles als Markt zu betrachten sei. Diese Grundannahmen bilden dann das Werkzeug für die Bearbeitung weiterer Themen, die je nach Gusto des Autors leicht variieren mögen, wie unterschiedliche Markttypen, Wirtschaftspolitik und Faktormärkte. Allein die wiederholte Anwendung des Marshall-Kreuzes trägt, meist unausgesprochen, die Voraussetzung der vollkommenen Konkurrenz[10] in sich – die allerdings so gut wie nie gegeben ist (vgl. Hirte/Ötsch 2011, 425f). Eine realistische Modellierung, die eben der vielfach ausgesetzten und unterbrochenen Konkurrenz der Marktakteure Rechnung tragen würde, hätte es dann nicht länger mit der gegenläufigen harmonischen Bewegung zweier Kurven zu tun, was dem Ideal von »Marktgesetzen« gründlich zuwiderläuft. Es ließe sich auch formulieren, dass die empirische Realität echter Märkte von Anfang an den Rahmen der neoklassischen Darstellung sprengen würde. Ein Verweis auf einen etwaig didaktischen Charakter des Schemas könnte nur Geltung beanspruchen, sofern sich ein didaktischer Fortschritt erkennen ließe. Stattdessen wird die abwegige Prämisse der vollkommenen Konkurrenz durchgängig mitgeschleppt. Insofern präsentieren Lehrbuch-

---

10 Zu ergänzen ist: Eine weitere folgenschwere Implikation ist die Stabilität eines solchen Gleichgewichts. Wie es um die Stabilität von Systemen bestellt ist, war bereits Gegenstand der Kritik an der Luhmann'schen Systemtheorie. Ortlieb bemerkt, der »hinsichtlich seiner institutionellen Voraussetzungen völlig irreale Auktionsprozess mag unter zusätzlichen Voraussetzungen zur Formulierung eines Systems von Differentialgleichungen führen. Die mathematischen Bedingungen für die (asymptotische) Stabilität eines Gleichgewichtspunktes lassen sich aber nicht mehr ökonomisch interpretieren.« (Ortlieb 2004a, 11f)

autoren, die so verfahren, vor allem ein normatives Konstrukt: Seht, so *sollten* Märkte sein. Es verwundert daher nicht, dass der Zungenschlag in der politischen Diskussion wenigstens der Tendenz nach für »den Markt« und anti-interventionistisch ist. Nur wenn eine große Krise den Wachstumsoptimismus schockiert, gilt es, Buße zu tun: »We're all Keynesians now«[11] heißt es dann immer wieder einmal für eine Weile, wenn der Staat angerufen wird, um die Misere zu beseitigen und die Zentralbanken als »lender of last resort« geldpolitische Maßnahmen einleiten sollen, um die Wirtschaft wieder anzukurbeln.

Eine nähere Betrachtung der alten Gleichgewichtsvorstellung fördert weitere Prämissen zutage: Das Grundschema von Angebot und Nachfrage bezieht sich auf einen Markt mit nur einem Gut, das angeboten wird. Später wird die Idee, es ließen sich verschiedene Güter auf der einen und Bedürfnisse auf der anderen Seiten zu je einem Gesamtkomplex, einem »Aggregat« zusammenfassen, das weitere Operieren mit diesem Grundschema rechtfertigen. Die Anzahl der Marktakteure auf beiden Seiten ist so groß, dass keine Beeinflussung des Kurvenverlaufs, also eigentlich des Preises, stattfinden soll. Bei einem Überangebot senken die Anbieter ihren Preis, und da die Marktakteure wiederum als »Mengenanpasser« bzw. »Nutzenmaximier« definiert sind, nehmen sie das vormals überschüssige Gut auch ab, wenn der Preis stimmt. Genauer besehen bedeutet die monoton steigende Angebotskurve im Modell ebenso steigende Grenzkosten in der Produktion, was die Angelegenheit irgendwann unattraktiv machen würde – empirisch evident ist aber unbestreitbar, dass Massenproduktion auf großer Skala gerade das Gegenteil, niedrigere Preise, ermöglicht.[12] Dass überhaupt eine erhöhte Nachfrage zu höheren Preisen führe und umgekehrt, spottet jeder Alltagserfahrung, außer es handelt sich um den Alltag im Kriegsgefangenenlager, in dem ein Dreieckstausch mit einer

---

11 Im Jahr 1965, wie dem Time Magazine vom 31. Dezember des gleichen Jahres zu entnehmen ist, äußerte sich einer der anti-keynesianischen Köpfe der monetaristischen Chicago-Schule, Milton Friedman, in dieser Weise: »In one sense, we are all Keynesians now«; freilich beteuerte er, noch hinzugefügt zu haben: »in another, nobody is any longer a Keynesian.« Später beteuerte der erzkonservative Richard Nixon, wie die New York Times am 7. Januar 1971 zu berichten wusste, »now a Keynesian in economics« zu sein – im Jahr 1971, zu einem Zeitpunkt, da sich das Blatt zu wenden begann und Keynes'sche Wirtschaftspolitik bald nicht mehr hoch im Kurs stehen würde.

12 Die Idee der steigenden Grenzkosten der Produktion geht auf Beispiele aus der Landwirtschaft zurück, deren Übertragbarkeit auf andere Produktionsbereiche schon im 19. Jahrhundert umstritten war (vgl. Ortlieb 2004a, 14).

Zigarettenwährung abgewickelt wird.[13] Schon an diesen Punkten erweist sich das Modell als realitätsfern. Oder wie Lee/Keen es weniger vornehm ausdrücken:

»Hence, to initiate preference and demand theory by assuming that preferences are given relative to and independent of an array of given goods is to start the theory with nonsense.« (Lee/Keen 2004, 175)

Auf der anderen Seite wiederum gibt es in diesem Modell prinzipiell keine Überproduktion, die keine Marktabnehmer findet. Hier hallt die alte Idee Jean-Baptiste Says nach, dass jedes Angebot seinen Abnehmer geradezu erzeugt, wenn der Preis nur niedrig genug ist – was eigentlich wiederum mit einer Reduktion der Produktion einhergehen müsste. Dem so definierten Gleichgewichtspreis entspräche dann ein Gleichgewicht von Gütermassen und Konsumbedürfnissen. Sofern von Preisen die Rede ist, müsste eigentlich auch schon die Funktion des Geldes miteinbezogen werden, tatsächlich lautet die Empfehlung jedoch, sich das Schema als reine Tauschoperation mit zwei Gütern vorzustellen. Dies wiederum verweist auf den subjektivistischen Charakter der Neoklassik. Wie eingangs erwähnt, zog die Neoklassik ihren Erneuerungswillen aus der Quelle der subjektiven Wertlehre. In den üblichen Beispielen etwa bei Jacques Turgot und Adam Smith (siehe dazu Kapitel 7) begegnen sich zwei Produzenten, die jeweils keine Verwendung für die eigenen Überschüsse haben, aber ein Bedürfnis auf den Überschuss des Anderen anmelden. Was der eine nicht besitzt, ist in seinen Augen wertvoller als für den Besitzer des Überschusses. Hieraus wird die Urszene des Tauschs konstruiert, eine Reziprozität der Bedürfnisse, die in Austauschmengen ihren quantitativen Ausdruck findet, was mit Preisbildung verwechselt wird. Eine Erweiterung des Marktes auf nur drei Teilnehmer würde diesen Kategorienfehler, Mengenquanta mit Preisen gleichzusetzen, schnell aufdecken, wie z. B. Fritz Helmedag (vgl. Helmedag 1992, 80-82) rechnerisch vorgeführt hat; es bedarf eines Zählgutes, das die Funktion einnimmt, die als Geld bekannt ist, also eines Dritten. Ebenso wenig spielt in dieser Urszene die Frage eine Rolle, welche Mengen von welchen Gütern produziert werden müssen, um eine Reproduktion aller Marktteilnehmer zu gewährleisten und wie sich

---

13 Wie Joan Robinson einst notierte: »There is one very special case to which the Walrasian analysis applies pretty well: that is the market in a prisoner-of-war camp. The men receive parcels from the Red Cross which contain a variety of commodities. They set up a market for exchanging them, using cigarettes as a unit of account and a medium for three-cornered transactions.« (Robinson 1979, 153)

dieser vermeintlich externe Zwang auf die Preisbildung auswirkt, selbst wenn jedem klar sein sollte, dass der Preis einer Sache nicht niedriger sein darf als die Preise der Zutaten, die zu seiner Produktion benötigt werden. Solche Erwägungen finden keinen Niederschlag in der Konstruktion des Gleichgewichtspreises.

Der Gedanke einer subjektiven Wertbemessung auf Grundlage von Bedürfnissen ermöglicht dann auch die Formulierung eines »Gesetzes« des abnehmenden Grenznutzens. Und in der Tat macht die Idee in der Dimension der Gebrauchswertseite von Gütern Sinn: Mit jeder weiteren Einheit desselben Guts nimmt der Nutzen, also die Bedürfnisbefriedigung, sukzessive ab, bis das Bedürfnis gestillt ist. Für das jeweilige Bedürfnis lässt sich individuell wenigstens einmal eine Menge Brot bestimmen, eine Grenze der Brotzufuhr, die den Hunger stillt, bevor sich Übersättigung einstellt. Da Brot alleine zu trocken ist, darf es auch noch Wein sein, ein zweites Gut. Für Wein gilt das Gleiche, allerdings ist der Marktakteur – Stichwort *Mengenanpasser* – nun gehalten, die optimale Kombination zu finden; eine andere ungeklärte Prämisse will, dass er selbst knapp bei Kasse ist bzw. kein Monopolist ist, der derart viel begehrte Tauschgüter besitzt, die ihm erlauben, bei allen Angeboten aus dem Vollen zu schöpfen. Es gibt also keine Reichen in diesem Modell. Dieses Gedankenspiel lässt sich mit der Unzahl denkbarer Güter auf dem Markt erweitern und heraus kommt die Vorstellung von Haushalten, die unter all diesen Angeboten für sich die optimalen Güterbündel austarieren und damit logisch je ein Binnengleichgewicht ihrer privaten Bedürfnisse herstellen. Das wird nicht explizit formuliert, ist aber nichts anderes als die Idee, dass verschiedenartige Bedürfnisse zusammengefasst (aggregiert) und alle Haushalte als ein einziges Nachfrageaggregat gefasst werden könnten, dem dann die Masse der unterschiedlichen Güter als ein Güteraggregat gegenübersteht. Freilich lassen sich die unterschiedlichen Qualitäten von Bedürfnissen nicht auf einen quantitativen Nenner bringen, zumal der Blick in die Realität zeigt, dass Menschen in der Wahl der Menge öfter daneben liegen – doch so war das subjektive Bedürfnis zum Zeitpunkt der Kaufentscheidung eben. Nichts anderes stiftet die Daseinsberechtigung des Marketings, dessen Existenz ganz un-neoklassisch ist.

»Schon bald wurden die ersten Versuche unternommen, den Nutzenbegriff ganz zu vermeiden und durch etwas vermeintlich ›Objektives‹, Beobachtbares zu ersetzen. Unoriginell wie stets verfielen die Neoklassiker – voran Pareto – auf Güterkombinationen und erfanden die sogenannten Indifferenzkurven. Mit deren Hilfe ließ sich die Behauptung vermeiden, das Marktverhalten der Konsumenten sei durch meßbare und für die beteiligten Individuen vergleichbare Nutzengrößen bestimmt, wenn auch nur um den Preis, daß das, was ursprünglich mal erklärt werden sollte, Marktpreise nämlich und effektive Nachfrage, als bekannt und jeweils ›gegeben‹ vorausgesetzt werden mußte. Schadete ja nichts. Statt einer komplizierten Werttheorie hatte man nun eine prätentiöse Scheinerkenntnis: Die angebliche Präferenz›theorie‹ läuft auf die schlichte Behauptung hinaus: Die Käufer wissen, was es auf dem Markt zu kaufen gibt, und sie wissen, was sie wollen.« (Krätke 1999, 113f)

Ein weiterer Kategorienfehler, selbst wenn die eben dargelegte Grundproblematik der subjektiven Wertlehre ebenfalls beiseite geschoben wird, findet bei der Analogisierung der Grenznutzenbestimmung, die der *Gebrauchswertdimension* angehört, mit der *monetären Dimension* statt. (Dazu später mehr.) Das passiert z. B. dann, wenn behauptet wird, dass das Angebot-Nachfrage-Schema auf alle Märkte, also u. a. den Geldmarkt anzuwenden sei. Die ganze Vorgehensweise funktioniert mit ungedeckten Analogienbildungen; alles wäre als Markt zu denken, alle ökonomischen Tätigkeiten reduzierten sich auf Akte des Austauschs. Die Übertragung findet auch bei der Bestimmung der Arbeitsnachfrage statt: Der für eine Produktion optimale Input an Arbeitseinheiten wird bestimmt, um die Gesamtkosten an der höchstmöglichen Produktivitätsgrenze zu bestimmen; dazu ist nun ein Lohn als gegeben anzunehmen. Hier wird eine technisch optimale Produktionsgestaltung (stoffliche Ebene) wiederum verquickt mit den Gewinnzielen (monetäre Ebene), denn erweisen sich Letztere als wenig lukrativ, müsste die Arbeitsnachfrage gesenkt werden, woraufhin die Arbeitskraftanbieter ihren Preis senken sollen – dann würden sie wieder einen Unternehmer finden, der sie einstellt. Allerdings müsste dieser auch die Preise für seine Güter senken, wollte er Abnehmer finden, denn knapperes Einkommen dürfte die Nachfrage senken usw. Der Realitätsbezug ist praktisch nicht vorhanden.

Ein weiteres Unbehagen an der subjektiven Wertlehre stellte sich für die kapitalismusfreundlichen Neoklassiker mit der Paradoxie ein, dass mit diesem Grundschema auch die planmäßige Umverteilung von Reichtum von den wenigen Vielverdienern auf die vielen Niedriglöhner begründet werden könnte. Mit steigendem Reichtum nimmt dessen Grenznutzen ab, wird das Gesetz vom abnehmenden Grenznutzen auch hierauf angewandt. Zumindest wäre zu begründen, warum das Geldeinkommen aus Kapital von einem Gesetz ausgenommen werden sollte, dem ansonsten alles unterworfen wird, vor allem nämlich die Bestimmung der Lohnhöhe. Hundert Euros mehr im Portemonnaie eines Arbeiters haben für diesen subjektiv mehr Nutzen als im Portemonnaie des Millionärs, das ist unmittelbar evident.

»Ergo steigt die Wohlfahrt, die Summe der subjektiven Werte in einer Marktgesellschaft, wenn Einkommen von den Reichen zu den Armen (die mehr Spaß daran haben als die mehr als gesättigten Reichen) umverteilt wird.« (Krätke 1999, 113)

Krätkes Intuition, dass diese historischen Debatten bei den Neoklassikern für Beunruhigung gesorgt haben dürften, weil solche Argumentationen ihren normativen Grundannahmen zum Kapitalismus widersprechen[14], scheint nicht zu trügen: Eine explizite Diskussion des Wertbegriffs findet sich in den Standardlehrwerken nicht. Der Blick ins Register eines Lehrbuchs verrät hier einiges. So etwa in Gregory N. Mankiws Makroökonomie – »Wert« und »Profit« kommen nicht vor, im Glossar fristen dafür das »Wertaufbewahrungsmittel« und die »Wertschöpfung« als zahnlose Definitionen ein minderes Dasein. Wertschöpfung ist

»Wert des Outputs eines Unternehmens abzüglich der eingesetzten Vorleistungen.« (Mankiw 1998, 571)

Wer danach fragt, wie der Wert der Vorleistungen zustande kommt, gerät mit solchen Definitionen in den Zirkel, kurzum: Wertschöpfung wird der zu erklärenden Wertschöpfung vorausgesetzt. Als stofflicher Akt mit Bedingungen und Grenzen ist Wertschöpfung Anathema. Allein von diesem Punkt aus ließe sich bereits kritisieren, dass eine Erklärung der Bildung von Marktpreisen *logisch* misslingen muss.

Innerhalb des theoretischen Rahmens darf der Verweis auf den Schweizer Ökonomen Léon Walras nicht fehlen. Walras hatte einst für den Markt die Metapher einer großen Auktion ersonnen, bei der dem Auktionator

---

14 Ein ähnliches Resultat weist die neoklassische Adaption der Ricardo'schen Theorie des komparativen Vorteils auf. Ricardo hob – merkantilistisch – den Vorteil hervor, der sich insgesamt für alle Beteiligten ergebe, wenn vordringlich schwächer entwickelte Nationen sich auf die Produktion gewissermaßen hauseigener Güter für den Export konzentrieren und importieren, was fehlt. Ortlieb weist darauf hin, dass die Neoklassik (im Speziellen Mankiw) diesen Gedanken unter Abzug der Konkurrenz aufnimmt – also ohne Markt. Mit anderen Worten, der Abstimmungsprozess zwischen den Volkswirtschaften bekommt planwirtschaftlichen Charakter (Ortlieb 2004b, 175-177).

die Rolle zufällt, sich an Preise heranzutasten und diese mit den Geboten aller Marktteilnehmer in Einklang zu bringen (tâtonnement), bis für das letzte Gut ein Abnehmer gefunden sei (Walras 1874). Dieser Zustand entspräche dann einem Markt im Gleichgewicht. Mit Blick auf die Vielzahl von Märkten gelte das »Walras-Gesetz«, das nicht mehr aussagt als: Befinden sich alle Teilmärkte im Gleichgewicht, so ist auch der aggregierte Gesamtmarkt im Gleichgewicht. Diese Vorstellung hat erkennbar ihre Schwächen, denn für die Zeit der Auktion müssten wohl zwangsweise alle Räder still stehen, damit der Gesamtumfang der Güter nicht vergrößert würde – sonst könnten die Teilnehmer ja abwarten, bis es für irgendein Gut einen gewissen Überschuss gibt, der einen Preisnachlass erzwingt. Die Dauer einer solchen Operation dürfte abhängig sein von der Menge der Güter, deren Preise ermittelt werden sollen; gut beraten ist, wer sich da ein Butterbrot von zuhause mitgebracht hat. Je größer der Umfang, desto wahrscheinlicher wohl, dass die Marktteilnehmer im Prozess der Preisermittlung dahingerafft werden. Diese Absurditäten liegen in der Natur des Auktionator-Modells, denn die dabei gewonnene Abstraktion, Angebot und Nachfrage unter maximal informierten (denn der Auktionator vermittelt diese Information) Marktakteuren würden zur Ermittlung der Marktpreise führen, trägt dieselben Fehler in sich wie die Metapher selbst. Die Zeitdimension wird unterschlagen und die Realität einer fortlaufenden Produktion, also die gesamte Beziehung von Produktion und Zirkulation (Markt), spielt bei einem reinen Angebot-Nachfrage-Schema keine Rolle. Die Märkte der Neoklassik sind zeitlose, stationäre Zustände, es muss alles auf einen Schlag gegeben sein.[15] Das gleiche Problem stellt sich ein, wenn die Voraussetzung rational agierender Marktteilneh-

---

15 Krätke wendet die Zeitproblematik anders, indem er die Vollständigkeit der Information der Marktteilnehmer auf alle zukünftigen Angebote bezieht (Krätke 1999, 120); das Ergebnis bleibt dabei dasselbe, der Markt, der alle Zeit in sich birgt, ist ebenfalls ein zum Stillstand gekommener, weil es keine Überraschungen mehr gibt, die zu einer Veränderung des Gleichgewichts führen könnten. Es ist zu betonen, dass diese Argumente explizieren, was in den harmlos wirkenden Prämissen der Neoklassik verborgen liegt; der Eindruck der Absurdität ist diesen Prämissen, nicht ihrer Diskussion geschuldet. Ortlieb zeigt, dass die mathematische Modellierung unterschiedlich ausfiele, je nachdem, welche Zeitdimension Berücksichtigung fände (Ortlieb 2004a, 7). Selbst Mankiw räumt in seinem makroökonomischen Lehrbuch ein: »Die Annahme ständiger Markträumung ist jedoch nicht völlig realistisch.« (Mankiw 1998, 12) Schuld daran seien starre Preise (sprich: Tariflöhne), ansonsten sei es technisch möglich, und daher frohlockt der Meister: »Schließlich sind die Preise nicht für alle Zeiten starr; irgendwann passen sie sich im Zeitablauf doch an Veränderungen von Angebot und Nachfrage an.« (Mankiw 1998, 13) Doch gerade diesen Zeitablauf sieht das Modell nicht vor.

mer durchdacht wird – es liegt auf der Hand, dass eine vollumfängliche Informiertheit zeitlich jeden Rahmen sprengen würde, bis eine auf dieser Basis rationale Entscheidung gefällt werden könnte, der Hungertod also unausweichlich …

Zu guter (!) Letzt stellt sich die Frage, was eigentlich passiert, wenn Angebot und Nachfrage ins Gleichgewicht gebracht wurden, niemand verhungert ist und alle ihre ersehnten Güter endlich in Händen halten – dann ist der Markt geräumt. Ein Markt ohne Güter ist keiner, weil es keine Information über die Mengen angebotener Dinge gibt – es wird nämlich nichts angeboten. Chapeau – das Marktgleichgewicht vernichtet den Markt.[16] Oder ist die Konsequenz, dass alle Marktteilnehmer unverzüglich wieder als Anbieter eine Gütermenge auf den Markt werfen, ihn gleichsam konstituieren? Doch braucht es nicht wenigstens einen kleinen Aufschub, um zu produzieren, was auf dem Markt feilgeboten werden soll? Ein wenig Muße, um die erworbenen Güter ihrer Bestimmung, dem Konsum, zuzuführen? So befragt, gerät die Walrasianische Auktion immer mehr zu einer Art äußerem Höllenkreis, in dem der Tausch allein die wesentliche Bestimmung ist und Produktion wie Konsumtion keine Rolle mehr spielen dürfen. Lasst alle Hoffnungen fahren! Dennoch soll gelten: Was Walras sich mit der Figur des Auktionators behelfsweise ausgedacht hatte, soll der Markt selbst sein – nicht zuletzt, um dem Ruch einer zentralistischen Instanz zu entgehen, denn die Figur des Auktionators steht mit seiner Befugnis außerhalb der Marktgesetze, nebenbei bemerkt.[17]

»Der Markt leistet die Rolle des Superkoordinators.«
(Siebert 2003, 184)

Damit ist der Studierende der Volkswirtschaftslehre so schlau wie zuvor, denn die gesuchte Koordinationsweise, die die innere Mechanik des Marktes erklären würde, wird mit dem Markt selbst »erklärt«. Wie dem auch sei, in der Vorstellung der Neoklassik sind die Gleichgewichte der Mikroebene der Nukleus, den die Makroebene strukturell reproduziert, das Makroaggregat ist ein Gleichgewicht von Gleichgewichten der Mikroaggregate.

---

17 Eine Einsicht, die für die Frage der Planwirtschaft ebenfalls nicht außer Acht zu lassen ist. Auch hier stellt sich empfindlich das Problem der Informationstiefe und der Prozesszeit für richtungsweisende Entscheidungen.

»Je klarer die Bedingungen spezifiziert worden sind, unter denen die Existenz eines allgemeinen Konkurrenzgleichgewichts denkbar und mathematisch möglich ist, desto deutlicher ist auch die Irrelevanz des harten Kerns der Neoklassik für die ökonomische Analyse geworden. […] Roy Radner hat 1968 den mathematisch schlüssigen Beweis dafür geliefert, daß ein Konkurrenzgleichgewicht existieren kann, wenn jeder der Marktteilnehmer über eine unendlich große Rechenkapazität verfügen könnte, nicht nur einen Supercomputer, sondern buchstäblich und im mathematischen Sinne eine unendlich große Rechenkapazität.« (Krätke 1999, 137)

Hier zeigt sich die Analogie der harmoniesüchtigen Vorstellung, die nicht zuletzt den gängigen Nachhaltigkeitsschemata das Gepräge verleiht: Auch diese werden implizit oder explizit als Gleichgewicht von Gleichgewichten gedacht, freilich ohne die zugrundeliegende Norm auszusprechen und daraus politische Konsequenzen abzuleiten.

Fragwürdiger Umgang mit dem Werkzeug der Modellierung

Die Diskussion der logischen K.-o.-Argumente gegen Grundannahmen der Neoklassik ließe sich noch rahmensprengend fortsetzen. Im Folgenden soll die Verwendung der Mathematik näher betrachtet werden, da in nicht unerheblichem Maße der formalistische Budenzauber für einen wissenschaftlichen Eindruck in den Wirtschaftswissenschaften sorgt. Die Kritik richtet sich nicht gegen die Verwendung mathematischer Formalisierungen, sondern vielmehr gegen grundlegende Fehler in ihrer Anwendung. Wie der in Fragen der Mathematik zweifellos kompetente Kybernetik-Pionier Norbert Wiener notierte:

»The success of mathematical physics led the social scientist to be jealous of its power without quite understanding the intellectual attitudes that had contributed to this power. The use of mathematical formulae had accompanied the development of the natural sciences and become the mode in the social sciences. Just as primitive peoples adopt the western modes of denationalized clothing and of parliamentarism out of a vague feeling that these magic rites and vestments will at once put them abreast of modern culture and technique, so the economists have developed the habit of dressing up their rather imprecise ideas in the language of the infinitesimal calculus. […] The mathematics that the social scientists employ and the mathematical physics that they use as their model are the mathematics and the mathematical physics of 1850. […] Very few econometricians are aware that if they are to imitate the procedure of modern physics and not its mere appearances, a mathematical economics must begin with a critical account of these quantitative notions and the means adopted for collecting and measuring them.« (Wiener 1964, 89f)

Schon bei Walras' Auktionator stellt sich der Eindruck ein, dass hier eine Narration erschaffen wurde, die als eine Art Übersetzung mathematischer Konstruktionen dienen sollte. Interessanter wäre eine Diskussion der empirischen Begriffe und Ideen, die der mathematischen Modellierung vorangingen, ferner, in welchem Verhältnis die Formalisierung zur Empirie steht, sprich: was nicht ins Modell eingegangen ist. Wie bereits erwähnt, orientierte sich die Generation der Ökonomen im 19. Jahrhundert am wachsenden Erfolg der Naturwissenschaften, wie sich die Physiokraten ein Jahrhundert zuvor von den medizinischen Erkenntnissen über Kreislaufsysteme inspirieren ließen und damit nolens volens das Schema einer Steady-State-Ökonomie schufen – Wirtschaftswachstum ist mit Quesnays Tableau économique nämlich nicht erklärbar. Was zur Diskussion steht, ist also die erkenntnistheoretische Seite des Unterfangens, das Verhältnis von Modellen zu empirischen Evidenzen, was landläufig Wirklichkeit genannt wird. Hier lehrt die Geschichte, dass die begrifflichen Grundannahmen leitend bei der Konstruktion von Wirklichkeitsauffassungen sind. So unumgänglich Modellbildungen sind, so unverzichtbar ist die Prüfung dessen, was die Modellergebnisse über die Prämissen aussagen. Hier muss wiederholt entschieden werden, ob nun empirische Entsprechungen für kuriose Konsequenzen aus den Modellen zu suchen sind, ob nicht etwas Entscheidendes bei der Formalisierung unterschlagen wurde oder ob die Prämissen von vorneherein fragwürdig gewesen sind. Die Mathematik kann sich gegen ihren Fehlgebrauch nicht wehren, darum ist nicht schon alles, was mathematisch einwandfrei ist, auch empirisch als existent zu bezeichnen.

Der Mathematiker Claus Peter Ortlieb erinnert daran, was die Wirtschaftswissenschaften gerade von den Naturwissenschaften (zumindest in der mesokosmischen Dimension) trennt: die Überprüfung eines Erklärungsmodells im Experiment. Es sind die Routinen des Versuchs, nicht die Mathematik, die den Naturwissenschaften den Titel der »hard sciences« eingetragen haben (Ortlieb 2004a, 3).

»Gerade dort, wo mathematische Modelle letztlich nicht an der Realität überprüft werden können, sind für eine saubere Methodik besondere Skrupel in den anderen Schritten des Modellierungsprozesses angebracht, also bei der Modellentwicklung und der Interpretation der mathematischen Ergebnisse. Das betrifft insbesondere die genau zu spezifizierenden Modellannahmen und die daraus sich ergebenden Grenzen, in denen das Modell Aussagekraft hat.« (Ortlieb 2004a, 4)

An der für die Neoklassik zentralen Annahme des Marktgleichgewichts weist Ortlieb die logische Schwäche im Umgang mit dem Modell nach. Der Kardinalfehler bestehe darin, fortlaufend das Erfordernis zu vernachlässigen, ob bei der Anwendung des Angebot-Nachfrage-Schemas auf alle möglichen ökonomischen Operationen überhaupt die spezifischen Voraussetzungen erfüllt seien. Wie bereits dargelegt, dürfte das Theorem der Aggregierbarkeit unterschiedlicher Elemente dabei eine bedeutende Rolle spielen, es ist gewissermaßen eine Analogisierungsmaschine, die beständig zur Anwendung kommt, um von der Mikro- zur Makroebene zu gelangen. Auffällig ist diese Manie, den Schematismus zu reproduzieren, bei Mankiw[18]; Ortlieb zitiert außerdem exemplarisch aus dem Lehrbuch des bereits erwähnten ehemaligen SVR-Mitglieds Siebert:

»Andere gehen an diesem entscheidenden und für die neoklassische Theoriebildung kritischen Punkt plumper vor, so etwa Siebert, dem es gelingt, denselben Fehler auf einen einzelnen Absatz zu konzentrieren: ›Der Markt kann als ein Informationsprozess interpretiert werden, in dem Marktparteien signalisieren, was sie zu kaufen oder zu verkaufen wünschen. Der Markt ist mit einem Computer verglichen worden. Man kann sich vorstellen, daß die Haushalte einem Computer mitteilen, welche Menge eines Gutes sie zu welchem Preis nachfragen wollen, und entsprechend die Unternehmer dem Computer melden, welche Menge sie zu welchem Preis anbieten. Der Computer sucht nun den Preis heraus, bei dem Nachfrage- und Angebotsmengen übereinstimmen. Der Markt wirkt also wie ein Computer.‹ [Siebert 2003, 103] Damit wäre die Verwechslung von Modell und Wirklichkeit dann in der Tat komplett: Am Ende der ›Argumentation‹ hat der Markt die Eigenschaft wirklich, die er haben muss, damit sich die Modellaussagen ableiten lassen.« (Ortlieb 2004a, 7f)

---

18 Zählungen von Ortlieb (2004, 7) wie von Hirte/Ötsch (2011, 426) kommen auf 91 Wiederholungen des Marshall-Kreuzes.

Jedenfalls wäre das eine Maschine mit fehlerhafter Software, denn – wie bereits am Rande erwähnt – ergeben sich aus dem Modell Effekte, die in der ökonomischen Realität nicht zu beobachten sind. Real spielt sich das Gegenteil ab, steigende Nachfrage wird in Massenfertigung übersetzt und erzeugt die Plethora an Dingen, die bald schon als Müll die Senke des Planeten verstopfen. Sinkende Nachfrage führt keineswegs automatisch zu sinkenden Preisen, oft genug ist das Gegenteil der Fall. Solche Phänomene liegen außerhalb der Kernannahmen der Neoklassik und müssen folgerichtig als Folge von Externalitäten aufgefasst werden. Die jüngste Debatte über den Mindestlohn in Deutschland bildete zu einem Teil mustergültig die neoklassischen Weisheiten ab: Mindestlohn liegt tendenziell über dem Gleichgewichtslohn, also müsse die Nachfrage nach Arbeit sinken und die Zahl der Arbeitslosen steigen. Das Deutsche Institut für Wirtschaftsforschung legte 2013 eine Studie vor und empfahl:

»Die abrupte Einführung eines Mindestlohns in Höhe von 8,50 Euro pro Stunde ist nicht ratsam, da die Wirkungen in bestimmten Marktsegmenten unabsehbar wären.« (DIW 2013, o. S.)

Eine Studie an der wirtschaftswissenschaftlichen Fakultät der FU Berlin referiert die neoklassische Erklärung mustergültig:

»Die meisten Ökonomen würden für eine erste Annäherung an die Frage, welche Beschäftigungswirkungen ein Mindestlohn hat, wohl das lehrbuchmäßige Wettbewerbsmodell heranziehen. In einem solchen Wettbewerbsmodell muss jeder einzelne Anbieter oder Nachfrager von Arbeit davon ausgehen, dass er keinen nennenswerten Einfluss auf die Lohnhöhe im Arbeitsmarkt nehmen kann. Falls der Arbeitsmarkt nicht durch anderweitige Friktionen geprägt ist, sollte sich ein Lohn einpendeln, der Arbeitsangebot und -nachfrage zur Deckung bringt.« (Knabe/Schöb/Thum 2014, 2)

Seit der Einführung des – sehr moderaten – Mindestlohns Anfang 2015 zeichnet sich keine Erhöhung der Arbeitslosenquote ab. Allein die Mini-Jobs bis 450 € haben sich reduziert, d. h. wurden zum Teil in andere Beschäftigungsverhältnisse gewandelt. In der Diskussion wird bei kurzfristig ausbleibenden Negativeffekten die Karte der langen Frist gespielt, freilich ohne dabei die veränderte ökonomische Großwetterlage miteinzubeziehen, die insgesamt auf das Beschäftigungsniveau einwirkt. Natürlich wird die Arbeitslosenzahl in der sich verschärfenden deflationären Entwicklung steigen, der Mindestlohn wird dann vermutlich wieder als Beleg für die Richtigkeit des Gleichgewichtsmodells herangezogen werden. Allerdings ist das bereits erwähnte Argument, dass eine steigende Nachfrage mit steigenden Preisen einhergeht, nicht recht in Einklang zu bringen mit der Spreizung der Einkommen aus Kapital und aus Arbeit. Piketty – theoretisch nicht gerade revolutionärer Umtriebe verdächtig – hatte es vorgerechnet: Jawohl, die Reichen wurden immer reicher und die abhängig Beschäftigten blieben weit dahinter zurück (vgl. Oxfam 2016). Hatte es da etwa ein durchgängiges Überangebot an Arbeit gegeben, das die Träger der Arbeitskraft dazu zwang, ihren Preis zu senken? Wohl kaum.

Die mathematische Untersuchung Ortliebs zeigt, dass aus dem Modell keine ökonomisch sinnvollen Aussagen zur Beschäftigungsfrage zu gewinnen sind. Wer Geld zum Überleben braucht, wird bei einer Absenkung des Lohns logischerweise mehr Arbeitsgelegenheiten wahrnehmen müssen, sein Angebot also steigern. Da ist kein Raum für theoretische Nutzenoptimierungen der einzelnen Haushalte bzw. Individuen, sprich: lieber Angeln gehen als arbeiten, weil arbeiten gerade nicht viel einbringt (vgl. Ortlieb 2004, 16-20).

»Mankiw etwa stellt mit etwas anderen Modellvoraussetzungen (Präferenzrelationen statt Nutzenfunktionen) und etwas anderen (geometrischen) Methoden fest, dass je nach der Art der Präferenzen die Arbeitsangebotskurve einen steigenden oder fallenden Verlauf aufweisen kann. Das hindert ihn aber nicht daran, achtzig Seiten vorher die uneingeschränkte Anwendbarkeit des Angebot-Nachfrage-Modells auf den Arbeitsmarkt zu konstatieren und hundertzwanzig Seiten später die Absenkung der angeblich zu hohen Mindest- und Tariflöhne als Rezept gegen die dauerhafte Arbeitslosigkeit aus eben diesem Modell abzuleiten.« (Ortlieb 2004a, 20)

In der Tat scheint es in diesem Denkstil gang und gäbe zu sein, Nominaldefinitionen (z. B. es gelte, dass die Angebotskurve monoton steigen soll) mit Kausalerklärungen (z. B. steigende Grenzkosten sind das Resultat steigender Angebotskurven) zu verwechseln (vgl. Krätke 1999, 136). Schon in den frühen Tagen des Marginalismus setzte die Kritik von Seiten zeitgenössischer Mathematiker an der neuen Ökonomie ein. Ortliebs Fazit lautet, dass die Anwendung mathematischer Modelle nicht einmal als Idealisierung gefasst werden kann, da erkennbar immer diejenigen Spezialfälle modelliert werden, die für den jeweiligen Fortschritt der umfassenden Narration selbstregulierender Märkte dienlich erscheinen (vgl.

Ortlieb 2004, 22). Die Tendenz eines ideologischen Vorgehens ist darin schwer zu übersehen. Zuweilen lassen auch Neoklassiker durchblicken, dass ihnen klar ist, wie falsch ihre Grundannahmen sind. Eine Variante, sich gegen den üblichen Gang in den Wissenschaften, die Kritik, taub zu stellen, zeigt sich in Milton Friedmans »Argument«, es käme allein darauf an, ob das Modell zu Prognosen führe, die »realistisch genug« sind für die jeweilige Aufgabe:

»Such a theory cannot be tested by comparing its ›assumptions‹ directly with ›reality‹. Indeed, there is no meaningful way in which this can be done. Complete ›realism‹ is clearly unattainable, and the question whether a theory is realistic ›enough‹ can be settled only by seeing whether it yields predictions that are good enough for the purpose in hand or that are better than predictions from alternative theories. Yet the belief that a theory can be tested by the realism of its assumptions independently of the accuracy of its predictions is widespread and the source of much of the perennial criticism of economic theory as unrealistic. Such criticism is largely irrelevant, and, in consequence, most attempts to reform economic theory that it has stimulated have been unsuccessful.« (Friedman 1953, 41)

Zu erinnern ist an das im 2. Kapitel erwähnte geozentrische Weltbild, dessen Modellierung zeitweise auch zu Treffern in der Vorhersage der Planetenbahnen führte. Der Maßstab für »realistisch genug« sei Friedman zufolge die »jeweilige Aufgabe«; wie sich diese freilich mit Bezug auf die Realität bestimmen ließe, bleibt das Geheimnis Friedmans, der in seinem Aufsatz vehement die Relevanz eines Abgleichs der Prämissen mit der Realität bestreitet. Neoklassiker verfügen über einen privilegierten Zugang zu einer anderen Art von Realität, wie es scheint; denn allen Argumenten zum Trotz, die ganze Kritik der Neoklassik leide an einer Fehlinterpretation des Status der Theorie bezüglich der Realität, kommt er letztlich nicht umhin, selbst Gebrauch von »der« Realität zu machen – eben in Bezug auf zutreffende oder falsche Prognosen. Methodologisch werden hier Purzelbäume geschlagen: Wird die Theorie mit Verweis auf evidente Phänomene kritisiert, handle es sich um eine unzulässige Interpretation der Theorieanwendung; stimmen aus der Theorie abgeleitete Prognosen mit den ökonomischen Phänomenen überein, ist der Bezug auf Realität wieder zulässig.

Historische Widerlegungen neoklassischer Kernannahmen

Vielleicht ist es der Glaube an die Redlichkeit eines derartigen Methodenverständnisses, dass Ökonomen an der Neoklassik festhalten lässt, die meisten dürften es ohnehin nicht bemerken, wenn sie organisch durch Studium und kollegiales wie mediales Feedback beständig in ihrem Weltbild bestärkt werden. Anders ist schwer zu begreifen, wie die orthodoxe Ökonomietheorie die großen Kritikwellen in den letzten hundert Jahren überstehen konnte. Cohen/Harcourt zählen drei große Debatten auf, die alle an verschiedenen Ansatzpunkten die Modellbildung der Neoklassik treffend kritisiert haben. Zunächst lieferten sich J. B. Clark, Eugen Böhm-Bawerk, Irving Fisher und Thorstein Veblen die erste Debatte über die theoretische Begründbarkeit der neuen Ökonomietheorie mit Blick auf die Implikationen des Marginalismus bzw. der subjektiven Wertlehre. Dieser erste größere Schlagabtausch um die Wende vom 19. zum 20. Jahrhundert drehte sich um die Grundlage der Bestimmung der Verteilungsmodalitäten des gesellschaftlichen Produkts. Clark vertrat die Auffassung, dass Löhne und »Kapitalzins« (besser lautete es Profitrate) schlicht vom Grenzprodukt des jeweiligen Faktors abgeleitet würden. Dem widersprach Veblen unter Verweis auf die institutionalisierte soziale Macht, welche Kapitaleigner in die Lage versetze zu bestimmen, wie das Produkt aufgeteilt wird. Etwas später würde Fisher unter methodischem Einsatz von Simultangleichungen – also einen Schritt weiter qua Modellierung – behaupten, dass sich der »Kapitalzins« als Gleichgewichtspreis errechnen lasse. Hier sollte also die Formalisierung den Beweis für etwas liefern, was Clark noch einfach als marginalistische Position referiert hatte. Das zog die Kritik des mathematisch nicht geringer versierten Böhm-Bawerk auf sich, der anders als Veblen nicht mit einer Gegeninterpretation sozialer Phänomene antwortete, sondern auf den Modellierungsfehler hinwies, dass Simultangleichungen per se ungeeignet seien, eine Kausalbeziehung zu illustrieren, weil sie tautologisch sind – also das falsche Werkzeug. Fisher sei einfach einem logischen Trugschluss von der Sorte erlegen, die bis heute die neoklassischen Lehrbücher durchziehen (Cohen/Harcourt 2003, 211).

In der zweiten Runde in den 1930er Jahren trat Friedrich A. von Hayek mit der Behauptung auf den Plan, dass Zinsabschläge in einer Steigerung der Kapitalintensität resultieren würden. Nicholas Kaldor und Frank H. Knight zeigten hingegen, dass in einem Modell mit mehr als einem Gut eine derartige Relation zwischen Zinsen und Kapitaleinsatz nicht gegeben war. Hayek gestand später seinen Fehler ein und nahm fortan sogar eine skeptische Haltung zur Frage des Gleichgewichts ein (Cohen/Harcourt 2003, ebd.). Bei Knight heißt es, dass Kapital und Wachstum [19]

> »[are] long-run historical changes [that] must be faced as problems of historical causality and treated in terms of concepts very different from those of given supply and demand functions and a tendency toward equilibrium under given conditions.« (Knight 1931, 210)

Die dritte Kontroverse entspann sich zwischen den Ökonomen des britischen Cambridge und jenen des US-amerikanischen Cambridge, weshalb G. C. Harcourt sie später »Cambridge Controversies« taufte (zuweilen auch Cambridge-Cambridge-Kontroverse genannt). Die Hauptaspekte dieses Streits zwischen Joan Robinson, Piero Sraffa, Luigi Pasinetti und Pierangelo Garignani in der englischen Ringecke und Paul Samuelson, Robert Solow, Frank Hahn und Christoffer Bliss in der amerikanischen bestanden erstens in der Bestimmung von Kapital und damit zusammenhängend in der Begründung des »Kapitalzinses« oder der Profitaneignung, zweitens in der Frage des allgemeinen Gleichgewichts und drittens in dem Vorwurf der ideologisch motivierten Argumentationen an die amerikanische Adresse, wann immer die Sache nicht länger aufrechtzuerhalten war (Cohen/Harcourt 2003, 200 u. 211).

Nach allem, was bisher zum allgemeinen Gleichgewicht im Angebot-Nachfrage-Schematismus (Marshalls Kreuz) ausgesagt wurde, dürfte es nicht schwer fallen, Robinsons Argument nachzuvollziehen, dass ökonomische Prozesse keineswegs zu einem Gleichgewicht tendieren und daher das ganze Schema völlig ungeeignet ist, eben diese Prozesse zu analysieren. Allein die empirische Prüfung hätte schon ausreichen sollen, um den neoklassischen Ansatz einer neuen Ökonomietheorie sanft entschlummern zu lassen. Der statische Charakter, die Nichtberücksichtigung der Zeitdimension erlaubt keine Analyse der Herkunft oder der Entwicklungspfade des Kapitalismus, abgesehen von den Ableitungen, die sich aus dem Modell »ablesen«, aber nicht in der Wirklichkeit finden lassen. Hayek, Knight und Kaldor waren sich, bei allen sonstigen Unterschieden, in diesem Punkt bereits einig.

Der Nachvollzug der Kapitalbestimmung und damit zusammenhängend der Begründung, warum letzten Endes Kapitalbesitzer immer reicher werden, während abhängig Beschäftigte auch monetär abgehängt sind, erfordert eine Rekapitulation bereits genannter Elemente. Ganz im

---

19 Zitiert nach Cohen/Harcourt 2003, 211.

Geiste des Marginalismus sei der »Kapitalzins«, also der »Preis« für den »Kapitaldienst« abzuleiten aus dem Grenzprodukt des Kapitals. Diese Bestimmung ist eine stofflich-technologische, eine Adaption jener Untersuchungen aus dem Agrarsektor, bei dem die Flächenbegrenzung dem Kapitaleinsatz eine ebenso natürliche stoffliche Grenze setzt, jenseits derer nichts mehr aus der Erde herauszuholen wäre. Zu beachten ist: Kapital ist hierbei in der Gebrauchswertdimension betrachtet. Wie viel Maschinerie in Kombination mit Arbeit ist einzusetzen, um eine gute Auslastung mit einem maximalen Output zu erreichen? Solche Fragen müssen jede Gesellschaftsformation interessieren, weil sie schlicht den Metabolismus zwischen Arbeit und Erde betreffen.

Wie bereits erwähnt wird diese Gebrauchswertdimension mittels einer quasi-mathematischen Operation mit der monetären Dimension der Reichtumsverteilung kurzgeschlossen. Um diese überhaupt vornehmen zu können, muss bereits von Preisen für Kapital (und Arbeit) ausgegangen werden. Wird also eine Zahl eingesetzt, lässt sich die Entwicklung des Grenzprodukts mit einer entsprechenden Änderung des Zahlenwertes analogisieren. Da sich das Modell aber immer noch in der stofflich-technischen Dimension befindet, ist hier nichts weiter passiert als eine Art Indexierung des Gebrauchswerts bzw. der Menge an Gütern. Am landwirtschaftlichen Beispiel ist das Problem handgreiflich nachzuvollziehen, wenn etwa eine begrenzte Anbaufläche für eine optimale Ernte n Tonnen Saatgut aufnehmen kann, mehr jedoch nicht – so ist klar, dass eine zusätzliche Anschaffung n + x nichts bringen wird, außer es wird auf andere, möglicherweise weniger fruchtbare Böden ausgewichen. In diesem Fall bringt die doppelte Menge Saatgut insgesamt nicht den doppelten Ertrag. Dann gibt es noch die Arbeitskräfte, das macht im Mindesten drei Faktoren mit »technisch« spezifischen Eigenschaften. Wenn die Landarbeiter nun in Erntegut »bezahlt« werden, wird der Ersatz für Saatgut dem übrigen Produkt entnommen – damit ist der Reproduktion zweier Faktoren Genüge getan. Wenn alles gut gegangen ist, gibt es aber einen Überschuss, denn der Boden hat seinen Beitrag geleistet und verlangt von sich aus – außer sachgerechtem Anbau – nichts. Alles was unter den gegebenen Umständen eigentlich mengenmäßig klar ist, betrifft den Ersatz für das Saatgut, das für die nächste Saatperiode benötigt wird. Alles andere ist offenkundig eine Frage der sozialen Auseinandersetzung, wie mit dem Überschuss zu verfahren ist. Hier ist, etwa in der Diskussion mit Studierenden, in der Regel der Einsatz für Argumente, die ganz un-neoklassisch »extrinsischer« Natur sind: Der Saatguthändler, der Anspruch auf Bodenrente für den Besitzer, der Lohn für unternehmerisches Risiko, überhaupt

in Saatgut zu investieren etc. – sie schlagen sich redlich wie ein ostpreu-
ßischer Junker! Doch wo bildet das Ein-Gut-Modell diese Dimensionen
ab? Das aggregierte Produktionsmodell, aus dem sich die Bestimmung
des Zinses für industrielles Kapital ableiten soll, sieht sogar noch weniger
vor als das Erntebeispiel: Hier geht es radikal um ein Gut, das zugleich
als Produktions- wie als Konsumtionsmittel dient, eben um den Faktor
Arbeit. Die Analogie zwischen dem abnehmenden Grenznutzen eines begrenzten Stücks Land und dem begrenzten Industriekapital hinkt bereits
an dieser Stelle, weil die unabgegoltene Eigenschaft der Erde keine industrielle Entsprechung zu haben scheint (solange produktionsbedingte
Emissionen nichts kosten). Damit fehlt aber genau der Aspekt, dem die
Bestimmung einer Produktionsgrenze eigen ist. Auf die industrielle Maschinerie ist die Analogie nicht übertragbar. Gesetzt den Fall, ein Mann
arbeitet mit einer Maschine, ergibt die Einstellung eines zweiten Arbeiters nur Sinn, wenn eine zweite Maschine angeschafft wird. Wieso sollte
die zweite Maschine schlechter funktionieren als die erste? Die Produktion hat sich verdoppelt und so auch ihr Output. Mit etwas Geschick stellt
der Kapitalbesitzer die Maschinen so um, dass doch ein Arbeiter genügt,
um beide Maschinen alternierend in Gang zu halten. Der Gesamtoutput
mag eventuell sinken, aber unter dem Einsatz von nunmehr nur einem
Arbeiter relativ zu den gesamten Lohnkosten höher liegen als mit nur einer Maschine. Außer, der unglückliche Malocher erhält das doppelte Gehalt. Dass einer auf Dauer kaum die Arbeit von zweien erledigen kann,
ist weniger eine Bestimmung des Grenzprodukts (hier der Arbeit) als eine
Bestimmung unabgegoltener Extraarbeit in Form der gestiegenen Arbeits-
intensität. Das ist ein entscheidender Punkt – im Produktionsprozess gibt
es kein Ceteris paribus, wie es das Modell vorsieht, in dem nur ein Faktor
verändert wird, um zu sehen, was am Ende herauskommt. Die Trennung
des organischen Prozesses in der Produktion nach Kostenfaktoren ist ein
tiefer liegender Kategorienfehler.

Ein anderer Mangel ist, dass bei der Verschaltung von Mengen mit
Preisen eben Letztere als Voraussetzung eingehen und nicht begründet
werden. Zum einen lassen sich verschiedene Kapitalgüter nicht zu einem
physischen Aggregat zusammenfassen, das Aggregat ist eine verkappte
monetäre Form, extern eingeschleust, da nicht aus den physischen Eigenschaften ableitbar. Entweder müssen dazu die Kosten der Produktionse-
lemente addiert werden oder die Ableitung wird mit Bezug auf den zukünftig zu erwartenden Preis des Produktionsergebnisses vorgenommen.
Schon hierbei dürften sich Unterschiede im »Preis« des Kapitals zeigen.
Welche Bewertungsmethode sollte gelten und warum? Der »Kapitalzins«

bzw. Profit ist damit nach wie vor nicht zu begründen, weil dieser bereits Teil der Preisbildung ist, eine bereits angesprochene Tautologie. Doch schon die Zusammenfassung verschiedener Kapitalien mit verschiedenen Zinsraten zu einem Aggregat erlaubt nicht den Schluss auf einen aggregierten Zins innerhalb des Modells.

Nun stellen sich in der Bepreisung des Kapitals aber noch weitere kuriose Effekte (im Modell) ein, auf die bereits Knut Wicksell zu Beginn des letzten Jahrhunderts hingewiesen hatte, weshalb sie in der Literatur als »Wicksell-Effekte« firmieren. Ändert sich nämlich der Zinssatz, ändert sich konsequenterweise der Wert des Kapitals. Das gleiche Phänomen tritt auf, wenn sich die Zusammensetzung der Produktionsmittel ändert, deren Kosten das Kapital monetär repräsentieren. Dass in der Praxis nutzbare Nebenprodukte sinnvollerweise in die Herstellung des Zielprodukts eingebunden werden (Kuppelproduktion), erschwert eine realistische Berechnung zusätzlich (siehe Schefold 1979). Die Deutungsvariationen der Wicksell-Effekte und die damit verbundenen hypothetischen Möglichkeiten eines Technikwechsels zu relativ kapitalintensiveren Produktionsmethoden (switching), steigenden Profiten bei sinkenden Profitraten, zur Rückkehr zu weniger kapitalintensiven Techniken (reswitching) je nach Zinsrate, übersteigen hier den Rahmen. Entscheidend ist, dass differenzierte Fortentwicklung neoklassischer Modelle zu theoretischen Ergebnissen geführt hat, die den Grundannahmen widersprechen (siehe Cohen/Harcourt 2003, 201f; Helmedag 1991, 411f). Im Zuge der Cambridge-Kontroverse wurden allein aus den Wicksell-Effekten zahllose neue Problematiken abgeleitet, welche die Neoklassiker immer aufs Neue herausforderten, die beschädigte Theorie durch neue Beiträge zu »retten«.

Zum Abschluss sind zwei Aspekte zu betonen: Jenseits der Lehrbuchliteratur und des Lehrbetriebs haben zahlreiche Autoren des neoklassischen Lagers erstens Zug um Zug genau die Grundpositionen geräumt, die heute dennoch als Ökonomietheorie gelehrt werden (vgl. Samuelson 1966, Hahn 1972, Söllner 2001). Da es sich hier um Widerlegungen fundamentaler Prinzipien der Neoklassik handelt, kann eigentlich nur der Glaube an die selbstregulierende Kraft der Märkte übrig geblieben sein. Zweitens ist hier am Gegenstand der herrschenden ökonomischen Doktrin, die paradoxerweise Wachstum als Indikator für die Güte einer Ökonomie etabliert hat, ohne Wachstum überhaupt erklären zu können, demonstriert worden, dass der Umgang mit Modellen eine bestimmte wissenschaftliche Prüfroutine erfordert. Das trifft nicht nur die neoklassische Lehre, das trifft ggf. alle ökonomischen Lehren, die im Zuge der mathematischen Formalisierung den Boden unter den Füßen verlieren.

Wenn im Rahmen dieses Buches auch nur an der Oberfläche der orthodoxen Wirtschaftswissenschaften gekratzt würde, so allerdings an den
Stellen, an denen es weh tut. Es dürfte nun auch für den wirtschaftswis-
senschaftlich ungeschulten Teil des Publikums klarer geworden sein,
dass die Überwindung der neoklassischen Grundannahmen eine der aus-
stehenden Aufgaben ist, um den Weg freizumachen, überhaupt ein ad-
äquates Problemverständnis des Verhältnisses von Kapital, Arbeit und
Erde zu erlangen, also mit Nachhaltiger Entwicklung ernst zu machen.

***

Die weitverbreiteten Glaubenssätze des neoklassischen Mainstreams halten einer Prüfung auf mehreren Ebenen nicht stand. Wird im Modellrah-
men konsequent weiter gedacht, ergeben sich Fragen nach der Zeitlichkeit
und der Bedeutung des Gleichgewichts, die das Modell nicht beantworten
kann. Eine günstige Interpretation erscheint unter Berücksichtigung der
Kritik nicht möglich. Auf der Ebene der methodischen Beziehung von Modell und Wirklichkeit krankt die Neoklassik, die sich anti-sozialwissen-
schaftlich gibt, an der prinzipiellen Unmöglichkeit, dem Modell die expe-
rimentelle Prüfung folgen lassen zu können. Dies wäre jedoch notwendig,
um zu sehen, ob die aus dem Modell abgeleiteten Wirkungen bestimmter
Ursachen auch eintreffen. Selbstverständlich werden im Rahmen ökonomischer Forschungen auch Experimente durchgeführt, es handelt sich dabei aber nie um rein ökonomische Experimente, sondern um solche aus
anderen Wissensregionen, deren Verhältnis zur ökonomischen Theorie
wiederum fragwürdig ist. Die Mathematisierung stiftet freilich für Laien
den Schein, es handele sich bei der herrschenden Neoklassik um höhere
Wissenschaft. Der Blick auf die Geschichte dieser einen unter vielen The-
orieschulen zeigte, dass einzig die verstetigte Präsenz und das Gelingen
ihrer personellen Selbstreproduktion der Neoklassik zum Durchbruch
verholfen hatten. Diese Theorie, auf deren Mist die fatale Kontinuität der
Wachstumswirtschaft und der lebensweltlichen Ökonomisierung gedeiht,
erfährt durch den Nachhaltigkeitsdiskurs eine äußerliche Herausforderung. Es käme allerdings darauf an, sie gleichsam von innen herauszufordern und wissenschaftlichen Realismus einziehen zu lassen. Das wäre
unter anderem der Abgleich mit naturwissenschaftlichen Modellen, die
alleine mitteilungsfähig sind, wo es um die Kapazitäten von Quellen und
Senken geht. Angehende Betriebs- und Volkswirte wären gut beraten, ihr
naturwissenschaftliches Weltbild auf den neuesten Stand zu bringen. Im
folgenden Kapitel zeichnet sich ein solcher Abgleich in der Diskussion
dreier grundsätzlicher Positionen ab, von denen jede dem Anspruch einer
Nachhaltigen Entwicklung genügen will.

6. Modelle nachhaltigen Wirtschaftens

Nachhaltig ist heute, subjektiv empfunden, praktisch alles, besonders Produkte des täglichen Konsums werden mit den Attributen des Ökologischen versehen. Das beruht nicht zuletzt auf den bereits genannten Unschärfen oder Beliebigkeiten innerhalb des Diskurses, die eine Inflation interpretatorischer Trittbrettfahrereien eröffneten, sobald sich zeigte, dass »Öko« einen Marketingwert hatte. Zwar hatten sich die Vereinten Nationen auf der Rio-Konferenz 1992 darauf verständigt, nachhaltiges Wirtschaften in den Fokus der weiteren Entwicklung zu rücken, doch unterließen sie es, eine konkrete Handlungsanleitung zu entwerfen (vgl. Binswanger 2005, 491). Der Diskurs hat sich seither in der Hauptsache dahin entwickelt, Nachhaltigkeit als positive Norm zu bejahen und möglichst auch in die unternehmerische Selbstdarstellung zu integrieren; im engeren wissenschaftlichen Sinne zerfällt der Diskurs in eine weit verbreitete Adaption des Gedankens durch den wirtschaftswissenschaftlichen Mainstream, weiter in eine naturwissenschaftliche Auffassung, die dazu tendenziell im Widerspruch steht und außerdem einige ausgearbeitete, aber marginalisierte Positionen. Grundsätzlich lassen sich in diesem Spektrum hinsichtlich der Wachstumsfrage drei Positionen unterscheiden:

1. Positionen, die wirtschaftliches Wachstum und eine nachhaltige Entwicklung für vereinbar halten (»Grünes Wachstum« bzw. »Green Economy«/»Green Growth«)
2. Positionen, die eine Gleichgewichtswirtschaft des Nullwachstums favorisieren (»Steady State Economy«, »Zero Growth«)
3. Positionen, die ein »Minuswachstum«, also eine wirtschaftliche Schrumpfung als Entwicklungspfad empfehlen (»De-Growth«)

Auf den ersten Blick lässt sich mutmaßen, dass die erste und die dritte Position keinerlei Schnittmengen haben dürften. Das wäre näher zu untersuchen, weil der jeweilige Bezugsrahmen eine Rolle spielt – von welchem ökonomischen Entwicklungsstand, von welcher Produktivkraftentwicklung ist die Rede? Wer ist der Adressat? Beispielhaft für diese Differenzierung ist die zweite Position, insbesondere in der Fassung, die Herman Daly vorgelegt hat; sie sieht für jene Länder eine nachholende Entwicklung vor, die bis heute durch die Folgen des Kolonialismus und Imperialismus geprägt sind, was kaum ohne eine stoffmäßige bzw. energetische Überschreitung des Status quo vonstattengehen würde. Das trifft ebenfalls für die dritte Position zu, »De-Growth« ist in erster Linie ein Programm, das sich an die postindustriellen Gesellschaften richtet. Die erste, wachstumsfreundliche Auffassung der Aufgabe einer nachhaltigen Entwicklung schließlich ist als »grün« fortentwickelter Kapitalismus ohnehin mit dem Selbstverständnis ausgestattet, die effektivste aller Wirtschaftsordnungen darzustellen. Naturgemäß erfreut sich diese am wenigsten radikale Option der weitesten Verbreitung im politischen System.

Alle Positionen können zunächst als Wegweiser in grundsätzliche Richtungen gelesen werden. Allein aus dieser basalen Unterscheidung ergeben sich eine Reihe von Fragen, die an die entsprechenden theoretischen Beiträge zu richten wären.

Zum Begriff der »Green Economy«

Isenmann (2013) macht die Berichte des Umweltprogramms der Vereinten Nationen UNEP als Treiber des Bedeutungsaufschwungs des an sich nicht neuen Begriffs »Green Economy« aus, insbesondere im Kontext der Rio+20-Konferenz im Jahr 2012. In Deutschland ist der Begriff durch die Initiative des Bundesministeriums für Bildung und Forschung und des Umweltbundesamtes stärker in die politische Agenda eingegangen. In 2014 sollte der Umsetzungsplan »Green Economy Roadmap« (Zeitraum bis 2025) auf den Weg gebracht werden. Wie Isenmann anmerkt, existieren zu »Green Economy/Growth« verschiedene, akteur-abhängige Vorstellungen. Wenn sich die Variationen innerhalb des Feldes »Green Economy/Growth« nicht alle auf einen Nenner bringen lassen, ist es methodisch sinnvoll, einmal danach zu fragen, welche relevanten Themen von keiner Variante behandelt werden – Übereinstimmung im Negativen also. Isenmann:

> »Wie kann zum Beispiel eine Green Economy als Zielidee einer nachhaltigen Entwicklung dienen, ohne stoffliche Ressourcenziele, Ökosystemziele zur Tragfähigkeit und Biodiversitätsziele zu setzen und durch geeignete Mess- und Prüfmechanismen auszustatten? Wie werden Zielkonflikte gehandhabt? Wären nicht absolute Obergrenzen zum Ressourcen- und Energieverbrauch zu bedenken?« (Isenmann 2013, 17)

Daran knüpft Isenmann einen Vorschlag zur Verwissenschaftlichung des politischen Programms und einen Hinweis auf die Überschneidungen zwischen »Green Economy/Growth« und »Industrial Ecology«, um den »Boden für eine konzeptionelle Anschlussfähigkeit« (Isenmann 2013, 19) zu bereiten. Er bringt an dieser Stelle eine Fortbestimmung von »Green Economy/Growth« ein, die sich, wie er ja selbst feststellt, in den Variationen des Nachhaltigkeitsbegriffs nicht bzw. kaum auffinden lässt: Es ist vor allem das Thema Stoffstrom-Management, an das sich die genannten Obergrenzen zum Ressourcen- und Energieverbrauch anschließen. Damit bewegt sich Isenmanns Vorschlag implizit von der Wachstumsposition 1 in Richtung der anderen tendenziell wachstumskritischen Positionen – aus sachlichen, naturwissenschaftlichen Erwägungen.

Der daran anschließende Beitrag »Implementing the Green Economy« von Kern (2013) spricht klar aus, was von politischer Seite mit »Green Economy/Growth« gemeint ist, nämlich »the promise of continued economic growth with an environmentally friendly direction of travel«. Ein Blick in die aktuellen Grundsatzprogramme deutscher Parteien zeigt, dass diese Auffassung von »Green Economy/Growth« im politischen System hegemonial ist: Die Sensibilität für Umweltfragen wird als so weit verbreitet eingeschätzt, dass keine Partei um das Thema herumkommt, zugleich existiert ein Konsens unter allen Parteien, dass die Beteiligung am Marktmechanismus die Bedingung für die Teilhabe am gesellschaftlichen Reichtum sei. Infolgedessen erscheint Wirtschaftswachstum unabdingbar für die Beteiligung der größtmöglichen Zahl an Wähler/innen am gesellschaftlichen Reichtum qua Arbeitsplatz. Durchaus haben, wie Kern anführt, diverse europäische Regierungen langfristige Reduktionsziele beschlossen, deren Umsetzung in die Realität eine durchwachsene Bilanz aufweise (Kern 2013, 20).

Es stellt sich daher die grundsätzliche Frage, wie die Umsetzung der »Green Economy/Growth« überhaupt zu denken wäre und welche politischen Empfehlungen sich daraus ableiten ließen, die über den bisher erreichten Stand der staatlichen Anreize, »grüne« Produkte und Dienstleistungen auf den Markt zu werfen, hinausgingen. Zumindest sei es evident

> »that achieving a green economy requires systematic change of production and consumption rather than the relatively straightforward diffusion of new products and services.« (Kern 2013, 20)

Die kurze Geschichte des »Transition Management« in den Niederlanden wie auch ein ähnlich gelagerter Versuch in Flandern zeigen, dass die Theorie des »Transition Management« keine Antworten auf die Fragen bietet, wie mit existierenden Machtbeziehungen und institutionellen Eigenlogiken umzugehen ist. Kern selbst zieht insbesondere mit Blick auf die traditionell konsensorientierte niederländische Politik (»Poldermodell«) den

Schluss, dass konsensuale Bündnisse, die die Interessen jener Industrien berücksichtigen, die am meisten durch das »Transition Management« betroffen sind, nicht zum Ziel führen.

»While transitions are deeply political and therefore require transparent political deliberation and negotiation, a widely shared consensus might not always be the best way forward. Transitions towards a green economy will often produce winners and loosers and compensating loosers might be part of the political bargain.« (Kern 2013, 22)

In diesem Beitrag wird dem Begriff der »Green Economy/Growth« also einerseits die Notwendigkeit einer systemischen Veränderung unterlegt; andererseits sei dieser Wechsel durch einen Ablasshandel mit den Teilen der Industrie zu erreichen, deren objektive Interessen dem Willen zur »Transition« widersprechen. Hier zeigt sich, dass die scheinbar nicht-konsensuale Lösung letztlich doch dem grundlegenden Konsens gehorcht, dass die Partialinteressen der Industrie auch gelten, wenn der Rest der Gesellschaft die gegenteilige Position bezogen hat. Die Übersetzung des Interessenkonfliktes in den Code des Preises bestätigt geradezu das System, weil dessen Ziel schließlich nicht Umweltbelastung etc., sondern Profitmaximierung ist. Auf welche Art dieses Ziel erreicht wird – nicht-nachhaltige Produktion oder Kompensationszahlung –, ist gleichgültig. Auf welcher Grundlage kann das monetäre, aber Nachhaltigkeitsgebote verletzende Interesse gleiche Geltung besitzen wie das Gebot der Nachhaltigkeit, das diese Interessen implizit verneint? Und aus welchen Gründen sollte das Nachhaltigkeitsgebot nicht Kompensationszahlungen in die entgegengesetzte Richtung zur Konsequenz haben, also von den eingeschränkt motivierten Stakeholdern an die Allgemeinheit? Wenn der Staat die Ausübung eines Partialinteresses nicht-konsensual unterbinden soll, warum soll er diesem durch die Hintertüre Tribut zollen? Die Frage der Machtbeziehungen und wie sich Partialinteressen Geltung verschaffen, treten hierbei in den Vordergrund.

Fazit: Diese Bestimmung des Prozesses, »Green Economy/Growth« zu implementieren, schließt eine grundlegende Kritik der Machtvektoren, deren Befragung er doch anmahnt, aus. Der Widerspruch wird aus dem Verhandlungsprozess ausgelagert und finanziell reguliert. Dieser Vorschlag findet seine Grenze dort, wo die Allgemeinheit der Steuerzahler die Summe aller Kompensationszahlungen nicht zu zahlen bereit oder in der Lage sein wird bzw. die so umverteilten gesellschaftlichen Ressourcen dann an anderer Stelle fehlen – z. B. für den Ausbau nachhaltiger Infrastrukturen.

Dem entsprechend kommen Haake, Korbun und Petschow (2013) in ihrem Kommentar »Viele Fragen und wenige Lösungen« zum Bericht der Bundestags-Enquete-Kommission »Wachstum, Wohlstand, Lebensqualität« zu einem gemischten Ergebnis. So war der Enquete-Kommission aufgegeben worden, zu untersuchen, wie das Modell der deutschen sozialen Marktwirtschaft unter der Bedingung geringer Wachstumsraten funktionieren würde. Dies wurde weitgehend unterlassen. Lediglich im Zusammenhang mit der Refinanzierung der Sozialversicherungen taucht das Thema auf, dem der Lösungsvorschlag der Steuererhöhung beigefügt ist. Haake et al. sehen dies einerseits »einem Unwillen geschuldet, sich mit der Möglichkeit niedrigen Wachstums auseinanderzusetzen.« (Haake/Korbun/Petschow 2013, 24) Andererseits fehle den wachstumskritischen Positionen eine Vorstellung von der Gestaltung des gesamtgesellschaftlichen Reproduktionsprozesses.

Da – knapp eineinhalb Jahrhunderte nach Jevons »Coal Question« – die Kommission vor allem den Rebound-Effekt hervorhebt und damit den Glauben an reine Effizienzsteigerungen kritisiert, lautet ein Lösungsvorschlag, strikte Umweltnutzungsgrenzen einzuführen. Bemerkenswerterweise scheint die Enquete den Vorschlag selbst nicht ernsthaft einbringen zu wollen, da dem Publikum die Erarbeitung von Zweitlösungen in Aussicht gestellt wird, die politisch durchsetzbar erscheinen.

Einen umfassenden Überblick über die Differenzen und Leerstellen vor allem der »Green Growth«-Ansätze bieten Ahlert, Diefenbacher, Meyer und Zieschank in ihrer »Synopse aktuell diskutierter Wohlfahrtsansätze und grüner Wachstumskonzepte« (Meyer et al. 2012). Sie werten 30 unterschiedliche internationale wie deutsche Beiträge in den drei eingangs genannten Kategorien »Green«, »Zero« und »De-Growth« anhand eines fünfteiligen (in sich nochmals differenzierten) Analyserasters aus:

1. Reichweite des Ansatzes in Bezug auf Ziele
2. Thematisierung wirtschaftlichen Strukturwandels
3. Risiken für gesellschaftliche Wohlfahrt
4. Wachstums- und Wohlfahrtsmessung
5. institutionelle Verankerung und politische Konstellationen eines nachhaltigen Wohlfahrtskonzepts

In einem dreiachsigen Schema (Wachstum, Wohlfahrt und ökologische Tragfähigkeit) bieten die Autoren eine mehrdimensionale Übersicht (Meyer et al. 2012, 6). Als die »akzeptierte Modifikation des Status Quo« (Meyer et al. 2012, 7) – da in hochrangigen Programmen verankert – werden die folgenden »Green Economy/Growth«-Ansätze identifiziert; in der ungefähren Reihenfolge, in der diese Ansätze dem Wachstumsgedanken verpflichtet sind, handelt es sich um (absteigend):

1. Green-Tech-Studien
2. Climate Prosperity Initiative (NRTEE Canada)
3. Green New Deal (u. a. UNEP, GNDg)
4. Green Growth (UNEP sowie OECD)
5. Europa 2020
6. Progressive Growth (USA)

Alle Ansätze befinden sich im Schema in jenem Quadranten, der sich aus Wachstumsökonomie und Wohlfahrtsstaatlichkeit bildet, wobei 1, 2 und 5 weniger als die anderen drei Programme wohlfahrtsstaatliche Aspekte aufweisen. Außerdem finden sich in diesem ökonomietheoretisch orthodoxen Bereich noch einige Transformationsstrategien sowie empirisch fundierte Modellierungsbeiträge. Übergreifend zeigt sich, dass fast alle Ansätze konkreteste Aussagen zum Klimaziel treffen, Ressourcenziele dagegen finden sich selten und Biodiversitätsziele werden außer in den Messkonzepten CAE und SVR überhaupt nicht formuliert. Daran knüpft sich die 1. von zehn Thesen: Nationale Wohlfahrtskonzepte sollten als Zielbereiche Klima, Ressourcen, Fläche und Ökosysteme beinhalten und messbar konzeptionieren (Meyer et al. 2012, 9). Die Verringerung des physischen Eingriffs wird ebenfalls selten thematisiert und zudem nicht mit Indikatoren versehen. Lediglich die Messkonzepte CAE und SVR sehen in Bezug auf die »Nutzung nichterneuerbarer Ressourcen als Indikatoren sowohl die Ressourcenproduktivität vor (gemessen als Quotient aus Bruttoinlandsprodukt [.] und dem direkten Materialeinsatz [.] pro Kopf der Bevölkerung) als auch den Rohstoffkonsum (gemessen als inländischer Materialverbrauch [.] pro Kopf der Bevölkerung).« (Meyer et al. 2012, 9)

Allerdings wird durch die nationale Orientierung der ökologische Rucksack, die »hidden flows«, durch importierte Güter vernachlässigt. Dazu formulieren die Autoren ihre 2. These: Zusätzlich muss ein Indikator zur Messung des versteckten Ressourcenverbrauchs eingeführt werden; ein solcher Indikator »Total Material Requirement« (TMR)

> »misst die jährliche Gesamtmenge natürlichen Materials, das mit technischen Mitteln bewegt wird. Es wird in Tonnen pro Jahr gemessen und zeigt an, wie viele erneuerbare und nicht erneuerbare Ressourcen eine Volkswirtschaft verbraucht.« (Ebd.)

Im Indikator TMR sind der Ressourcenverbrauch und sonstige impacts der importierten Güter sowie die Erosion fruchtbarer Böden enthalten. Die absolute Absenkung der Emissionen, des Abfallaufkommens und die Veränderung der Landnutzung seien darüber hinaus obligatorisch (ebd.). Allerdings gestalte sich die Messung von TMR aufgrund der Datenlage schwierig. Die 3. These knüpft an das Wachstumsparadigma der »Green Economy/Growth« an und fordert die Ergänzung um den Parameter: »die Entwicklung des Zustands der Natur und der sozialen Systeme« (Meyer et al. 2012, 10). Eine weitere Schwäche der betrachteten Ansätze ist, dass die Verflechtung von sog. »grünen« und klassischen »braunen« Industriesektoren nicht diskutiert wird. Die 4. These fordert die Berücksichtigung dieser Komplementarität »im Detail« (ebd.).

Der Zusammenhang zwischen der Beteiligung am gesellschaftlichen Reichtum, also steigende Wohlfahrt, und dem Wachstumsparadigma orthodoxer Prägung wird in den »Green Economy/Growth«-Ansätzen vor allem durch die These der Schaffung von »green jobs« unterstellt. Die 5. These, die diesen Zusammenhang implizit bejaht, verlangt einen »makroökonomisch konsistenten und sektoral fundierten Erklärungsansatz« (Meyer et al. 2012, 11) zur Messung dieser indirekten Wohlfahrtsfunktion. Eine Analyse der Globalisierungsauswirkungen geht der »Green Economy/ Growth« fast gänzlich ab, vor allem das Problem der Verlagerung des ökologischen Einschlags zu Lasten der Entwicklungs- und Schwellenländer findet kaum Beachtung. Die 6. These lautet dementsprechend, dass die nationale Betrachtung die globalen Implikationen zu beachten habe; eine globale Zusammenarbeit sei daher »unabdingbar« (ebd.). Zwar erfreut sich die Problematisierung des Rebound-Effekts durchgängig einer gewissen Prominenz, doch mangelt es an konkreten empirischen Daten. In ihrer 7. These fordern die Autoren daher empirische Modellrechnungen, die im Rahmen von Vergleichsstudien projektiv zeigen könnten, wie sehr Rebound-Effekte in einer »Green Economy/Growth« gegenüber einer Fortsetzung der aktuellen Wirtschaftsweise zu Buche schlagen (Meyer et al. 2012, 12).

Ein dem Wachstumsparadigma entspringendes Problem sind die absehbar steigenden Energie- und Rohstoffpreise; Effizienzsteigerungen sowohl im Produzenten- wie im Konsumentenbereich bilden das Angebot zur Abfederung des Risikos. Hier unterstützt die 8. These das grundsätzliche Schema mit den Forderungen einer wachsenden Ressourceneffizienz in der Produktion und einer Steigerung der Suffizienz und Ressourcenschonung im Konsum. Allerdings behandeln die Autoren nicht das Problem, wie die nachlassende Binnennachfrage aufgrund dieser veränderten Konsummuster mit dem Wachstumsparadigma der »Green Economy/Growth« vereinbar ist. Wenn die geminderte Konsumentennachfrage über die verminderte Produktion zu sinkenden Angebotspreisen bei Energie und Ressourcen führt, ist im vorherrschenden ökonomischen Modell entweder eine deflationäre Entwicklung oder ein neuerliches Wachstum mit einem zeitweiligen Rebound-Effekt denkbar, bis die Ressourcen- und Energiepreise aufgrund der wachsenden Nachfrage wieder ansteigen – beide Entwicklungspfade widerstreben jedoch den »Green Economy/Growth«-Ansätzen.

Messverfahren und Monitoring sind in den betrachteten Programmen ebenfalls spärlich gesät, vor allem die »Green Economy/Growth« setzt auf die tradierten Indizes und makroökonomischen Kennziffern. Eine Ausnahme bildet die Green Economy-Initiative der OECD. Die 9. These zielt auf die Notwendigkeit, geeigneter ökologischer und gesellschaftlicher Indikatoren zur Bewertung der ökologischen Tragfähigkeit wirtschaftlicher Aktivitäten. Ebenso bedürfe es der Messung der Wohlfahrtsentwicklung, wofür mit dem Nationalen Wohlfahrtsindex (NWI) bereits ein Instrument existiere (ebd. u. f.). In ihrer abschließenden 10. These bezüglich der Faktoren der Umsetzung (des »Green Economy/Growth«-Ansatzes) bestätigt das Autorenteam weitgehend, was die Theorie des »Green Economy/ Growth« aufgrund ihrer wirtschaftstheoretisch orthodoxen Prägung vorgibt: Langfristige (d. h. schockfreie) und »gesellschaftlich akzeptierte« Umsetzung ohne »grundlegende Eingriffe in die Wirtschaftsordnung (u. a. Tarifautonomie und Preisbildung)«, Verwendung »marktkonforme[r] umweltpolitische[r] Instrumente« (Meyer et al. 2012, 14).

Die zu Beginn des Beitrages angeführten »Zero-« und »De-Growth«-Ansätze spielen in diesem Zusammenhang keine Rolle mehr; damit bleiben die zentralen Leerstellen der Debatte, zu denen doch die genannten wachstumskritischen Beiträge herangezogen werden sollten, auch hier ausgespart. Stattdessen werden vor dem Hintergrund explizit genannter Befürchtungen neoklassischer Theoretiker (ökonomischer Kollaps, Demokratiegefährdung) gewissermaßen als Kompromiss die »Low-Growth«-Ansätze von Peter Victor (2010) und Stocker et al. (2011) alternativ ins Feld geführt. Freilich werden, wie die Autoren weiter bemerken, selbst bei einem Null-Wachstum die erreichten Niveaus der Ressourcenvernutzung und ökologischen Belastung weiterhin zunehmen (worin sich implizit die These einer problematischen Bevölkerungsentwicklung verbirgt), was das »bisherige Wachstumsverständnis« (Meyer et al. 2012, 14) in ein »Spannungsfeld« versetze.

Die jährlich bislang verdoppelten (d. h. exponentiell ansteigenden) globalen Umweltbelastungen verstärkten diese Spannung zusehends, sodass eines Tages »De-Growth« möglicherweise zur einzigen Option werde:

»Eine solche Schlussfolgerung drängt sich angesichts von Ergebnissen der Ökosystemforschung zur ökologischen Tragfähigkeit bereits auf, obwohl diesbezügliche Aussagen so nur selten getroffen werden.« (Meyer et al. 2012, 14)

Die entsprechenden politischen Konsequenzen, wie sie Vertretern eines »De-Growth« vortragen, erhalten in der Synopse gleichwohl nur das Etikett »brisant«. Dementsprechend ist als nächste Stufe anschließender Studien auch keine Roadmap o. ä. avisiert, sondern eine »Orientierung über die Art und Weise der Entscheidungsfindung.« (Meyer et al. 2012, 15)

Zum Begriff des »Zero Growth«

Die vermeintlich zwingende Verbindung von Wirtschaft und Wachstum ist nur so alt wie der Kapitalismus – das ist keine geringe Einsicht. Herman Daly argumentiert vor dem Hintergrund der Weltsystemforschung, dass die relative Stabilität der Ökosphäre zumindest für die Zeitspanne der Hominisation der »Normalzustand« gewesen ist und das Wachstum der Artefakte hiervon die Abweichung markiert:

»And it is instructive to remember that mankind has, for over 99 % of its tenure on earth, existed in conditions closely approximating a SSE [Steady State Economy; *H. S.*]. Only in the last 200 years has growth been sufficiently rapid to be felt within the span of a single lifetime, and only in the last forty years has it assumed top priority and become truly explosive. In the long run, stability is the norm and growth the aberration. It could not be otherwise.« (Daly 1991, S. 18)

Daly verweist in seiner Argumentation auf soziale bzw. psychologische Phänomene wie Stress, Entfremdung, Apathie und Verbrechen, die mit einer zunehmenden ökologischen und ökonomischen Knappheit zwangsläufig aufträten. Es gebe zwei Hauptargumente von Seiten der orthodoxen Ökonomie gegen die Steady State Economy (im Folgenden SSE):

1. Die ökologische Knappheit könne durch bessere Technologie und qualitatives Wachstum aufgefangen werden.
2. Die These der ökologischen Knappheit sei falsch.

Anstelle des »scientistic pretention and blind aping« (Daly 1991, 3f.) der mechanistischen Methoden, welche die Physik schon längst hinter sich gelassen habe, solle ein wertbasiertes Denken in der Tradition der Politischen Ökonomie treten. Ökonomische Theorie solle sich nicht länger hinter der falschen Anwendung mathematischer Methoden verstecken, sondern eine für jedermann verständliche Theorie werden, die gleichermaßen ökologische wie ökonomische Knappheit anerkenne (im Sinne von »Vision« in der Fassung Schumpeters). Sei die ökonomische Realität so komplex, dass sie tatsächlich nur durch ebenso komplizierte mathematische Modelle abgebildet werden könne, müsse eben diese Realität der Ökonomie geändert werden. Menschliche Institutionen sollten hinsichtlich ihrer Größe und Komplexität nicht über den menschlichen Maßstab hinauswachsen. Der Mangel an Kontrolle der Individuen über die Institutionen sei undemokratisch und darüber hinaus »an excellent training in the acceptance of totalitarianism.« (Daly 1991, 4)

Die Grunddoktrin der Technik- und (letztlich ja selektiven) Wissenschaftsgläubigkeit ist die Ideologie des unendlichen Wachstums und unbegrenzter Möglichkeiten. Die Paradoxie diese Ideologie besteht darin, dass die meisten Grundgesetze der Wissenschaft Aussagen über Unmöglichkeiten treffen: Materie und Energie sind weder erschaffbar noch zerstörbar, man kann nicht schneller als das Licht reisen; unendliche Bewegung ist unmöglich; ein Organismus kann nicht in einer Umgebung existieren, die ausschließlich aus seinen Abfallprodukten besteht; es ist ab einem bestimmten Punkt unmöglich, etwas zu messen, ohne das Objekt der Messung zu beeinflussen usw. Zu wissen, was unmöglich ist, hat eindeutig ökonomischen Vorteil, argumentiert Daly mit Verweis auf die Mathematik, deren Anwendung eine Prüfung vorweggehen sollte, was sich phänomenologisch überhaupt als Problem darstellt, bevor an den Entwurf eines Lösungsweges gedacht werden kann. In der Ökonomie existieren ebenso Gesetze, die Unmöglichkeit ausdrücken: Es ist unmöglich, soziale Präferenzen aus individuellen Präferenzen abzuleiten (wie die Diskussion der theoretischen Aggregation in Kapitel 5 zeigte); es ist unmöglich, unter der Bedingung vollkommener Konkurrenz mehr als einen Gleichgewichtspreis für ein Gut zu haben (vorausgesetzt der Marktmechanismus wird zugrunde gelegt – Daly lässt diese Auffassung gelten). Insbesondere der US-amerikanische Lebensstil gehöre zu den neu hinzugekommenen Unmöglichkeiten (Daly 1991, S. 1–13).

Das Konzept der Steady State Economy (SSE) bei Daly

Eine ökonomische Analyse beginne mit einer »preanalytic vision (Schumpeter)[1]« bzw. einem Paradigma (Kuhn 1962, 10), also einem gänzlich neuen und hinreichend entwicklungsfähigen theoretischen Beitrag zum Stand der gesamten Realität, die es zu analysieren gelte. In der Vision der SSE ist die Welt »bevölkert« von Menschen und ihren Artefakten, an denen zwei Aspekte hervorzuheben sind: der Dienst, den sie jeweils leisten, und der Ersatz, der für sie geleistet werden muss, um die Dienste aufrechtzuerhalten. In physikalischer Hinsicht, also mit Rücksicht auf die Gesetze der Thermodynamik, sei klar, dass Mensch und Artefakt nicht losgelöst von ihrer Umwelt zu betrachten sind, da Letztere offensichtlich als Quelle wie Senke fungiert. Die grundsätzliche Unterscheidung, die Daly hier trifft, ist die von Kapital und Umwelt. Der Kapitalbegriff umschließt für ihn unterschiedslos tote und lebendige Arbeit (konstantes und variables Kapital), der Begriff »Service« wiederum fasst die Sphären Gebrauchswert und Tauschwert zusammen wie sein undifferenzierter Warenbegriff. Das Kapital ist demnach ein offenes System mit Zu- und Abflüssen, sein allmählicher Verfall lasse sich mit Rücksicht auf das zweite thermodynamische Gesetz nicht aufhalten, daher die Notwendigkeit der Senke und eines ersetzenden Inputs in das System »Kapital«. In diesem Bild ergibt sich zwischen Input und Output das Gleichgewicht eines Entsprechungsverhältnisses: Wächst das eine, müsse das andere ebenfalls wachsen, um das System zu erhalten. Freilich betreffe das nur die quantitative Dimension und sage nichts über die qualitative aus (Daly 1991, 15). Der Stofffluss sei generell von Entropie gekennzeichnet: Der Input sei gering entropisch (hochorganisiert, leicht zu nutzen), der Output (Abfall) hoch entropisch (unorganisiert) und könne nicht direkt als Input wieder verwendet werden. Entropie sei daher die Basiskoordinate der Knappheit (Daly 1991, 16). Mit Blick auf die Diskussion in Kapitel 5 lässt sich an diesem Punkt schon feststellen, dass Dalys Kapitalbegriff problematisch ist; die Diskussion um die Bedeutung der thermodynamischen Hauptsätze in Kapitel 7 wird zeigen, dass insbesondere Entropie mehr bedeutet als Chaos.

---

1 »In other words, analytic effort is of necessity preceded by a preanalytic cognitive act that supplies the raw material for the analytic effort. In this book, this preanalytic cognitive act will be called Vision. It is interesting to note that vision of this kind not only must precede historically the emergence of analytic effort in any field but also may re-enter the history of every established science each time somebody teaches us to see things in a light of which the source is not to be found in the facts, methods, and results of the preexisting state of the science.« (Schumpeter 1954, 39)

Was nicht wachsen bzw. konstant bleiben soll gemäß der Definition der SSE, sind die eingangs erwähnten beiden physikalischen »Populationen«, die Menschheit und ihre Artefakte. Dem stehe als Nicht-Konstante gegenüber – u. a. Kultur, genetisches Erbe, Wissen, alles, was Menschen verkörpern. Ebenso fließend seien die Kombinationen vorhandener Technologien und die Produktvariationen. Schließlich könne auch die Verteilung des sachlichen Reichtums auf die Bevölkerung nicht die gleiche bleiben (Daly 1991, 16f). Der besondere Beitrag, den die SSE leiste, bestehe darin, anstelle des Paradigmas des Wachstums jenes der Entwicklung zu setzen: SSE sei also eine Ökonomie, die den Kapitalstock an Menschen und Artefakten auf einem gewünschten und ausreichenden Niveau bei geringen Durchflussraten erhalte. Nur was nicht auf physischem Wachstum beruht, könne theoretisch unendlich wachsen (Daly 1991, 17). Da die Definition der SSE auf dem Begriff des Kapitalstocks (Messung zu einem Zeitpunkt) fußt, das BIP jedoch auf dem Begriff des Kapitalflusses (Messung über einen Zeitraum), spiele die theoretische Dimension des BIP für eine SSE logisch keine Rolle. Daher bilde sich die gewünschte Erhaltung des Kapitalstocks auf einem Niveau in einem schrumpfenden BIP ab.

Trivial betrachtet befinde sich die Erde als Objekt im Universum hinsichtlich ihrer Masse, dem Austausch an Energie und dem Materieimport aus dem Weltall »in einem langfristigen Gleichgewicht« (Daly 2009, 39). Die größte Veränderung innerhalb des dynamischen Gefüges der Erde ist Daly zufolge »das enorme Wachsen eines Subsystems der Erde, der Wirtschaft, in Relation zum Gesamtsystem, der Ökosphäre.« (Daly 2009, ebd.) Daly spricht mit einem Wort des Historikers J. R. McNeil von der vollen Erde. Mit dem Wachstum der Wirtschaft verringert die Ökonomie den lange Zeit geltenden Freiheitsgrad, die materiellen Gegebenheiten zu missachten. Je umfassender und tiefer jedoch die Wirtschaft in die Erde eindringt, desto stärker werde der Zwang der physikalischen Gesetzmäßigkeiten für das Wirtschaftssystem selbst. Daly unterscheidet Wachstum und Entwicklung, das Erstere bedeute, mehr vom Gleichen zu erzeugen, das Letztere, höhere Qualität zu entwickeln. Die Wirtschaft müsse »qualitative Entwicklung anstreben, aber anhäufendes quantitatives Wachstum stoppen.« (Daly 2009, ebd.) Es handle sich um eine Situation, in der eine SSE als Anpassung an den physikalischen Modus der Erde zwingend werde. Global betrachtet müsse die steigende Produktion der gleichen Güter zu einer Abnahme des Grenznutzens und zu einer Kostensteigerung führen. Dieser Zusammenhang werde verschleiert, weil Kosten und Nutzen in den volkswirtschaftlichen Rechnungen nicht getrennt betrachtet werden, sondern in der Größe »Aktivität« in die volkswirtschaftliche

Gesamtrechnung einfließen. Diese Unschärfe legt Daly insbesondere der Neoklassik zur Last, die nicht erkennen könne, dass der Anstieg des Bruttosozialprodukts in den reichen Nationen nicht länger gleichzusetzen sei mit einer Steigerung des Gemeinwohls. Das vorherrschende Konzept laute, dass der reiche Teil der Welt weiterwachsen soll, »um Märkte für die Armen bereitzustellen und Kapital anzusammeln, um in ärmeren Ländern zu investieren.« (Daly 2009, 40) Dem setzt die Theorie der SSE entgegen, dass die avancierten Volkswirtschaften »ihr Durchsatzwachstum verringern, um Ressourcen und ökologischen Raum freizugeben« (Daly 2009, ebd.), der den unterentwickelten Ökonomien zugute komme. Darüber hinaus sieht Daly die reichen Nationen in der Verpflichtung, entwicklungsrelevante Innovationen mit den armen Volkswirtschaften »frei« zu teilen.

Der Mobilität des internationalen Kapitals stehe negativ die Abwesenheit einer internationalen Regierung gegenüber, die die Kapitalströme regulieren könnte. Die vorhandenen Institutionen einer globalen Regulationsstruktur – Word Trade Organization, World Bank, International Monetary Fund – stünden nicht im Verdacht, eine Regulation zu Gunsten armer Länder in Angriff zu nehmen, weil die Doktrin laute, dass Wachstum die einzige Lösung der Armutsfrage darstelle. Dabei stünde es dem International Monetary Fund durchaus frei, eine Reihe von Maßnahmen zu erlassen bzw. fordern:
- »Mindesthaltedauern von ausländischem Kapital«, mit dem Ziel, Kapitalflucht und Spekulation unattraktiv zu machen
- »eine kleine Tobin-Steuer auf alle Währungstransaktionen«
- »eine[.] multilaterale[.] International Clearing Union«, die die Handelsungleichgewichte bestraft und indirekt zum Ausgleich zwischen den Volkswirtschaften beiträgt
- umweltschädliche Güter mit einer Steuer belegen, umweltfreundliche steuerlich begünstigen
- »Umstellung von Verbrauchs- auf Ressourcensteuern« (Daly 2009, ebd. u. f.)

In Bezug auf die Entwicklungshilfe argumentiert Daly, dass Wissen zu teilen prinzipiell keine Kosten verursache und daher Wissen auch nicht bepreist werden dürfe. Dies zielt insbesondere auf die Praxis der Patentierungen, durch die Wissen eher vorenthalten als geteilt wird. Was einer SSE ebenfalls entgegenstehe, sei die gegenwärtige Finanzstruktur, deren Preismechanismus (Zinsen) mit Zukunfterwartungen einhergeht. Daly vermutet, dass die Wirtschaft sich »gesundschrumpfen« könnte, infolgedessen die Schuldenlast zurückginge und die Eigenkapitaldeckung der Banken auf 100 % erhöht werden könnte. Damit würde die Souveränität über das Geld von den Banken auf die Regierungen übertragen, was das Geld zu einem politischen Instrument in den Händen derselben mache. Das sei im gegenwärtigen Mindestreservensystem vor allem deshalb nicht der Fall, weil es »die zyklischen Tendenzen der Wirtschaft« (Daly 2009, 41) verstärke (mehr Wachstumsförderung im Boom, die zu Überproduktionen führt, Mangel an Krediten in der Rezession, was die Krise befeuert). Anstatt Kredite aus Buchgeld zu schöpfen, um Zinsen einzunehmen, sollten Banken ihre Einnahmen in Zukunft aus den Serviceleistungen der Geldvermittlung und der Kontoführung generieren und nur Geld aus dem tatsächlich vorhandenen Sparguthaben der Kunden in Kredite verwandeln. Diese Auffassung des Geldes ist allerdings problematisch, wie in Kapitel 7 gezeigt wird.

Daly betont, dass seine Vorschläge allem radikalen Anschein zum Trotz »auf den konservativen Pfeilern von Privateigentum und dezentraler Marktverteilung basieren.« (Daly 2009, ebd.) Der Unterschied zum landläufigen Verständnis bestehe darin, dass die Legitimation für den Markt und den Preismechanismus in dem Maße schwinde, in dem die Ungleichheit in der Reichtumsverteilung zunehme und die Preise nicht die Kosten widerspiegelten.

Daly schließt seinen Beitrag mit zehn Thesen zur Etablierung einer SSE:

1. »Cap auction trade systems«: Sowohl für Quellen und Senken sind biophysikalische Obergrenzen zu bestimmen, die Knappheit signalisieren. Der Mechanismus der Auktion solle den Preis (»scarcity rents«) bestimmen und – implizit den höchsten Grenznutzen zugrunde gelegt – zu einer optimalen Allokation der knappen Ressourcen Rohstoff und Abfallbeseitigung beitragen.

2. »Ecological tax reform«: Statt Wertzuwachs zu besteuern, sollen der Entzug von Ressourcen und die Einbringung von Abfällen besteuert werden. So genannte Externalitäten würden damit monetär internalisiert, die Produktionskosten sich erhöhen.

3. »Limit the range of inequality in income distribution«: Die Abkehr von der Wachstumswirtschaft mache einen Verteilungsmechanismus der Einkommen notwendig. Ein Mindesteinkommen und eine maximale Einkommensobergrenze sind festzulegen.

4. Tendenzielle Arbeitszeitbegrenzung: Da mit einer Abkehr von der Wachstumswirtschaft nicht für alle Arbeitswilligen Vollzeitarbeit realisiert werden kann, seien flexible Arbeitszeitregelungen notwendig.

5. »Re-regulate international commerce«: Handel, Kapitalmobilität und Globalisierung sind zu begrenzen. Die Instrumente von Tarif, Zoll und Gebühren sollen vor der internationalen Konkurrenz schützen.

6. »Downgrade the IMF-WB-WTO«: Internationaler Währungsfonds, Weltbank und die Welthandelsorganisation sollen die Funktion einer multilateralen International Clearing Union wahrnehmen, um die Bilanzüberschüsse und -defizite zwischen den Nationalökonomien auszugleichen.

7. »Move to 100 percent reserve requirements«: Die Erhöhung der Eigenkapitalquote der Banken soll die Geldschöpfung aus dem Nichts (Fiat-Money) beseitigen und damit die Souveränität über die monetäre Politik dem Staat zurückgeben.

8. »Enclose the remaining commons of rival natural capital in public trusts, and price it«: Noch nicht privatisierte natürliche Allgemeingüter werden in Treuhandgesellschaften überführt und ihrer Knappheit gemäß bepreist. Umgekehrt werden kognitive Allgemeingüter (Wissen und Information) von privater Beschränkung und von Preisen befreit.[2]

9. »Stabilize population«: Geburten plus Einwanderung (im Nationalen Rahmen) sollen ins Gleichgewicht mit den Sterbefällen plus Auswanderer kommen.

10. »Reform national accounts«: Das Bruttosozialprodukt müsse in ein Kosten- und in ein Ertragskonto geteilt werden, um das Wachstum der Wirtschaft dann zu unterbrechen, sobald der Grenzerlös nicht mehr größer oder gleich den Grenzkosten ist. (Daly 2009, 39-42)

Dalys zehn Thesen zur ökologisch lebensfähigen ökonomischen Zukunft erweisen sich nicht zuletzt vor dem Hintergrund der in Kapitel 5 gegebenen Analyse als unvollständig.

Ad 1. Eine Obergrenze für biophysikalische Größen zu bilden, dürfte naturwissenschaftlich möglich sein, weil es sich hier um die Einschätzung der materiellen Gegebenheiten handelt, die so weit erforscht sind, dass verschiedene ›Peak‹-Prognosen zumindest für einen überschaubaren Zeitraum als valide erscheinen und von interessierter Seite akzeptiert werden

---

2 Anm: Die Übersetzung aus dem Englischen »... und die nichtkonkurrierenden Allgemeingüter Wissen und Information einen Preis erhalten ...« ist missverständlich verkürzt. Im Original heißt es: »Enclose the remaining commons […], and price it, while freeing from private enclosure and prices the non-rival commonwealth of knowledge and information.«

(nationale Sicherheitsbehörden, Versicherungswirtschaft) – auch wenn keine abschließende Information dazu gegeben werden kann. Allerdings wird die Bepreisung bei absolut begrenzten Ressourcen paradox: Wie hoch muss der Preis für das letzte Fass Öl sein?

Ad 2. Statt Profite und Löhne zu besteuern, sollen Abbau von Ressourcen und Verschmutzung besteuert werden. De facto erhöhen sich damit die Kosten des zirkulierenden Kapitals (Rohstoffe, Energie) innerhalb der Kategorie des konstanten Kapitals (Maschinerie). Insofern diese Kosten durch den Einsatz des variablen Kapitals (Arbeit) amortisiert werden, sind verschiedene Folgen für Löhne und Produktpreise denkbar, a) Mehrarbeit in der Form absoluter Steigerung oder relativer Intensivierung, b) Aufschlag anteiliger Kosten aus der Besteuerung auf den Produktpreis, c) Kombination aus den Elementen a) und b). Unter Beibehaltung der gegebenen Voraussetzungen geht diese Kostenerhöhung zulasten der abhängig Beschäftigten.

Ad 3. Die Garantie eines Mindesteinkommens dürfte ohne entsprechende Tarifgesetze zur Folge haben, dass Unternehmen die Löhne senken; die Erfahrung der so genannten Hartz-IV-Aufstocker in Deutschland spricht für diese Tendenz, einen Teil der Reproduktionskosten (die nicht mehr gänzlich durch Löhne gedeckt werden) zu sozialisieren.

Ad 4. Eine Arbeitszeitverkürzung trifft die Wertschöpfung empfindlich, so dass die politische Entscheidung, die Nachfrage nach Arbeitskräften annäherungsweise in einen Ausgleich mit dem Angebot an Arbeitskräften zu bringen, unter den gegebenen Renditebedingungen zu weiteren Lohnkürzungen führen muss. Infolgedessen wäre ein erhöhter Anteil der Reproduktionskosten staatlich zu subventionieren. Das muss Daly entgehen, der nach wie vor mit den Werkzeugen der neoklassischen Mikroökonomie argumentiert und damit die in Kapitel 5 aufgezeigten Schwächen in seine SSE importiert. Vor allem fehlt ein objektiver Wertbegriff.

Ad. 10. Gerade durch die Möglichkeit für das einzelne Unternehmen, die Kosten der Ware Arbeitskraft durch staatliche Subventionen (Mindesteinkommen) zu senken, lassen sich die sogenannten Grenzkosten gegenüber den Grenzerlösen vermutlich länger auf profitablem Abstand halten als ohne die Subvention der Ware Arbeitskraft durch den Staat. Vorausgesetzt, der Gesetzgeber verhindert diese Anpassungsbewegung nicht.

Zum Begriff des »De-Growth«

»Green Economy/Growth«-Verfechter arbeiten, wie sich gezeigt hat, mit positiv konnotierten Begriffen und Bildern an der Narration, eine Fortsetzung des alten Wachstums in quasi bereinigter Form sei möglich. Zumindest scheint diese Rhetorik geeignet, Verlustängste vor den möglichen Folgen eines nachhaltigen Wirtschaftens im Zaum zu halten. Vorherrschend sind moderierende Sowohl-als-auch-Formulierungen; die Ankündigung, Elemente des Widerspruchs miteinander zu vermitteln (wenn auch der Widerspruch von Wachstum und Nachhaltiger Entwicklung meistens nicht offen ausgesprochen wird), gilt den Autoren der Parteienprogramme als Ausweis von »Intelligenz«, insofern auffällig häufig von intelligenten Lösungen oder Systemen die Rede ist. Dementsprechend sind »Green Economy/Growth« und »intelligentes Wachstum« Synonyme unter den Wachstumsbefürwortern. Die Verbindung von Wirtschaftswachstum mit politischer Stabilität durch steigende Wohlfahrt verschafft sich in diesen Formeln Geltung.

Anders im Diskursbereich »De-Growth«. Die Argumentation hat es hier strukturell leichter, weil sie im Gegensatz zu »Green Economy/Growth« Verlustängste nicht zu dämpfen trachtet; eher könnte sich der Eindruck einstellen, dass »De-Growth« umgekehrt Ängste vor einem möglichen Totalverlust an Lebensqualität schürt; es handelt sich also um eine andere psychologische Strategie der Motivation. Der sachliche Grundtenor lautet, dass die gegenwärtigen Produktions- und Konsumtionsmuster unvereinbar mit einer nachhaltigen Entwicklung seien und darum abgebaut werden müssten, wenn letztlich das Leben der Gattung auf dem Planeten langfristig erhalten bleiben soll. Diese Thematisierung des Widerspruchs der Wachstumswirtschaft zu den materiellen planetarischen Bedingungen wird zuweilen begleitet von psychologischen Mutmaßungen oder rein normativen (negativen) Beurteilungen über den Konsumismus, die hier nicht in Betracht gezogen werden. Die »De-Growth«-Position antwortet auf den o. g. Zusammenhang Wachstum/Wohlfahrt/Demokratie im Prinzip mit einer argumentativen Überbietungsgeste: Fortgesetzter Verbrauch endlicher Ressourcen wie der Unwille zum Reichtumsverzicht gefährdeten die Demokratie erst recht.

Die physikalische Realitätsprüfung

Grundsätzlich bezieht das Argument der notwendigen ökonomischen Schrumpfung seine Kraft aus dem Bezug auf physikalische Gesetzmäßigkeiten, insbesondere den zweiten Hauptsatz der Thermodynamik, in folgenden Variationen:

- die Wärmeenergie im Universum tendiert zum absoluten Ausgleich, an dem keine weitere Bewegung mehr stattfindet (»Wärmetod« des Universums)

- die Entropie (Ungeordnetheit und Unvorhersagbarkeit) des Universum tendiert zum Maximum
- Wärmeenergie fließt nie von selbst von einem kälteren in ein wärmeres System
- ein Wärmeenergiestrom kann nicht vollständig in eine spezifische Arbeit umgewandelt werden, die wiederum den Wärmeenergiestrom induziert (Perpetuum mobile der zweiten Art ist unmöglich)
- unter den möglichen Zuständen eines Systems in konstanter Umgebungstemperatur ist das mit der größten Entropie das wahrscheinlichste
- es existieren unumkehrbare Prozesse

Wenn dieses Gesetz in den Rahmen erstens der begrenzten planetarischen Sphäre, zweitens deren begrenzter Ressourcen und drittens einer wachsenden Weltbevölkerung gestellt wird, kann von einer Beschleunigung der Entropie-Produktion gesprochen werden. Der Hebel für einen folgenreichen Impact ergibt sich aus der *verbrauchsintensiven* Technologie des erreichten Wohlstandsniveaus und dessen *zunehmender* Verbreitung unter einem *wachsenden* Teil der Weltbevölkerung. Genauer besehen heißt das: In erster Instanz ist nicht das absolute Wachstum der Weltbevölkerung einfach zum Problem zu erklären, sondern das Konsumniveau, das die reichen Minderheiten dieser Weltbevölkerung praktizieren und als Rollenmodell für die Wachstumspfade »aufholender« Volkswirtschaften prägen. Der exponentielle Charakter dieser Prozesse, worauf Maedows et al. wiederholt hingewiesen haben, lässt das Zeitfenster für Regulationen rasch schrumpfen. (Eine nähere Diskussion der demografischen Frage folgt in Kapitel 8.) Unterhalb dieser grundlegenden Einsicht – die von »Green Economy/Growth«-Vertretern entweder nicht geteilt oder aber hinsichtlich des zur Verfügung stehenden Zeitfensters anders beurteilt wird – bemüht sich der »De-Growth«-Ansatz im Einzelnen um die Widerlegung zentraler Elemente der Theorie des Grünen Wachstums: der Entkopplungs- und der Innovationsthese. Entkopplung bedeutet übergreifend, dass gegebene Wohlstandsniveaus mit geringerem Materie- und Energieaufwand erreicht werden könnten. Die These der Entkopplung begegnet in zwei Varianten, der *relativen* und der *absoluten* Entkopplung. Relative Entkopplung bedeutet die Abnahme des Umweltverbrauchs pro Konsumeinheit bei fortgesetztem Wachstum; absolut ist eine Entkopplung, die den ökologischen Schaden eines fortgesetzten Wachstums unter das vorherige Niveau senkt.[3] Ein weiteres Kernelement jeglicher These von Entkopp-

---

3 Die Idee des Grünen Wachstums, sofern sie mit absoluter Entkopplung argumentiert, postuliert dennoch ein wirtschaftliches Wachstum – die neoklassische Mikroökonomie gestattet solche Vorstellungen, was psychologisch eine entlastende Funktion haben dürfte.

lung ist zum einen die Steigerung der Effizienz in der Anwendung wenigstens einer Einheit (mehr materielle Ausbeute bei gleichem Energieaufwand, geringerer Energieaufwand zur Verarbeitung der gleichen Materie oder Kombination aus beidem); zum anderen ist eine gesteigerte ökologische Konsistenz ein ebenfalls häufig erwähntes Element. Konsistenz bedeutet die vollständige Einbindung in ökologische Kreisläufe, also vollumfängliches Recycling bzw. restlose Wiederverwendung (Paech 2012, 72-74). Unter der Vorgabe einer wachsenden Wirtschaft sind Maßnahmen der Entkopplung in materieller und energetischer Hinsicht additiv. Die Stoffflüsse könnten im Vergleich zum konventionellen Wirtschaften zwar geringer ausfallen, dennoch nehmen sie in der Gesamtrechnung zu. Außerdem besteht prinzipiell die Möglichkeit von Rebound-Effekten durch (Über-)kompensation der Effizienz- und Konsistenz-Zugewinne dank sinkender Angebotspreise oder global wachsender Nachfrage nach vermeintlich »grünen« Produkten.

Paech unterstellt einen Zusammenhang zwischen Innovationsgrad und Zunahme des Materialflusses. Demzufolge erfordern die komplexen Innovationen nachhaltiger Güter und Dienstleistungen die Entstehung einer Parallelstruktur mit entsprechendem Energie- und Materiedurchsatz. Zeitgenössische Beispiele sind die Bauindustrie und die Infrastrukturmaßnahmen für die sog. Elektromobilität. Die Schaffung zusätzlicher Strukturen bedingt neben wachsendem Materialdurchsatz auch wachsenden Energieverbrauch, der nicht in jedem Fall aus regenerativen Quellen gedeckt werden kann. Paech führt die Herstellung photovoltaischer Anlagen an, deren Prozesstemperatur mit regenerativen Energien nicht erreicht werden könne, insofern scheitere »regenerative Energie am Kriterium der Eigenreproduzierbarkeit« (Paech 2012, 82). Die Konsequenz lässt sich umfassender formulieren: Solange die Produktion regenerativer Energie aus technischen Gründen indirekt an die Nutzung endlicher, fossiler Energieträger gebunden ist, ist sie selbst endlich. Das Gleiche gilt für die verwendeten Materialien. Ein historisches Beispiel für singuläre Effizienzsteigerungen (das gilt auch für eine abnehmende Belastung der Senken) ist der PKW-Katalysator, dessen Wirkung im scharfen Kontrast zu den materiellen Aufwendungen seiner Herstellung steht (abgesehen von den mittlerweile erkannten Emissionen). Das aktuelle Beispiel der Bio-Energie mit ihren Anreizeffekten, Produktionsflächen für die Nahrungsmittelerzeugung umzuwidmen und infolgedessen soziale Verwerfungen herauszufordern, zeigt das Problem der Technologieanwendung im Marktrahmen (siehe hierzu Kapitel 8). Ähnliche Fragen stellen sich für die Entsorgung von Photovoltaik-Anlagen oder für den Flächenverbrauch zusätzlicher Anlagen zur Umwandlung von Sonnen- und Windenergie, für unterirdische Kohlendioxidlagerung (CCS), Pumpspeicherkraftwerke u. a. Bekannt ist schon länger das Entsorgungsproblem von Verbundstoffen, die in der Gebäudesanierung Anwendung finden. Jüngst zeigte sich, dass die bevorzugten Materialien für Windradflügel bei der Verbrennung (technischer Defekt oder Blitzeinschlag) Fasern emittieren, deren gesundheitliche Folgen denen einer Asbestose entsprechen, was zunächst einmal eine Frage des Arbeitsschutzes berührt, aber auch in der ökologischen Gesamtbilanz zumindest in Rechnung zu stellen ist.

»Die Tragik innovativer Entkopplungsmaßnahmen besteht nicht zuletzt darin, dass ihr ohnehin nur theoretisches Problemlösungspotenzial auf genau jener Fortschrittslogik gründet, welche die zu lösenden Probleme überhaupt erst verursacht hat. […] Wollte man tiefgreifende Modernisierungsrisiken vermeiden, wäre dies nur zum Preis einer Beibehaltung des aktuellen oder der Wiedererlangung eines vorangegangenen, also bereits erkundeten Zustandes zu haben.«
(Paech 2012, 79)

Zum erhöhten Materialdurchsatz effizienter und konsistenter Teilsysteme der Ökonomie gesellt sich also bislang die unzureichende Langzeitfolgenabschätzung. Des Weiteren werden vermeintliche Entkopplungen unter Ausblendung von Verlagerungseffekten erkauft. Die angesprochene Entsorgungsproblematik gehört zunächst in die Kategorie der zeitlichen Verlagerung, möglicherweise verwandelt sich diese in eine räumliche, sollte der Abfall exportiert werden. Paech führt eine Schweizer Studie von 2011 an, demzufolge »60 Prozent aller Umweltschäden, die von Schweizer Bürgerinnen und Bürgern verursacht werden, außerhalb des Landes zu verorten sind.« (Paech 2012, 83) Gleiches gilt prinzipiell für jegliches Importgut, das unter nicht-nachhaltigen Bedingungen hergestellt und transportiert wird. Das Thema der CO_2-Einlagerung zeigt die Transformation von einem Medium (Gas) in ein anderes (Fläche), was Paech als mediale Verlagerung bezeichnet. Damit stellt sich die Aufgabe einer Abwägung der jeweiligen Schadensbilanzen. Die Nachfrage spezieller Elemente, Seltener Erden etwa, ist im Zuge der digitalen Innovationswellen sprunghaft angestiegen; aus effizienten Steuerungsprozessen ist Computertechnologie kaum wegzudenken, doch den auf digitaler Steuerungstechnik beruhenden Effizienzgewinnen stehen eben die hohen Abbauraten und die damit einhergehenden Umweltschädigungen als Effekt einer materiellen Verlagerung gegenüber.

»In manchen Fällen wird auf diese Weise ein Knappheitsszenario durch ein Neues substituiert, das sogar brisanter sein kann.« (Paech 2012, 82)

Der mögliche Einwand, erneuerbare Energieanlagen wiesen im Vergleich zu der in ihnen verkörperten konventionellen Energie eine positive Bilanz auf, ignoriert wiederum die Gültigkeit des zweiten Hauptsatzes der Thermodynamik: Die zum Einsatz gelangten konventionellen Energieträger sind unwiederbringlich umgewandelt und jede zusätzliche Einheit schlägt in der Bilanz der planetarischen Senken ohne Ausgleichmöglichkeit negativ zu Buche. Ein zusätzliches Handling zur Vermeidung z. B. von Klimaschäden bedingt einen größeren Aufwand, der die Negativbilanzierung noch weiter vertieft. Der entscheidende Punkt zur Einschätzung der Reichweiten und Elastizitätsgrenzen ist die Kenntnis der empirischen Daten.

Widersprüche der ökonomischen Dimension

In ökonomischer Perspektive spricht gegen die Vision von »Green Economy/Growth«, dass die Nichtbeachtung der genannten Verlagerungseffekte die »grüne« Wirtschaft als nicht-nachhaltig qualifiziert; umgekehrt erzwingt die Berücksichtigung unabdingbar zunächst ein Nullwachstum und schließlich eine Schrumpfung, also eine fortgesetzte Abnahme der materiell-energetischen Transformationen unter das gegenwärtige Niveau. Der physikalischen Realitätsprüfung lässt sich eine ökonomietheoretische an die Seite stellen, denn bisher ist nicht gezeigt worden, wie monetäre Zuwächse als echte Kaufkraftzuwächse realisiert werden können, wenn diesen kein wachsender energetisch-materieller Durchsatz gegenübersteht, der sich gegen dieses zusätzliche Einkommen eintauschen lässt. Eine Vergrößerung der nominalen monetären Dimension gegenüber einer konstanten materiellen Dimension könnte im Prinzip eine Inflation bedeuten. Damit verschiebt sich das Problem des nachhaltigen Wirtschaftens auf die Dimension der Reichtumsverteilung bzw. auf die Form der gesellschaftlichen Reproduktion, die vom Modus der »erweiterten Stufenleiter« zu dem einer »einfachen Reproduktion« tendieren würde. Dabei ist freilich die Frage der wachsenden Weltbevölkerung die nächste Kategorie, denn eine Zunahme der Population bedingt auch bei einfacher Reproduktion eine Erhöhung des globalen materiellen und energetischen Durchsatzes. Vor allem drei konterkarierende Mechanismen des Nachfragezuwachses registriert Paech: erstens Kostensenkung qua Effektivierung, zweitens Einkommenszuwächse durch additive Investitionen und drittens Preissenkungen »grüner« Güter aufgrund zunehmender Produktionskapazitäten (Paech 2012, 89). Ein Weg, Rebound-Effekte zu unterbinden, wäre geradezu das Gegenteil der üblichen Politik ökonomischer Anreize für private Investoren: Um eine überkompensierende Nachfragesteigerung zu unterbinden, müssten die Effizienzgewinne von Preissteigerungen oder anderen restriktiven Vorgaben (Re-Investition in weitere Effizienzmaßnahmen) begleitet werden. Ebenso kritisch fällt der tendenziell einkommenssteigernde Effekt von Effizienzmaßnahmen ins Gewicht, da Einkommensgewinne in der Regel in eine wachsende Konsumentennachfrage münden, was wiederum mehr Umweltbelastung zur Folge hat. Paech zufolge liege »die durchschnittliche CO_2-Menge eines einzigen Euros, der als zusätzliches Einkommen verfügbar ist, zwischen einem und mehreren Kilogramm.« (Paech 2012, 88) Jede politische Regulierung, die dem entgegenwirkt, konterkariert automatisch das Wirtschaftswachstum. Das ist in einer Wirtschaft, deren Wohlfahrtsmechanismus auf der (ungleichen) Verteilung von Profiten beruht, ein unlösbarer Widerspruch, abgesehen von der bereits diskutierten materiell-energetischen Dimension.

Eine andere Variante, den wirtschaftstheoretischen Imperativ des Wachstums mit Nachhaltiger Entwicklung zu vermengen, ist die Idee der Substitution der alten durch neue, möglichst konsistente Güter und Produkte, deren Betriebs- und Ersatzzyklen keine zusätzlichen Materieflüsse bedingen sollten.

> »Anstelle eines Zuwachses an neuen materiellen Fluss- und Bestandsgrößen wächst dann schlicht die Entsorgungsmasse und entwertete Materie sowie Energie.« (Paech 2012, 94)

Das Theorem eines Wirtschaftswachstums qua Substitution steht darüber hinaus im Widerspruch zur Forderung einer Nachhaltigen Entwicklung, wenn Optimierung und Erhalt bestehender Anlagen und Güter in der Gesamtrechnung eine relativ bessere Bilanz aufweisen als deren Ersatz, vorausgesetzt, sie werden nach ihrem Verbrauch auch wirklich nicht mehr ersetzt. Die Kalkulation lautet einfach: Übersteigt die Belastung der Senken durch die Entsorgung und die Reduktion der Quellen durch die Neuschöpfung den avisierten Entlastungseffekt (allein der Senken, die das Alte in seiner Lebenszeit kontinuierlich belastet), so hat die Erneuerung eine schlechtere Ökobilanz als der fortgesetzte Betrieb des Bestandes. Die Frage ist daher, ob die Motivation für Erneuerungsmaßnahmen wirtschafts- oder umweltpolitisch motiviert ist. Bleibt der Gedanke »Wachstum gleich Wohlstand« hegemonial, ist »ein umfassende[r] Wegwerfmechanismus« (Paech 2012, 95) die Folge, was der Tendenz zum geplanten Verschleiß (Obsoleszenz) Vorschub leisten könnte.

Paech bringt ein weiteres, eher ökonomietheoretisch immanentes Argument, das dem Theorem »Wirtschaftswachstum qua Substitution« entgegensteht: Dem Wachstum durch die Schöpfung neuen Bestandes stehe der Gewinnverlust durch den Abbau des Altbestandes gegenüber; eine volle Ersetzung ohne additives Wachstum an Neuprodukten wäre monetär ein Nullsummenspiel (hier ist die Phase eines zwischenzeitlichen Wachstums der Entsorgungsbranche auszublenden). Im Falle der Energiewirtschaft lieferte das Theorem in der Praxis tendenziell eine Schrumpfung, weil mit der Ersetzung fossiler und atomarer Energiegewinnungsanlagen deren spezifische Wertschöpfungskette – Kohle- und Uranbergbau – ersatzlos fortfiele.

Ebenfalls gegen die Idee »Green Economy/Growth« argumentiert Hans-Christoph Binswanger, indem er auf »Widersprüche im Nachhaltigkeits-Konzept« hinweist (Binswanger 2005). Binswanger konzentriert sich insbesondere auf zwei Konzepte innerhalb des Substitutionstheorems, erstens das »kapitalorientierte Konzept der Nachhaltigkeit« und zweitens das »solarorientierte Konzept der Nachhaltigkeit« (Binswanger 2005, 493f). Ausgangspunkt für seine Überlegungen ist die Unvereinbarkeit von Nachhaltigkeit im starken Sinne einer Schrumpfung mit der Verwertung von nicht-erneuerbaren Ressourcen. Es ergebe sich mit Bezug auf diese Ressourcen die Paradoxie,

»dass sie überhaupt nicht mehr genutzt werden dürfen. Nur so könnten sie vor dem Verbrauch bewahrt werden. Aber warum sollen wir sie bewahren, wenn wir sie nicht nutzen dürfen?« (Binswanger 2005, 492)

Unter dem kapitalorientierten Nachhaltigkeitskonzept fasst Binswanger die *Substitution* (siehe dazu Kapitel 5) des »Naturkapitals« durch technisch erzeugte Maschinerie und Infrastruktur, wobei der Nachhaltigkeitsimperativ sich alleine auf die Konsumtionssphäre erstrecken soll. Der Verbrauch natürlicher Ressourcen werde in diesem Modell durch künstliche Elemente summarisch kompensiert, wobei im Detail unklar ist, wie diese Kompensation real funktioniert. Mit Bezug auf Minsch et al. (1996) kritisiert Binswanger, dass Kapitalgüter aus der Transformation von Naturkapital hervorgingen und dass die Substitution logisch an den unterschiedlichen Funktionsdimensionen von Ressourcen und Produktionsmitteln scheitere. Kapitalgüter sind Transformationsinstrumente gegenüber den Ressourcen. Anders formuliert: Nur unter der Bedingung, dass Kapitalgüter zugleich Wirkursache und Materialursache bilden, wäre das Postulat der Substitution erfüllt, da keine weiteren Naturressourcen hinzugefügt werden müssten. In diesem Falle wäre das Perpetuum mobile erfunden und die Gesetze der Thermodynamik außer Kraft gesetzt. Die Komplementarität von Naturkapital und technischem Kapital lässt sich also prinzipiell nicht aufheben. Zusätzlich bleibt im kapitalorientierten Nachhaltigkeitskonzept das Problem wachsender Emissionen bestehen.

Im solarzentrierten Nachhaltigkeitskonzept wiederum dominiert die Idee der energetischen Substitution endlicher Energieträger durch erneuerbare. In diesem Sinne handelte es sich um eine vollständige Übertragung der alten forstwirtschaftlichen Definition von Nachhaltigkeit auf den Bereich der Energiegewinnung. Hier bringt Binswanger die numerischen und qualitativen Begrenzungen ein und verdeutlicht, dass aufgrund des Energiebedarfs der Flächenverbrauch für die nachhaltige Energiegewinnung in die Höhe schnellen muss – was in Bezug auf die Erhaltung von Fläche in ihrem Zustand und ihrer Funktion im Ganzen klar in Widerspruch zum Ziel der Nachhaltigkeit geraten muss. (Abgesehen davon wäre das von Paech genannte Argument zur Produktion von Solaranlagen ebenfalls in Erwägung zu ziehen.) Zusätzlich ergibt sich auf der Praxisseite das Problem des meistenteils diskontinuierlichen Stroms natürlicher Energie – je nach Breitengrad ist die Ausbeute verschieden. Bezogen auf den geringen Anteil erneuerbarer Energie an der globalen Gesamterzeugung

»ist es gar nicht möglich, dass die nicht-erneuerbaren Energien in relevantem Ausmaß durch erneuerbare Energien ökologiegerecht ersetzt werden, d. h. ohne dass die Gesamtheit der erneuerbaren Ressourcen – und das heißt nichts anderes als die Natur als Wirtschafts- und Lebensgrundlage – radikal übernutzt wird.« (Binswanger 2005, 496)

Aus dem De-Growth-Konzept abgeleitete Empfehlungen

Paech zieht aus seinem Argumentationsgang die Konsequenz, eine Veränderung der individuellen Lebensstile zu lernen und zu praktizieren. Dabei handelt es sich gewissermaßen um eine pädagogische Bottom-up-Strategie zur Durchsetzung von gesellschaftlicher Nachhaltigkeit, in deren Gefolge sich die Gestaltung der Wirtschaft in nicht geringem Maße an der faktisch sinkenden Nachfrage orientieren müsste. Freilich ist darin keine Lösung der Verteilungsmodalitäten gesellschaftlich erzeugten Reichtums enthalten, was sowohl die Wohlfahrt, aber vor allem auch die Re-Investition von Profiten betrifft. Binswangers Vorschlag wiederum lautet mit Blick auf den begrifflichen Widerspruch von Nachhaltigkeit und endlichen Ressourcen, die Lebensdauer nicht-erneuerbarer Quellen durch kontinuierlich degressiven Verbrauch zu verlängern. Er formuliert dies anhand zweier kalkulatorischer Postulate:

>Postulat 1: Die nicht-erneuerbaren Ressourcen werden dann nachhaltig genutzt, wenn ihre Vorräte dank einer kontinuierlichen Minderung ihres Verbrauchs auch auf lange Frist nicht erschöpft werden, und durch die Minderung des Verbrauchs die ökologische Belastung, die sich aus ihrer Nutzung ergibt, kontinuierlich reduziert wird.

Postulat 2: Die erneuerbaren Ressourcen werden dann nachhaltig genutzt, wenn auch bei einer Ausweitung ihrer Nutzung die Erhaltung der Lebensgrundlagen nicht gefährdet wird und sie stets erneuerbar bleiben.« (Binswanger 2005, 497)

In gewisser Weise widerspricht das erste Postulat dem »De-Growth«, insofern erstens doch ein Abbau nicht erneuerbarer Ressourcen stattfindet, wenn auch degressiv; der Grund hierfür ist die von Binswanger eingangs erwähnte Paradoxie, dass der Begriff der Nachhaltigkeit sich nicht auf diese Art von Ressourcen anwenden lässt. Binswangers Argumentation antwortet hierauf pragmatisch, nicht zuletzt aufgrund der schwer vorstellbaren völligen Verzichtbarkeit endlicher Ressourcen für die existierende Wirtschaftsweise. Zweitens jedoch entspricht ein degressiv abnehmender Verbrauch einer degressiv zunehmenden Belastung der Senken. Das erste Postulat müsste also ergänzt werden um eine Kalkulation dieser zunehmenden Belastung oder, was das Gleiche ist, eine Kalkulation der abnehmenden Aufnahmefähigkeit.

Die Dimension der Senke funktioniert nicht in der gleichen Logik wie die Logik abnehmender endlicher Rohstoffe: Die Senke ist kein Rohstoff, sondern ein komplexer Wirkzusammenhang von wechselseitigen Beeinflussungen von Atmosphäre, Meeren und Landmassequalitäten. In eine solche Kalkulation der Verknappung der Senke müssten also Projektionen über die Wechselwirkungen einfließen. Die Grenze der planetarischen Senke als dynamischen Gefüges ist demnach bestimmt durch die Kipppunkte, an denen es zu positiven Feedbackschleifen kommt, die sich der Kontrolle in Form einer planmäßigen Reduktion der Einträge entziehen.

***

Unter Berücksichtigung der Kritik des neoklassischen Mainstreams erweist sich »Green Growth« als unzureichende Anpassungsbewegung.

Die jüngsten Daten zu Treibhausgasemissionen, aber auch die ständigen Umweltskandale zeigen, dass selbst in Zeiten, in denen von Seiten der produzierenden Unternehmen guter Wille werbewirksam in Szene gesetzt wird, die Anfälligkeit für Publikumsbetrug hoch ist. Es kann kein absolutes Wirtschaftswachstum ohne Verschärfung der ökologischen Situation geben. Diese Feststellung ist aber zu trennen von der Frage, wie gesellschaftliche Wohlfahrt bewahrt bzw. dort erreicht werden kann, wo sie noch unzureichend oder gar nicht verwirklicht ist. Die radikaleren, weil gründlicher argumentierenden Theorien zielen dementsprechend stärker auf die soziale Gestaltung der Ökonomie ab. Dabei wird deutlich, dass überhaupt eine gesellschaftliche Diskussion ansteht, was eigentlich unter einer qualitativen Entwicklung gesellschaftlicher Wohlfahrt zu verstehen wäre. In diesen Ansätzen lauert die große Frage, wie gesellschaftlicher Reichtum zukünftig zu verteilen wäre. Die etablierte kapitalistische Ökonomie macht das abhängig vom Tausch der Arbeit gegen Entlohnung; die Bestimmungsmacht über Umfang und Gestaltung des gesellschaftlichen Produktionsprozesses liegt weitgehend in der Hand einer privaten Minderheit. Aus deren Sicht freilich ist es die Nachfrage der Konsumenten, die Umfang und Gestaltung der jeweiligen Produktion diktiere. Der Streit darüber, wer sich in wessen Hand befindet, ist müßig – und er ist entschieden durch den Zwangszusammenhang, der Wohlfahrt an Wirtschaftswachstum bindet. Ein akzeptables Auskommen mit geringerem Stoffdurchsatz ist in erster Linie abhängig vom Stand der Produktivkraftentwicklung. Hier geht es um den erreichten Wissensstand, um Bildung und Forschung. Die Verfügbarmachung der gesellschaftlichen Ressourcen vom Massenkonsum mit angeschlossenem Export abhängig zu machen, weil dies alleine die Steuerkasse klingeln lasse, zeugt von großer Fantasielosigkeit. Dalys Konzept einer »Hubschrauberwirtschaft« wird an bestimmten Stellen der Verteilungsfrage konkreter, weist aber unübersehbar gewisse Schwächen auf, die schon die Neoklassik kennzeichneten. Es fehlt schlicht eine konkrete Verteilungstheorie auf mikroökonomischer Ebene.

Die naturwissenschaftlich starken Positionen der Schrumpfung wiederum bedürfen offenkundig einer ökonomischen Theorie. Der Tendenz nach fassen sie Wirtschaft als die Summe individueller Konsummuster auf. Eine Anfälligkeit für autoritäre Lösungen ist zumindest nicht ausgeschlossen, auch wenn sie den Protagonisten nicht unterstellt werden sollte. Der Schwerpunkt liegt auf der Idee, dass das zweifelhafte Glück konsumistischer Lebensstile in andere Formen der Sinnstiftung zu überführen wäre – offenkundig eine Bildungsaufgabe. Die absolute Entkopplung des Ressourcenverbrauchs von den etablierten Ausprägungen des

Wohlstandes wird ohne die Neubestimmung des Letzteren nicht zu haben sein. Das große Thema zur Bearbeitung ist daher die Frage, wie die Ökonomie aus der privaten Verfügungsgewalt befreit werden kann, um dem ökologisch Notwendigen eine demokratische Norm gegenüberzustellen. Das Modell einer individuellen Verhaltensänderung ohne radikalen Umbau der Mitbestimmungs- und Verteilungsmodalitäten würde konsequent zu Ende gedacht auf eine radikal sinkende Binnennachfrage hinauslaufen. Infolgedessen würden Kapitalbesitzer Produktionskapazitäten abbauen und Arbeitskräfte »freisetzen«. Ein ums andere Mal zeigt sich, dass Kapitalismus und Nachhaltige Entwicklung früher oder später an diesem Mechanismus der Reichtumsverteilung miteinander kollidieren. Wie sind also die Quellen der Wertschöpfung in einen Zusammenhang mit der physikalischen Begrenztheit des Planeten zu bringen?

7. Arbeit, Erde und der zweite Hauptsatz der Thermodynamik

Das Substitutionsparadigma und die Leugnung der Ressourcenverknappung

Wie sich zeigte, begleitet der Wachstumsimperativ die herrschende ökonomische Lehre, ohne dass dafür im Modell selbst eine Begründung gegeben wird. Profit ist kein Begriff, der zum neoklassischen Weltbild gehört, insofern kann die einseitige Anhäufung von Reichtum und die damit verbundene Verstetigung ökonomischer Strukturen von der Neoklassik nicht abgebildet, geschweige denn erklärt werden. Das mutmaßliche Gleichgewicht von Angebot und Nachfrage ermöglicht keine Aussage zu den *materiellen/energetischen* Vorgängen der Produktion, sofern sie nicht die *monetäre* Dimension, also die Preise betreffen. Zugleich wird aber eine Effizienzstrategie, die eine *materielle/energetische* Kombination – nämlich die Ermittlung nach dem Grenznutzenkriterium – an den Anfang der mikroökonomischen Modellbildung gestellt. Dennoch bleibt das Modell blind für diese Seite, weil – wie in Kapitel 5 analysiert – nach der Indexierung mit Preisgrößen nur noch Letztere im Zentrum des Interesses stehen. Dabei ist es keineswegs der Fall, dass die Neoklassik die Themen der Ressourcenverknappung (wie des endgültigen Verbrauchs) und der Umweltverschmutzung schlicht ignorieren würde. So äußert sich Robert M. Solow, prominenter Vertreter der orthodoxen Wirtschaftswissenschaften:

»I hope nobody will conclude that I believe the problems of population control, environmental degradation, and resource exhaustion to be unimportant, or that I am one of those people who believe that an adequate response to such problems is a vague confidence« that some technological solution will turn up.« (Solow 1973, 43)

Ein Jahr später präzisiert Solow seine Sicht der »importance« dieser Angelegenheit:

»As you would expect, the degree of substitutability is also a key factor. If it is very easy to substitute other factors for natural resources, then there is in principle no ›problem‹. The world can, in effect, get along without natural resources, so exhaustion is just an event, not a catastrophe. [...] at some finite cost, production can be freed of dependence on exhaustible resources altogether.« (Solow 1974, 11)

Solow reagiert mit einem in weiten Teilen manichäischen Bild auf die von den Systemtheoretikern Jay Forrester und Denis Maedows (beide MIT) in ihrem »Blueprint for Survival« vorgetragene Wachstumskritik:

> »Whenever there is a question about what to do, the desirability of economic growth turns on the claims of the future against the claims of the present. The pro-growth-man is someone who is prepared to sacrifice something useful and desirable right now so that people should be better off in the future; the anti-growth-man is someone who thinks that is unnecessary or undesirable.« (Solow 1973, 41)

In seiner Argumentation spielt er die Investition in langlebige Güter (interessanterweise solche, die gerade nicht aus privater Hand finanziert werden wie Straßen, Staudämme oder Forschung für die Kernfusion) gegen den kurzfristigen Konsum aus – als ob Forrester/Maedows gegen solche Investitionen plädierten. Der Text gibt einen Geschmack davon, mit welch ideologischer Grobschlächtigkeit und bestürzender Unoriginalität den ersten Wachstumskritikern seinerzeit begegnet wurde. Die Wachstumssaga der jüngsten Vergangenheit (1973!) wird in die Zukunft projiziert, und sollte das Ende der Welt drohen (was niemand behauptet hatte), müsste die Wachstumsgeschwindigkeit sogar beschleunigt werden, so die Logik des später mit dem Wirtschafts-Nobelpreis Ausgezeichneten; die in Kapitel 5 erläuterte Grenznutzenlehre darf auch nicht fehlen:

> »On the other hand, if continued economic growth is possible – which is the question I'm coming to – then it is very likely that posterity will be richer than we are even if we make no special efforts on its behalf. If history offers any guide, then, in the developed part of the world at least, the accumulation of technological knowledge will probably make our great-grandchildren better off than we are, even if we make no great effort in that direction. [...] Of course, if the end of the world is at hand, if continued economic growth is not possible, then we ought to care more about posterity, because they won't be so well off. Paradoxically, if continued growth is not possible, or less possible, then we probably ought to do more to promote it. Actually, there's no paradox in that, as every student of economics will realize, because it is a way of saying that the marginal return on investment is high.« (Solow 1973, 42)

Sein Versuch der Widerlegung der systemischen Computermodelle, die Maedows et al. programmiert hatten, besteht darin, eine Konvergenz zwischen jährlichem Wachstum und Produktivitätswachstum (mit ein paar eingestandenen Ausnahmen) aufzuzeigen. Die Leserin, der Leser mag sich die Augen reiben, denn dieses Argument sagt bestenfalls, dass die Entnahme von Ressourcen mit der übergeordneten Wachstumsrate übereinstimmt, aber nichts über deren absoluten Abbau. Vor allem verschweigt es, dass die jährliche Wachstumsrate (sofern positiv) kein lineares, sondern exponentielles Wachstum im übergeordneten Zeitabschnitt bedeutet. Im Jahr 1973 dürften, wenn die Regeln der Prozentrechnung nicht zeitweilig ausgesetzt wurden, ein Wachstum von 2 % p. a. in absoluten Zahlen mehr gewesen sein als 2 % jährliches Wachstum 1963. Durchaus exponentiell allerdings wächst bei Solow die Produktivität der Nutzung von Ressourcen, woraus folgen soll:

>But then overshoot and collapse are no longer the inevitable trajectory of the world system, and the typical assumption-conclusion of the Doomsday Models falls by the wayside.« (Solow 1973, 46)

Die Lösung für das Knappheitsproblem liege, wie nicht anders zu erwarten, im Preismechanismus des Marktes. Werden also Ressourcen knapp, steige ihr Preis, woraus dann eine größere Steigerung der Produktivität[1] folgen müsse, denn »it is hard to imagine otherwise.« (Solow 1973, 47)

Zwei sublime Implikationen

Das Substitutionsparadigma hat sich bis heute als Glaubenssatz der Mainstreamökonomie erhalten und wirkt in seiner Neuauflage als »Green Growth« fort. Im Grunde genügt auf der Ebene der Argumentationslogik die Einsicht, dass die Ressourcen der Erde begrenzt sind und darum fortgesetzte Ausbeutung zu ihrem endgültigen Verbrauch führen muss. Nun lebt die Position der Wachstumsbefürworter erstens von der

---

1 Produktivitätsentwicklung wurde in der Gegenwart z. B. bei der Ölgewinnung betrieben, indem die teure und umweltzerstörende Oberflächenölgewinnung vor allem in den USA ausgebaut wurde – nicht zuletzt, weil der gestiegene Ölpreis bei wachsender Nachfrage dieses Geschäft erst attraktiv machte. Im Jahr 2015 sind die Ölpreise gesunden und haben erste Förderunternehmen unter Druck gebracht; das Barrel Rohöl lag im Juni 2014 bei 113 US-Dollar und notiert genau ein Jahr später rund 45 % niedriger. Die weltweite Rohölförderung erreichte 2014 mit knapp 94 Mio. Barrel ein Allzeithoch – wohlgemerkt, bei einer abnehmenden Zahl konventioneller Quellen.

impliziten Unterstellung, dass dieser endgültige Verbrauch zeitlich in so weiter Ferne liegt, jede Vorstellungskraft übersteigend, ähnlich der abstrakten Absehbarkeit des Weltenbrands in einigen Milliarden Jahren, wenn die Sonne sich zum Roten Riesen aufbläht. Eher lassen die Befürworter des Wachstums als Problem gelten, dass die Preise merklich anziehen, wenn eine Ressource knapp wird. In ihrer Vorstellung werden dann eben Investitionen in Forschung attraktiv, um Ersatz zu finden. Am Beispiel des Rohöls hat sich gezeigt, wie desaströs die preisgetriebene Substitution der konventionellen Lagerstätten durch unkonventionelle ist. Als Alternative bzw. Ergänzung zu den Primärquellen hat ein aufwändiger und schmutziger Run auf Ölsande und Schieferöl eingesetzt. Die von den USA angestrebte Energie-Autarkie mit Hilfe von Erdgas hat einen Fracking-Boom ohne Beispiel in Szene gesetzt, die Folgen für die Umwelt sind nicht minder gravierend. Substitution ist eher eine ausweichende als eine nachhaltige Bewegung. Was das implizite Zeitlichkeitsargument indirekt berührt, ist zum einen, dass die Vermessung des Planeten uneinheitlich ist und es infolgedessen keine Einigkeit über die Quantitäten der Ressourcen gibt. Psychologisch scheint das einem Verdrängungsmechanismus zuzuarbeiten: Weil nicht bekannt ist, wie viel vorhanden ist, erscheint es in der subjektiven zeitlichen Reichweite plausibel, dass die Entwicklung der Ausbeute aus der Vergangenheit in die Zukunft fortgeschrieben werden kann. Eine nicht minder plausible Strategie der vorbeugenden Umsicht wird durch eine Mischung aus Gier und Bequemlichkeit verdrängt, den optimistischen Schwestern der Angst.

Die zweite Implikation ist der Glaube an die Innovationskraft des Kapitalismus, wie ihn z. B. Solow vor 40 Jahren vorgetragen hat. Im Schatten dieser Glaubenssätze schlummert eine weitere Prämisse, die im Folgenden näher zu untersuchen ist, nämlich der Determinismus einer zwangsläufig steigenden Wohlfahrt im Zuge der wirtschaftlichen Fortentwicklung. In gewisser Weise begründet sich der Wachstumszwang durch dieses Versprechen einer allgemein gesteigerten Wohlfahrt. In jüngster Zeit allerdings – und nicht von ungefähr erst jetzt, da die digitalen Archive und die entsprechenden Werkzeuge der Big-Data-Analyse für eine solche Aufgabe reif geworden sind – ist der eher der Institutionen-Ökonomik zugetane Thomas Piketty vom Feuilleton dafür gefeiert geworden, das Gegenteil gezeigt zu haben. Kernaussage: Die Profitraten übersteigen seit einiger Zeit die volkswirtschaftlichen Wachstumsraten, was die Reichtumskonzentration in den Händen weniger weiter befördere und die allgemeine Wohlfahrt untergrabe.

Sein Befund der Entwicklung ist unzweideutig und wenig überraschend: Reiche werden reicher, Arme ärmer, wird die absolute Verteilung zu Grunde gelegt.

Es scheint naheliegend, dagegen das Positive in der Welt ins Feld zu führen: Die Minderung des Hungers, die Steigerung der Wohlfahrt im statistischen Durchschnitt, die Herausbildung neuer Mittelschichten in den sogenannten Schwellenländern etc. Die Gegenrede lautet: Wie lässt sich der hohe Preis begründen, der mit diesen Zuwächsen verbunden ist? Das Argument besagt, dass die galoppierenden Reichtumszuwächse und deren zunehmende Konzentration so etwas wie den gerechten Lohn für die gesteigerte Teilhabe des überwältigenden Rests der Weltbevölerung darstellen. Doch Lohn für was? Die Antwort wird postwendend lauten: Der Besitz des Kapitals als Privateigentum ist nicht infrage zu stellen und bewährt, weil dies die Grundlage für die Investitionen in die Produktion des allgemeinen Reichtums darstellt. Zu Reichtum gekommen ist, wer sich als Bester auf seinem Gebiet durchgesetzt hat. Dieses meritokratische Argument, das im Übrigen rückwirkend auf die ursprüngliche, unfeine Inbesitznahme angewendet wird, widerlegt Piketty, indem er die künftigen Gefahren des schlicht vererbten Reichtums skizziert. Mit der zunehmenden Kapitalkonzentration ist ein kumulativer Reichtumszuwachs verbunden, was im Prinzip die Entstehung neofeudaler Verhältnisse hervorbringe:

»In all likelihood, inheritance will again play a significant role in the twenty-first century, comparable to its role in the past. […] Whenever the rate of return on capital is significantly and durably higher than the growth rate of the economy, it is all but inevitable that inheritance (of fortunes accumulated in the past) predominates over savings (wealth accumulated in the present). […] wealth originating in the past automatically grows more rapidly, even without labor, than wealth stemming from work, which can be saved. Almost inevitably, this tends to give lasting, disproportionate importance to inequalities created in the past, and therefore to inheritance.« (Piketty 2014, 377f)

Der Vergangenheitsklitterung und deren fortgesetzte Tradierung vermag zum einen ein Studium der Entstehungsgeschichte des Kapitalismus zu begegnen. In der gebotenen Kürze ist an dieser Stelle dazu zu bemerken, dass es eine Geschichte von Mord, Vertreibung und Enteignung ist, mit den traurigen entwicklungsgeschichtlichen Höhepunkten des Kolonialismus und des Imperialismus. Der Ursprung des Äquivalententauschs auf der historischen Ebene ist gewiss nicht jene Idylle, die Adam Smith und Jacques Turgot in rührenden Bildern von der Begegnung williger Tauschpartner beschrieben und damit ihre Epoche aufkeimender bürgerlicher Macht rückwirkend zum Urzustand des Menschen verklärten. Bei Smith werden Hersteller von Pfeil und Bogen Produzenten, die ihre Ware gegen Vieh und Wildbret eintauschen, bei Turgot wechseln überschüssige Felle gegen überschüssige Fische den Platz, was sich als derartig praktisch erweise, dass die Arbeitsteilung beginnt und die Erfindung des Geldes sich geradezu aufdränge.

»Seit Jahrhunderten suchen Forscher mittlerweile nach diesem sagenhaften Land des Tauschhandels – alle ohne Erfolg. Adam Smith hat seine Geschichte bei den Ureinwohnern von Nordamerika angesiedelt (andere bevorzugten Afrika oder die Pazifikregion). Zu Smith' Lebzeiten, das können wir immerhin sagen, gab es in schottischen Büchereien keine verlässlichen Informationen über das Wirtschaftssystem der amerikanischen Ureinwohner. Aber Mitte des Jahrhunderts wurden unter anderem Lewis Henry Morgans Beschreibungen der sechs Irokesen-Völker veröffentlicht – und ihnen konnte man entnehmen, dass die wichtigste wirtschaftliche Institution bei den Irokesen Langhäuser waren, in denen man die meisten Güter lagerte. Sie wurden dann in einer Beratung der Frauen verteilt, niemand tauschte je Pfeilspitzen gegen Fleischstücke. Die Ökonomen ignorierten diese Information schlichtweg. [...] Ungefähr zur selben Zeit schwärmten Missionare, Abenteurer und Beamte der Kolonialverwaltungen in alle Welt aus, viele mit Smith' Buch im Gepäck, und suchten nach dem Land des Tauschhandels. Gefunden hat es niemand. Stattdessen fanden sie eine unendliche Vielfalt wirtschaftlicher Systeme. Aber bis heute konnte niemand eine Weltgegend identifizieren, wo der gewöhnliche wirtschaftliche Austausch zwischen Nachbarn in der Form bestand: ›Ich gebe dir 20 Hühner für diese Kuh‹.« (Graeber 2012, 35)

Die anthropologische Forschung hat nichts dergleichen zutage fördern können; dafür dokumentiert sie eine Vielzahl von Verteilungsmodi in den verschiedenen Kulturen, die durch andere Werte strukturiert sind als den Nutzenkalkül.

Arbeit und Wertschöpfung

Demgegenüber stünde mit der Arbeitswertlehre durchaus ein Werkzeug zur Verfügung, um eine Reihe jener Phänomene zu erklären, die in der Neoklassik nur als Paradoxie oder Leerstelle mitschwingen. Da wären zum einen differenzierte Begriffe für Wert, Kapital und Profit, eine Erklärung des Wachstums und der Reichtumsanhäufung und zum anderen die Analyse der Rollen von Produktion und Markt (Zirkulationssphäre) sowie ihres systematischen Bezuges. Ein denkbarer Argumentationsgang auf der *systematischen* Ebene setzt an die Stelle der widerlegten subjektiven Wertlehre und ihres marginalistischen Ziehkindes den Austausch der *Arbeitskraft* gegen eine *Entlohnung*, welche die *Reproduktion der Arbeitskraft* zum *Maß* hat – nicht das *Gesamtprodukt*, das sie im Verein mit der Maschinerie in der *entlohnten* Zeit herzustellen vermag. Das birgt zwei Pointen, wie sich im Folgenden zeigen wird. Die erste Pointe besteht darin, dass der stoffliche Output über das Maß hinausgeht, das sowohl zum Ersatz der Arbeitsfähigkeit wie des materiellen Inputs benötigt wird. Damit ist abstrakt zunächst ein Anwachsen der Menge an Gütern skizziert. In einer geldlosen Wirtschaft, wie sie die Neoklassik so schätzt[2], erhielte also die Gesamtheit der abhängig Beschäftigten den vertraglich vereinbarten Anteil am Produkt, der ihre Reproduktion ermöglicht.[3] Der Rest verbliebe dann beim Besitzer der Produktionsmittel. Auf welcher Grundlage? Zunächst weil Kapitalbesitzer und Arbeitskraftbesitzer sich als Vertragspartner darauf *geeinigt* haben – die bürgerliche Rechtsordnung muss schon eingeführt sein. Dieses geldlose Sittengemälde hängt schief, weil die Geldfunktion sich irgendwo in den Gütern versteckt. Sein einziger Nutzen besteht immerhin darin, die Grundbedingung »Reproduktion« für die Systematik zu verdeutlichen. Rechnen lässt sich damit nicht, weil Input- und Output-Mengen nicht analog zu Preisgrößen gefasst werden dürfen; das mathematische Ergebnis wäre eine algebraische Ungleichung, die dem normativen Gebot des Äquivalententauschs widerspricht – es gäbe keine Preise (vgl. Helmedag 1992, 80-82). Erwähnenswert ist der Nebenbefund, dass die Reproduktion auf stofflicher Ebene von einer durch Geld gesteuerten zu unterscheiden ist. Dass nämlich keine Preise zustande kommen, wenn die Gütermengen ohne Bezug auf ein Drittes miteinander

---

2 Graeber zitiert gleich drei Lehrbücher, die Smith' Petitio principii strukturell wiederkäuen und praktischerweise alle den gleichen Titel tragen: Begg, David et al. (2005): Economics. Berkshire; Case, Karl E. et al. (1996): Economics. London; Stieglitz, Joseph/Driffill, John (2000): Economics. New York (vgl. Graeber 2012, 28-30).

3 Im Verlauf des Kapitels mehr dazu, wie die Entstehung dieser Voraussetzung gedacht werden kann.

konfrontiert werden, bedeutet nicht automatisch, dass keine gesellschaftliche Reproduktion zustande kommt. Unter der normativen Bedingung, in Äquivalenten auszutauschen und der historischen Bedingung einer Abspaltung der Produzenten von den Produktionsmitteln tritt eine solche Gefährdung als gesellschaftliches Produkt auf; sie liegt jedoch nicht in der Natur der Sache, wie die kurze Geschichte des Kapitalismus in Relation zur Vergangenheit anzeigt.

Bevor es um Geld gehen wird, das in den Händen abhängig Beschäftigter eine andere Nutzenfunktion erfüllt als in den Händen eines Besitzers von Produktionsmitteln, lohnt es sich, einige Voraussetzungen dieser Skizze zu analysieren. Ganz unhistorisch ist dabei zunächst eine soziale Klassenteilung vorausgesetzt. Es gibt eine Klasse, die über Produktionsmittel verfügt und Arbeitskräfte »beschäftigen« kann; dann gibt es die anderen, die nunmehr nichts außer ihrer Arbeitskraft besitzen. Darin besteht zunächst eine Asymmetrie in der Fähigkeit, das eigene Leben zu reproduzieren. Sie bildet die Grundlage jener Begegnung von »Vertragspartnern«, die eben nicht vereinbaren, dass am Ende des Monats das gesamte geschöpfte Produkt abzüglich des Ersatzes für verschlissenen stofflichen Input auf alle an der Produktion Beteiligten aufgeteilt wird. Dass der eine für den anderen gegen eine bestimmte Entlohnung arbeiten »darf«, ist schon genug der Gnade. Diese Konstellation führt zur Befragung einer weiteren Voraussetzung, der Bemessungsgrundlage. Das Mindestmaß bildet die Gewährleistung der Reproduktion der Arbeitskraft. An dieser Stelle lässt sich der Unterschied zu der Idee herausarbeiten, dass die Entlohnung dem Grenzprodukt der Arbeit entspreche. Im marginalistischen Modell wird im Grunde eine Komposition zwischen stofflichem Input und produktionsbedingt zur Herstellung eines bestimmten Produkts notwendiger menschlicher Arbeit verhandelt.

Die zweite Pointe: Das marginalistische Modell sieht die Angelegenheit ausschließlich aus der Perspektive der Produktionsmittelbesitzer, insbesondere wo die o. g. »rein« *gebrauchswertmäßige* Konstellation mit *Preisgrößen* kurzgeschlossen wird. Das war in Kapitel 5 als Kategorienfehler ausgewiesen worden, der letztlich auf das o. g. Problem einer algebraischen Nichtgleichung führt, sofern das Postulat eines »gerechten« Tauschs aufrechterhalten würde. Der Marginalismus fragt stellvertretend für den Produktionsmittelbesitzer: Wie viele Arbeitskräfte müssen mit einer gegebenen Maschinerie kombiniert werden, um den größtmöglichen Output zu erzeugen? Die Frage lautet nicht: Wie viel Arbeit ist nötig, um mit der gegebenen Maschinerie eine gesellschaftliche Reproduktion inklusive Ersatz und strategischer Reserve zu produzieren? Der Bezugsrahmen ist je nach Interessenlage verschieden – und der Umfang der Produktion ist es folglich auch: Weil in einem Fall das Profitinteresse das Leitmotiv darstellt und im anderen das Gemeinwesen. Darin besteht letztlich der Zielkonflikt zwischen Kapital und Gemeinwesen. Die Neoklassik argumentiert, dass ein Gemeinwesen über den Umweg des Profitinteresses am ehesten prosperiere, eine historische Argumentationsfigur, die kollektiven Egoismus in allgemeine Wohlfahrt münden lässt. Die Grundlage für dieses Argument ist denkbar unökonomisch das Menschenbild eines quasi natürlichen individuellen Egoismus.[4] Diese Annahmen können getrost als Zeugnis einer historischen Selbstreflexion der aufkeimenden bürgerlichen Gesellschaft verbucht werden und sind weder durch den heutigen Stand der Anthropologie noch den der Psychologie gedeckt oder bestätigt.

Nun ist Reproduktion stets historisch gewordene Reproduktion, und was heute als Mindestmaß erscheint, umfasst eine Steigerung in sozialen und kulturellen Belangen ebenso wie die Art, in der Menschen sich heute physiologisch gesund halten, verglichen etwa mit der Generation ihrer Großeltern. Das ist die einfache Evidenz, die Solow dazu verleitet, diese Entwicklung in die Zukunft zu projizieren und dem Marktmechanismus von Angebot und Nachfrage zuzuschreiben, zumal er dies zu einem Zeitpunkt notiert, an dem er nicht wissen kann, dass es sich um die erste Phase einer langwierigen ökonomischen Krise handelt. Auf der anderen Seite ist mit nicht geringerer Triftigkeit die Entwicklung der Produktionsweise, der *Produktivkraft* evident. Die Neoklassik spricht darüber nur (wie Solow etwa), wo es gerade passt, z. B. um Argumente gegen die Wachstumskritik aufzubauen. Allerdings bedeutet die Verbesserung der Art, in der eine Gesellschaft Materie und Energie in eine nützlich erscheinende Form umwandelt, auch eine Veränderung des quantitativen Verhältnisses von Maschinenarbeit und Menschenarbeit. Bemessen am Maßstab, was eine Gesellschaft zu ihrer jeweiligen *Reproduktion* für nötig hält, nimmt das Quantum der dafür notwendigen gesamtgesellschaftlichen Arbeit ab – eigentlich ein Glücksfall. Gleicher oder gar besserer Lebensstandard bei weniger Arbeit für eine größere Zahl. Die Reproduktion der Gesellschaft ist also das gesuchte Mindestmaß für den systematischen Bestand einer Ökonomie, mit einer historischen Elastizität. Zu den Grenzen lässt sich bereits vorausschicken: Weniger als die leibliche Reproduktion bedeutet

---

4 Es grüßt die berühmte »invisible hand«: »By pursuing his own interest he frequently promotes that of the society more effectually than when he really intends to promote it. I have never known much good done by those who affected to trade for the public good.« (Smith 1776, 349f) Blanke Rhetorik ohne empirische Grundlage, von der Neoklassik als tiefsinniges Gesetz gefeiert.

schlicht vorzeitigen Tod durch Arbeit. Eine andere Grenze, um die es später im Detail gehen wird, zeichnet sich bei einer Reproduktion plus Überschuss (d. i. eine *erweiterte* Reproduktion) in der Begrenztheit der Ressourcen und der Senken ab.

Da der Produktionsmittelbesitzer aus Profitmotiven handelt, ist ihm die Frage nach dem Umfang der Reproduktionsleistung zunächst aus privater Anschauung bekannt, einmal als Konsument, aber vorrangig als derjenige, der den Verschleiß und den Verbrauch in der Produktion überblickt. Es ist ebenfalls das Ergebnis historischer sozialer Kämpfe, wie sehr das Maß nach oben oder unten verschoben wird. Der Zusammenhang zwischen Verwundbarkeit, Organisationsgrad und Größe der Entlohnung gilt für beide Seiten der Gleichung. Was sich im Marginalismus scheinbar als Grenzprodukt abzeichnet, ist *immer* das Ergebnis des Ringens der organisierten Arbeiterschaft mit der Kapitalfraktion.

Das »immer« würde der Marginalismus bestreiten, aus dieser Perspektive sind die Tarifauseinandersetzungen »Externalitäten«, die in die Marktbewegung von Angebot und Nachfrage eingreifen und die Bildung des Gleichgewichts stören. Da der Marginalismus aber die evidenten Grenzen sowohl der physiologischen Reproduktion wie des Wachstums gar nicht abbilden kann, ist ihm ein Urteil in der Sache aus Gründen der Logik überhaupt nicht möglich. Der vermeintliche Gleichgewichtspreis für die Arbeit übersetzt nämlich eine produktionstechnische Kombination in die Preisform, wie bereits beschrieben: Die Leitfrage ist, was die Produktion eines bestimmten Outputs an Arbeitskräften und Maschinerie (und Betriebs- wie Rohstoffen und Energie) benötigt, nicht, was die Arbeitskräfte benötigen, um sich und den Verschleiß und Verbrauch zu reproduzieren.[5] Reproduktionen als *Wieder-Herstellung* sind für die Neoklassik Kosten der Produktion und nicht der fortlaufende Gewinn eines halbwegs stabilen Gemeinwesens.

Ebenso wie die Spanne der gesellschaftlichen Reproduktion ist das Recht, Produktionsmittel zu besitzen, d. h. sie objektiv den an diesen Produktionen beteiligten Menschen zu entziehen, Ergebnis einer historischen Entwicklung. Im Zentrum steht der rechtlich verbriefte Schutz des Privateigentums, der letztlich keine Unterscheidung hinsichtlich der Art des Gegenstandes des Eigentums macht (von Ausnahmen abgesehen). Ob eine Werkstatt oder eine Produktionsanlage mit 1000 Mitarbeitern – beides kann sich gleichermaßen in privatem Besitz befinden. Mit wachsender

---

5 Als Faustregel für die einzelne Unternehmerin ist das marginalistische Verfahren durchaus statthaft, weil sie alles andere in ihrer gesellschaftlichen Rolle nicht interessiert, so mitfühlend sie als Privatperson eventuell sein mag.

Komplexität der Besitzstrukturen wie der rechtlichen Konstrukte der Verfügungsgewalt mögen von Land zu Land die gesetzlichen Regelungen und Kontrollanforderungen unterschiedlich sein, doch der Zweck dieses Eigentums bleibt (nicht nur) nach der atlantischen Rechtsauffassung legitim: private Aneignung gesellschaftlicher Mehrwertschöpfung als Profit.[6] Wie immer in der Vergangenheit die Mittel akkumuliert worden sind, ist einmal das Entrée in die Dimension des Besitzes von Produktionsmitteln geschafft, ist die private Aneignung von Überschüssen legal.

Diese weitere Eigentümlichkeit bürgerlichen Rechts, die Verfügungsgewalt über den Output, ist offenkundig eine Ableitung vom Eigentumstitel, gekoppelt mit einer speziellen Idee, was den Charakter der Produktion angeht. Die Perspektive, in der erst die lebendige Arbeit den Dingen die produktive Wendung verleiht, ist historisch nicht etabliert. Im Übrigen korrespondiert das Recht hier mit der falschen marginalistischen Kausalität, auf deren Grundlage jeder Produktionsfaktor kostenmäßig nach seiner Grenzproduktivität erfasst wird. Das erzeugt den falschen Schluss, dass Maschinerie, Rohstoffe, Energie etc. Wert *erzeugen*, weil sie Kosten *verursachen*. Auf Basis dieser falschen Auffassung erscheint der weitere Schluss dann durchaus logisch: Wer das Kapital für die Produktion vorschießt, soll es zurückbekommen, und zwar mit Zins bzw. Profit für das eingegangene Risiko. Der Fehler besteht darin, das Phänomen einer zusätzlichen Schöpfung, das sich spätestens im Profit zeigt, *allen* Faktoren zuzuweisen; dies ergibt sich aus dem ursprünglichen Kategorienfehler, bei dem die Dimension des Gebrauchswertes mit der Sphäre des Geldes vermengt wurde. Letztlich wird *Wertübertragung* durch Verbrauch mit der *Schöpfung* neuen, zusätzlichen Wertes verwechselt. Die Zumessung wertschöpfender Potenzen an alle Faktoren der Produktion ist demnach nichts mehr als eine Indexierung von Gebrauchswerten in Preisen. Wenn nun die Frage lautet, warum dies als rechnerisches Verfahren nicht zulässig sei, so lautet die Antwort: Weil damit rechnerisch keine Reproduktion der Ökonomie modelliert werden kann. Das ist kein *normatives* Gebot, sondern ein *systematisches*. Arbeitsteilige moderne Wirtschaft als System verlangt die Konsistenz seiner Reproduktion.

---

6 Die Frage könnte berechtigterweise lauten, ob in der »globalisierten« Wirtschaft mit ihren Aktiengesellschaften, multinationalen Konzernen und Managereliten das Bild von Produktionsmittelbesitzern und Arbeitskräften nicht arg angestaubt sei. Doch die Strukturanpassungen der rechtlichen Formen ändert nichts an der Konzentration von Verfügungsmacht und Reichtum, im Gegenteil. Die Gegenfrage lautet daher: Gibt es eine Minderheit, die qua Besitz und Verfügungsmacht nach Gutdünken walten kann oder gibt es sie nicht?

Wie immer liegt die Tücke in den quantitativen Relationen und in den Zeitdimensionen. Bei starken Machtverzerrungen und einer Produktivität, die hoch genug ist, um die Reproduktion der Ärmsten zu gewährleisten, ist es denkbar, dass Inäquivalenzen durchgesetzt und eine Weile aufrechterhalten werden können. Damit wird aber der Bereich des Modellierbaren endgültig verlassen, weil alles »funktioniert«, solange die Unterdrückten in Schach oder bei Laune gehalten werden. Innere und äußere Zwänge, das wird die langfristige Pointe gewesen sein, drängen jedoch einen derartigen Anarcho-Kapitalismus sukzessive zur eigenen Systematisierung, selbst wenn es Generationen dauert. Die allgemeine Wild-West-Atmosphäre verursacht auf Dauer nämlich Schutzkosten, die das Kapital lieber von der Allgemeinheit, d. h. einem Staat mit funktionierendem Fiskalsystem, bezahlt sehen möchte.

Alle Modelle, das ist in Erwägung zu ziehen, zielen auf Tendenzen, die historisch nie gänzlich zur Erfüllung kommen. Schließlich spürt ein Modell den realen Verhältnissen nach, nicht umgekehrt. Wenn also von einem System die Rede ist, so ist dieser Unterschied zwischen objektiven Bedingungen einer Systemstabilisierung und normativen Prämissen bei der Theoriebildung im Auge zu behalten (nicht zuletzt auch an die Adresse der Kritiker des Systems gerichtet). An diesem Punkt wird das Menschenbild endlich Privatsache – es spielt für die kalte Algebraik des Systems keine Rolle. Sehr wohl allerdings für die sozialen Kämpfe, an denen sich ein System kalibriert.

Wie bereits erwähnt, ist die stoffliche Reproduktion einer Gesellschaft denkbar, obwohl sie die Prämisse der Äquivalenz in den Austauschrelationen verletzt. Das gilt im Guten (Gemeinwohlorientierung) wie im Schlechten (machtvolle Durchsetzung von Partikularinteressen). Ist diese Prämisse ökonomisch notwendig? Offensichtlich ist das nicht der Fall, in beiden Fällen kommt es zu einer – wenn auch qualitativ unterschiedlichen – (erweiterten) Reproduktion. Das Gebot des Äquivalententauschs als Ausdruck vermeintlicher Gerechtigkeit ist rein normativ und gehört zu den archaischen Registern menschlicher Kulturen. Um das normative Gebot des Äquivalententauschs in eine Systematik von Preisen zu übersetzen, bedarf es bei der Gleichsetzung verschiedener Dinge (das ist nämlich die nicht-normative systembildende Konsequenz der normativen Vorgabe) eines *Dritten* als Maßstab (vgl. Helmedag 1992, 83-84). Dieser Maßstab mag sich in einer besonderen Ware verkörpern, einem Äquivalenzgut; faktisch nimmt dieses damit eine *Geldfunktion* ein. In letzter Hinsicht ist dieses Äquivalenzgut die *Arbeitskraft* mit ihrem historisch je spezifischen stofflichen Reproduktionsbedarf, der in jedem Zweig einer Ökonomie lebendige Arbeit in Bewegung setzt. Alles wird beim Äquivalententausch letztlich *in Arbeit gemessen*. Bereits an dieser Stelle ist zu erwähnen, dass die ursprüngliche Bedingung eines fruchtbaren Planeten zwar jeglicher Form von Reproduktion vorausgesetzt ist, aber in der Modellierung ebenso wenig auftaucht, außer in der verkehrten Form des Besitzes, der eine Bodenrente »generiert«, die objektiv von Menschen eingearbeitet werden muss. Die Erde kann nicht entlohnt werden, sie ist historisch eine Art Maschine, deren Verschleiß nicht in die Kalkulation eingeht. Anders die Arbeit der Menschen, deren Impuls mannigfache Transformationen von Materie und Energie anstößt. Jedes Produkt dieser Metamorphosen ist Repräsentant von Arbeit und Erde, alle Stadien der industriellen Verarbeitung dazwischen zerfallen in diese Elemente.[7]

Für die hier primär verfolgte Argumentationslinie soll es genügen, das Geld als *Oiko-Semiose* des Komplexes von Arbeit und deren (je historisch gewordene) Reproduktionsweisen zu verstehen (vgl. Strauß 2013). Diese Deutung ökonomischer Prozesse aus der zeichentheoretischen Perspektive besagt: Geld stimuliert in seiner Qualität als Zeichen Produktionsverhältnisse, deren Fruchtbarkeit als Profit in die Zeichenform des Geldes mit einem verzögerten Aufschub zurückkehrt, sofern die dadurch angeregte stoffliche Synthese der Produktionsverhältnisse für einen Zeitraum hinreichend stabil ist. Die Differenz von Arbeitskraft und Arbeit ist die Bedingung für diesen oiko-semiotischen Aufschub in einem monetär regulierten System, die unabgegoltene wie unabgeltbare Ausbeutung der Erde ihre materielle Basis.

Aus diesem Grund ist Geld nicht gleich Geld, schon im mikroökonomischen Bereich ist eine Änderung der Geldquantität keineswegs neutral; die Überschreitung eines gewissen Punktes erlaubt den Einsatz von Geld als Kapital und den Eintritt in eine andere soziale Sphäre, während unterhalb dieses Akkumulationspunktes Geld letztlich nur dem Kreislauf aus Erwerb-Konsum-Arbeit-Entlohnung-Erwerb dient. Erfindungen wie Kredit oder Bankraub sind letztlich Weisen, Geld anzueignen, um es als Kapital in Funktion zu bringen. Das bedeutet, genug Geld in einer Hand zu versammeln, um in die Elemente einer Produktion zu investieren, an deren Ende ein überschüssiges Produkt steht, das auf einem Markt in Geld zurückverwandelt werden kann. Die Preissumme des Produkts ist größer als die Preissumme für die Zutaten der Produktion. Kann das Produkt erwartungsgemäß abgesetzt werden (woher die Masse der Käufer

---

7 Der solare Beitrag zum irdischen Energiehaushalt wird hier großzügig der Erde zugerechnet, auch wenn das gerade im Lichte wachsender Nutzung von Solarenergie nicht ganz korrekt ist.

stammt, woher diese ihr Geld haben, Ersparnis oder Kredit, interessiert aus Unternehmerperspektive nicht), hat der Besitzer der Produktionsmittel am Ende seines Produktionszyklus mehr Geld auf dem Geschäftskonto als zuvor. Das Geld hat sich über den Umweg einer Produktion verwertet. Das ist ein enger Kapitalbegriff, der die verschiedenen Momente nicht beliebig definitorisch nebeneinander stellt, sondern systematisch in einen Zusammenhang einordnet und überdies die Zeitdimension würdigt. Im Unterschied zur Auffassung der Neoklassik ist der Markt, auf dem die Produkte angeboten werden, kein Ort der Schöpfung von Wert, sondern der Realisierung einer *virtuellen* Wertschöpfung, die in der Produktion stattgefunden hat. Virtuell bedeutet in diesem Zusammenhang, dass die Quantität des Wertes in den *Zeichensystemen* der Kalkulation und nirgends anders reell fixiert ist. Erst der Kaufakt zu einem bestimmten Preis schaltet von der Virtualität in die *Realität*, womit die Wertdimension der jeweiligen Sache zugleich verschwindet. Die ganze Schwierigkeit besteht darin, zu verstehen, dass die auf der semiotischen Ebene vorangegangenen kalkulatorischen Fixierungen auf die ökonomischen Systembildungsprozesse einwirken, ohne als Wertdimension empirisch in einem spezifischen Maß fassbar zu werden.[8] Die Virtualität ist nicht determiniert, sonst wäre hier die Rede von *Potenzialität*. Der Ökonom sieht nur den Preis und hält den Wert für überflüssig, doch das jeweils reale Verkaufsergebnis steht zuweilen in starkem Kontrast zu Kosten und Kalkulation der Produktion. Die vorherrschende Perspektive reduziert das auf das Spiel von Angebot und Nachfrage auf dem Markt und verbleibt damit auf der phänomenologischen Oberfläche eines Prozesses, der Produktion und Distribution als Momente der Kapitalverwertung zusammenschaltet. Im Unterschied dazu betont jede Variante von Arbeitswerttheorie, dass sich im Zeitraum der Produktion die vermeintliche Magie vollzieht, die aus Geld mehr Geld macht; doch erst nach dem Aufschub bis zur geglückten Verkaufsaktion wird die Magie eingelöst. Der Gesamtprozess von der Investition über die Produktion bis zum Verkauf ist also von Formwechseln des investierten

---

8 Die historische Erkenntnis der Arbeitswertlehre, derzufolge durchschnittlich verausgabte gesellschaftlich Arbeitszeit das Maß des Wertes sei, verschiebt das Problem der Virtualität des Wertes lediglich auf eine ebenso wenig messbare durchschnittliche Verausgabung. Die Durchschnittszeit bildet wiederum nicht die Qualitäten der verschiedenen Arbeiten ab. Die Pointe der Kritik besteht jedoch darin, dass die Arbeitswertlehre verstehen lässt, dass das reale System diese Aggregation unvergleichbarer Elemente objektiv mit der Geldform betreibt. Es wäre ein schwerwiegender Fehler, auf der Suche nach gerechteren Verteilungsmodalitäten bei einem Modell der Arbeitswertlehre stehenzubleiben. Gerechtigkeit steht aus – jenseits von Wert und Äquivalententausch.

Kapitals (in spe) begleitet, und kein Begriff ist mehr als vorläufig, solange die finale Aktion am Markt nicht vollzogen ist. Und diese ist eben keineswegs garantiert, jede Überproduktions- und Absatzkrise zeigt das. Die Tatsache, dass auf systematischer Ebene (also: verallgemeinernd für jeden Unternehmer gültig) Wachstum nicht auf Märkten geschaffen, sondern realisiert wird, hat Generationen von Kapitalismuskritikern dazu verleitet, Wertschöpfung als eine Art substanzielle Anreicherung zu denken. Unter dem Strich sind sie auf ihre Weise demselben Fehler erlegen wie die Neoklassik mit ihrem marginalistischen Modell der Berechnung vermeintlich wertschöpferischer Anteile für jeden Teil der Produktion. In der Systematik des Äquivalententauschs Arbeit/Lohn ist aber keine ›Substanzübertragung‹ begründet, sondern ein spezifisches Austauschverhältnis zwischen Kapital und Arbeit. Dabei kommt die Differenz zum Tragen, welche die Wertschöpfung ermöglicht, solange mindestens zwei Bedingungen gegeben sind: Der Lohn muss erstens die Reproduktion gewährleisten und es muss zweitens Märkte geben, die das überschüssige Produkt zum mehr oder weniger gewünschten Preis absorbieren. Die Differenz wiederum ist schlicht die zwischen der bezahlten Benutzung der Arbeitskraft einer Arbeiterin und dem Gegenwert des gesamten Produkts dieser bezahlten Zeitspanne. Vereinfacht skizziert: Die Weltgesellschaft hat eine bestimmte Stufe der Produktivkraftentwicklung erreicht, die eine Reproduktion der lebendigen Arbeit wie einen neuerlichen Erwerb und eine Transformation der sonstigen Inputs an Materie und Energie monetär in n Stunden ermöglicht. Vertraglich vereinbart hat die Unternehmerschaft mit der Arbeiterschaft aber eine Nutzung der Arbeitskraft für $n + x$ Stunden. Die Frucht der Anstrengung für die Spanne x streicht die Unternehmerschaft ein. Da die Überschüsse nicht nur privat verprasst, sondern zum größeren Teil in die Ausweitung der Produktion investiert werden, beruht das Wachstum einer Ökonomie also auf dieser Differenz von bezahlter Arbeitskraft und genutzter Arbeit – und einem faulen Kredit bei der Erde.

Gewöhnlich fällt es schwer, diese Zusammenhänge im Alltag zu durchschauen, weil der Arbeitsvertrag darüber nichts aussagt. Dort ist ein Stundenlohn vereinbart, der sich auf die gesamte Arbeitszeit bezieht, so dass die zeitliche Differenz zwischen jener für die durchschnittliche Reproduktion notwendigen und der darüber hinausgehenden Gratisarbeit nicht ersichtlich ist. Die Atomisierung der Gesamtarbeit in getrennte Arbeitsbereiche trägt sicherlich auch zur Verschleierung des Zusammenhangs bei. Nur an den extremen Phänomenen der Vorstandsgehälter auf der einen und der Tariflöhne auf der anderen Seite lässt sich erahnen, dass nicht nur der eigene Lebensunterhalt, sondern ein Vielfaches davon für eine Minderheit in gesellschaftlich günstiger Position erarbeitet wird.

Erde und Wertschöpfung

Wie sich schon zeigte, spielen Ökosystemleistungen in der wirtschaftlichen Gesamtrechnung nur dann eine Rolle, wenn sie in der Preisform als Kosten eingehen, z. B. als Steuern, oder durch einen Zertifikatehandel eine Inwertsetzung erfahren. Die gute alte Bodenrente ist freilich auch nichts anderes als aus Gewinninteresse in Regie genommene stoffliche Leistungsfähigkeit eines Fleckens Erde, um das ein Mensch eine Begrenzung gezogen hat, und sei es nur auf einem Papier, das im Katasteramt hinterlegt ist. Es sind zwar seit der Unterzeichnung der Biodiversitätskonvention 1992 in Rio de Janeiro Begriffe wie »Basisleistung« und »Ökosystemleistung« (Photosynthese, Bodenbildung, Stoffkreisläufe) eingeführt worden, ebenso wie ein Diskontierungsverfahren derselben. Die internationale UNEP-Initiative »The Economics of Ecosystems and Biodiversity« (TEEB) hat in zahlreichen Länderstudien den ökonomischen Wert der Ökosystemleistungen von Böden, Gewässern, Wäldern etc. sichtbar gemacht; die strategische Zielsetzung dabei ist, durch Wertbemessung die Wertschätzung und Motivation zur Bewahrung dieser Leistungen anzuregen. Die Bepreisung der Kosten heutigen Handelns für zukünftige Generationen verwendet freilich den Grenznutzenansatz der Mainstreamökonomie, trägt also den gleichen Kategorienfehler einer willkürlichen monetären Indexierung von Gebrauchswerten in sich. Das Grundschema ist an den internationalen Konsens der Nachhaltigkeitsdefinitionen angelehnt und schreibt damit ebenfalls die bereits analysierten Schwächen der Gleichgewichtsvorstellungen fort:

> »Die Werte der Natur werden von den jeweiligen örtlichen biophysikalischen und ökologischen Bedingungen sowie dem sozialen, ökonomischen und kulturellen Kontext bestimmt. Um ein vollständiges ökonomisches Bild zu erhalten, sind neben eher materiellen Werten wie Nahrungsmitteln oder Holz auch immaterielle Werte zu betrachten, die sich in der Zahlungsbereitschaft einer Gesellschaft für den Erhalt bestimmter Arten oder Landschaften oder den Schutz von Gemeinschaftsgütern ausdrücken können.« (TEEB 2010, 3)

Die Notwendigkeit einer schützenden Norm wird hier über das ökonomische Register einer Zahlungsbereitschaft eingeführt, muss aber – ob des Mittels der Wahl – machtlos bleiben, wenn die Zahlungsbereitschaft andere Präferenzen ansteuert. Der angestrebte Beitrag zu einer neuen »Wirtschaftsphilosophie« (TEEB 2010, 4) täuscht sich bereits über die Motive des gewählten Modellrahmens; in einer Perspektive, die primär nach Substituten sucht, ist unumkehrbarer Verlust lediglich »Ereignis«; nicht die Erde ist das »Raumschiff« der Menschheit (und nicht nur dieser), das Kapital soll es sein. Letztlich ist die Diskontierung der Zukunft dann eine Frage der Zentralbankpolitik, nicht der Ökosystemleistungen. Die Studie differenziert vor allem nicht zwischen dem faktischen Vorrang singulärer Investitionsinteressen, die das Gemeinwesen naturgemäß ausblenden, und dem Gemeinwesen, das zwar mit diesem Ansatz adressiert wird, aber gegenwärtig mit einer bedeutenden Verzögerung auf den herbeigeführten Schaden reagiert (vgl. TEEB 2010, 38). Wer die geforderte Berücksichtigung der »Externalitäten« (TEEB 2010, 37) z. B. mit dem realen Versuch einer einheitlichen Rechnungslegung für Unternehmen anlässlich der Einführung des Emissions-Zertifikatehandels abgleicht, versteht, dass bereits auf dieser ökologisch unbedeutenden Ebene eine Weigerung einsetzt (s. Kapitel 8), die keinen Anlass zu irgendwelchen Hoffnungen geben sollte.

Die Erde wird von privaten Investoren mit dem Blick auf die Praxis der Vergangenheit als ein in Zukunft unerschöpflicher Komplex nutzbarer Quellen und Senken betrachtet, solange der Wachstumsimperativ ungebrochen in Anschlag gebracht werden darf. Das ist die logische Konsequenz, wo Wachstum unabdingbar mit fortschreitender materieller und energetischer Transformation verbunden ist. Da die modernisierte »grüne« Variante des Wachstumsimperativs über alle Parteigrenzen hinweg die Möglichkeit behauptet, dass wirtschaftliches Wachstum (mithin Wohlfahrt) von wachsenden Ressourcen- und Energieverbrauchen entkoppelt werden könnte, ist diese Auffassung nun im Detail zu analysieren.

Bei allen Argumentationen zur Sache ist zunächst zu bedenken, dass sie anthropozentrisch sind, d. h. der gesamte Diskurs richtet sich implizit an einem menschlichen Maß aus, dessen Deutung zugleich im Diskurs betrieben wird; nur in den esoterischen oder nicht-säkularisierten Randgebieten der Diskussion wird Gerechtigkeit der Erde, dem Universum oder einem Gott gegenüber eingefordert, was eher von psychologischem Interesse ist. Auf der anderen Seite zeigte sich mit dem Substitutionsparadigma, dass manche Ökonomen der Menschheit viel zutrauen. Der Glaube an die Substituierbarkeit von Ressourcen sagt mehr aus, als auf den ersten Blick zu erkennen ist. Es gebe dank – implizit: nie endenden – wissenschaftlichen Fortschritts immer eine Ersatzmaterie und eine neue Energiequelle. Die Annahme eines unerschöpflichen Quells von Ersatzmaterien entgeht logisch nicht der Evidenz eines stofflich endlichen Planeten. Zur Verwertbarkeit gewiss fortschreitender wissenschaftlicher Erkenntnis ließe sich mit einigem Recht die These vertreten, dass wohl ein Rückstand eingetreten ist, bemessen an der Dringlichkeit der Probleme der Gegenwart. Bei der Frage der Energie[9] schließlich erweist sich der Wachstumsimperativ als von der Wissenschaft, auf die Mainstream-Ökonomen sich eben noch berufen haben, verlassen. Anders als (nicht nur) die Neoklassiker erkennen Naturwissenschaftler die Hauptsätze der Thermodynamik an. Wie speziell und komplex die Interpretationsvarianten jener Erkenntnis auch sein mögen, so lässt sich eine einfache Forderung als Prüfstein für das Substitutionsparadigma (unter Wachstumsbedingungen) anführen: Solange der technische Fortschritt kein Perpetuum mobile hervorbringt, gelten die Sätze der Thermodynamik. Um die Konsequenzen dieser objektiven Grenze verstehen zu können, ist der Begriff der »Energie« näher zu beleuchten.

Für gewöhnlich ist von »Energieverbrauch«, »Energieersparnis«, »Energieerzeugung« und »Energierückgewinnung« die Rede, so dass der Sprachgebrauch das Bild erzeugt, hier wäre mithilfe der Wissenschaft prinzipiell das Problem steigender Energieverbräuche in irgendeiner Zukunft zu lösen. Das ist misslich, denn Energie, wie die angerufene Naturwissenschaft sie versteht, ist weder erzeugbar noch lässt sie sich zerstören oder zeitlich unbegrenzt aufsparen – sie ist lediglich transformierbar von einer Form, die physikalisch Arbeit in Gang setzt, in eine andere, die das nicht vermag.

> »In allen Fällen, wodurch Wärmearbeit entsteht, wird eine der erzeugten Arbeit proportionale Wärmemenge verbraucht, und umgekehrt kann durch Verbrauch einer ebenso großen Arbeit dieselbe Wärmemenge erzeugt werden.« (Clausius 1876, 24)

Wenn von »Energie« die Rede ist, meint der Sprecher meist »Exergie« (im anthropozentrischen Rahmen heißt das: durch den Menschen *nutzbare* Energie); sagt er »Energieerzeugung«, meint er potenzielle Exergie für Arbeit, die aus ihren materiellen Trägern freigesetzt wird. Materielle Träger sind in 85 % der Fälle der gegenwärtigen »Energieerzeugung« fossile Brennstoffe.[10] Die Grundlage für dieses Verständnis des Energie-

---

9 Energie – das innere Wirken (*gr.* en ergon) – bestimmt die Entwicklung von Systemen in der Zeit.

10 Immer ist bei der Extraktion von Ressourcen der Eintrag in die Senken mit zu betrachten. Wenn eine Produktion von Solarmodulen ihre Energie aus fossilen Energieträgern kommandiert, ändert sich an der Gesamtproblematik nichts, selbst wenn

begriffs haben u. a. Hermann von Helmholtz, James P. Joule, und Julius R. von Meyer im 19. Jahrhundert mit der Formulierung des sogenannten Erhaltungssatzes geschaffen, des ersten Hauptsatzes der Thermodynamik: Energie vergeht nicht, im systemischen Bezugsrahmen des Universums ist sie konstant, sofern das Universum als geschlossenes System gefasst wird, also keine Energiezufuhr von (oder Abfuhr nach) außen erfährt, weil es im Fall des Universums nach unseren kosmologischen Vorstellungen kein Außen gibt. Anders die Erde, die offenkundig eine Zufuhr solarer Energie von außen erfährt.[11] Das entscheidende Problem, an irdischen Maßstäben bemessen, findet seinen Ausdruck im zweiten Hauptsatz der Thermodynamik. Das Schicksal der Energie kennt nur eine Richtung, von (anthropozentrisch) brauchbar zu unbrauchbar, was die Möglichkeit angeht, physikalische Arbeit in Gang zu setzen. Die in diesem Sinne nicht brauchbare Energie nimmt unumkehrbar zu – diese »Entropie« des Universums tendiert zu einem Maximum, so Clausius, was nichts anderes bedeutet als einen großen Ausgleich und das Ende jeglicher Transformation und »Arbeit«.

> »Die Wärme kann nicht von selbst aus einem kälteren in einen wärmeren Körper übergehen.« (Clausius 1876, 81)

Und, anders als Sadi Carnot es sich noch dachte (vgl. Carnot 1824, 12), bleibt die Wärme, die von einem heißen Körper in eine kalte Umgebung übergeht, nicht erhalten, sondern »dissipiert«. Diese spezifische Wandlung des energetischen Zustandes von Exergie in Anergie ist unumkehrbar. Auf irdisch-menschliche Maßstäbe bezogen büßt der Satz nichts von seiner Gültigkeit ein. Es gibt allerdings aufgrund der Offenheit des Systems »Erde« den erwähnten Energie-Import der Sonne mit einem verzögerten Export vom Wärmeenergie ins Weltall; dieser zeitlichen Differenz verdankt sich die Atmosphäre des Planeten und die stofflichen Basisleistungen, die die Grundlage allen Lebens bilden. Dieses Moment einer ordnungsstiftenden Verzögerung rückt die Zeitdimension in den Fokus. Während die Sonne Wasserstoff zu Helium fusioniert, dabei Energie aus ihrem System freisetzt und in schätzungsweise 70 Mrd. Jahren ihrer finalen Energieentwertung anheimfällt, trägt ein Teil dieser Energieabgabe zur Bildung des Ökosystems der Erde bei. Pflanzen und Algen beispielsweise wandeln

---

das zukünftige Quantum Energie aus diesen Solarmodulen größer ist als die zu ihrer Produktion benötigte fossile Energie. Das freigesetzte CO_2 ist in der Atmosphäre.

11 Zuweilen wird die Erde als geschlossenes System behauptet (vgl. Georgescu-Roegen 1987); das ist nicht ohne Weiteres zu plausibilisieren.

Sonnenenergie durch Fotosynthese in die lebendige Ordnung organischen Lebens um. Am Beispiel des Erdöls: Die organischen Reste einstmals lebendiger Strukturen verwandeln sich unter Sauerstoffabschluss und dem Druck anwachsender Sedimentschichten zum beliebtesten Energieträger der Gegenwart. Die Verbrennung fossiler Energiequellen wie Öl und Kohle entlässt den gebundenen Kohlenstoff in die Atmosphäre. Solange nicht die Schwelle überschritten wird, an dem pflanzliches Leben auf der Erde ebenfalls unmöglich geworden ist, bleibt das Modell des Kohlenstoffkreislaufs mit Bezug auf die Regeneration von fossilen Energieträgern stimmig; selbst die Kohlenstoffmoleküle, die der reiche moderne Mensch bei der Energietransformation auf Basis fossiler Brennstoffe in die Atmosphäre pumpt, gelangen zum Teil über die pflanzliche Respiration erneut zurück in den Prozess der Rohölbildung. Dieser Prozess dauert allerdings Millionen von Jahren, daher fällt die Option der Selbstregeneration des Planeten aus dem Rahmen der menschlichen Zivilisation, soweit es die Transformation organischer Materien in Erdöl als Energieträger betrifft. Darin besteht die zeitliche Problematik – die Menschheit verwandelt zu rasch, was ihr der Planet an Exergie zur Verfügung stellt, in Anergie.[12] Und sie füllt die Senken des Planeten ebenfalls zu schnell.

Allerdings helfen etablierte Sprechweisen, sich über das Problem einer für die Menschheit begrenzten Co-Produktivität der Erde hinwegzutäuschen, weil eine diskursiv eingeengte Systemsicht mit dem Blick aufs Ganze verwechselt wird. Am Beispiel des Begriffs »Energierückgewinnung«: Die Transformation von Anergie in Exergie ist technisch in einem untergeordneten System möglich, teilt aber von sich aus nicht mit, dass dieses technische System, in dem die Aussage »Energie kann zurückgewonnen werden« Gültigkeit hat, aus einer Systemumwelt Energie abrufen muss, um diese Arbeit einer Rückgewinnung zu verrichten bzw. seine Apparatur bereitzustellen. In der planetarischen Gesamtbilanz in einer gegebenen Zeitspanne bedeutet also auch »Rückgewinnung« nach wie vor zunehmende Entropie.

Mit dem Paradigma der Substitution wird im Grunde das System kapitalistischen Wirtschaftens, also die Verwertung des Wertes mit der günstigen Begleiterscheinung der Wohlfahrt, als ein aus sich selbst heraus arbeitendes Perpetuum mobile behauptet, was mit den Hauptsätzen der Thermodynamik unvereinbar ist. Vielleicht ist es der mechanistische Charakter, der die Wachstumsökonomen gegen diese Einsicht blind macht;

12 Welche Energieform Arbeit verrichten kann und welche nicht, ist abhängig von Umgebungsbedingungen; beide Begriffe sind also relativ auf ein System bezogen, das die Differenz in Arbeit verwandeln kann.

in der Mechanik sind Prozesse theoretisch reversibel, doch Menschen können die Zeit nicht zurückdrehen; sie ist »virtually sure« thermodynamischen Prozessen unterworfen. Selbst wenn etwa aller Abfall dieser Zivilisation ohne weitere Materieflüsse in brauchbare Güter verwandelt werden könnte, bleibt das Problem bestehen, dass die in diesem Abfallsystem enthaltene Energie (beobachterspezifisch) als Anergie nicht ohne zusätzliche Exergie bearbeitet werden kann. Sämtliche Konversionsaktivitäten, die die Energienutzung der Zukunft in die Richtung größerer Nachhaltigkeit bewegen, rufen Exergie aus einem abnehmenden Bestand ab, solange die zur Verfügung stehenden technischen Anlagen nicht mit der Quantität der Energie reproduziert werden können, die sie selbst erzeugen. Zudem stellt die Energieübertragung vor das Problem der Energieentwertung – der zweite Hauptsatz der Thermodynamik gilt auch für Transport von Energie: Auf dem Weg wandelt sich Exergie in Anergie, die an die Systemumgebung verloren geht, oder, wenn man so will, erhalten bleibt, aber dem spezifischen System nutzlos ist. Bei ihrer Transformation büßt die Energie also immer erheblich an Gebrauchswert ein.

Thermodynamische Prozesse lassen sich ebenfalls am Beispiel der Energieaufnahme in den großen Subsystemen des planetarischen Systems begreifen: Das Gros der zunehmenden Wärmeenergie wird durch die Ozeane, die Eisschichten und die Landmassen aufgenommen (vgl. IPCC 2014, 42). Die Energie wandert vom relativ wärmeren Medium ins kältere, ganz wie es die Theorie beschreibt; infolge dieses energetischen Inputs kommt es zu Veränderungen in den Meeresströmungen, den bestehenden Biosphären etc. Die Eisschichten schmelzen, der Salzgehalt der Weltmeere sinkt, der marine Wärmetausch wird gestört, planetarische Klimazellen und die mit ihnen verbundenen Luftströmungen verändern sich; die Permafrostböden tauen, der Albedo-Wert wandelt sich, klimaschädliches Methan wird freigesetzt usw. Aus der Perspektive des Gesamtsystems Erde könnte formuliert werden, dass ein großer Teil dieser Veränderungsprozesse Ausdruck einer notwendig einsetzenden exzentrischen *Arbeit* in den lange Zeit stabilen, d. h. in annähernd kreislaufartig operierenden Subsystemen ist, veranlasst durch die energetische Differenz, die der industrialisierte Teil der Menschheit erzeugt hat. Soweit es die energetischen Prozesse des Klimawandels betrifft, also die Elastizität der planetarischen Senken, setzt die Überschreitung systemische Grenzen eine Arbeit in Gang, die auf einen neuerlichen energetischen Ausgleich im Gesamtsystem zielt, und das zwingt zu Veränderungen der Subsysteme. Hier zeigt sich die Relativität der Unterscheidung zwischen Exergie und Anergie: Was aus menschlicher Perspektive als Anergie an die Atmosphäre verloren geht, ist von Standpunkt der Erde Exergie, die eine spezifische Arbeit anstößt. Die Arbeit der Menschen mit ihren gewaltigen Werkzeugen steht möglicherweise in einem reziproken Verhältnis zur reaktiven Arbeit der irdischen Subsysteme, d. h. menschliche Transformationsaktivitäten befeuern die Neuordnung der Subsysteme – mit unabsehbarem Ergebnis, außer dem einen, dass es eben neue Subsystembildungen geben wird. Die entscheidende Frage lautet: Wie kann sich menschliche Zivilisation diesen Prozessen anpassen?

Neben der energetischen Dimension spielt der *materielle* Aspekt, d. h. der notwendige Ersatz für den Verschleiß oder die Neuschaffung, eine ebenso bedeutende Rolle, sofern der Bedarf an Energie den Bedarf an Energieanlagen bei gegebener Technik vervielfacht. Nicholas Georgescu-Roegen hat das Problem der Reibung in diesem Zusammenhang besonders hervorgehoben, insofern Materie ebenfalls eine irreversible Umwandlung erfährt, analog zur Energieform von brauchbarer zu unbrauchbarer Materie (Georgescu-Roegen 1987, 8). Nun steht auf der anderen Seite ein sparsamer Umgang mit der potenziellen Exergie rechnerisch unter Umständen in einem objektiven Widerspruch zur gesellschaftlich geforderten Konversion in Richtung Nachhaltigkeit, wenn gilt, dass ein gegebener Energiebedarf nicht nur aufrechtzuerhalten, sondern verallgemeinert der Weltgesellschaft zur Verfügung gestellt werden soll. Es ist nicht zu rechtfertigen, dass arme Gesellschaftsformationen an der Aufholjagd gehindert werden sollen, solange der zivilisatorische Standard der atlantischen Gesellschaften als Maßstab gilt.

Ungeachtet der natürlichen Grenzen halten sich im Alltagsbewusstsein hartnäckig Glaubenssätze von der Art, dass die Erde, allen Unkenrufen zum Trotz, sich selbst reguliere, wie in der Vergangenheit auch schon. Diese Haltung ist gewissermaßen der populäre Ausdruck einer Denkungsart, die verschiedene Disziplinen übergreift und als »Vitalismus« bezeichnet werden kann. Auf der philosophischen Seite könnte hier der Bogen gespannt werden von Aristoteles' Begriff der entelechea (d. i. die Qualität eines Wesens, sein Ziel in sich zu bergen) bis zu Henri Bergsons »élan vital«, aber auch in den Naturwissenschaften haben diverse Autoren ihren Beitrag dazu geleistet. Neben dem Physiker Fritjof Capra, Protagonist der New-Age-Bewegung in den 1980er Jahren, hat der Chemiker Ilya Prigogine einige Beispiele geliefert, die auf Umwegen in die kollektive Fantasie einer autopoetischen Rettung eingewandert zu sein scheinen. Im Zusammenhang mit der (unabgeschlossenen) Diskussion um die Interpretation und Generalisierbarkeit der alten Sätze der Thermodynamik für physikalische Mikro- und Makrobereiche hat Prigogine eine sozusagen naturwissenschaftliche Variation des Hölderlin'schen Dictums geliefert: »Wo aber Gefahr ist, wächst/ Das Rettende auch.«[13] Wie Prigogine richtig feststellt, haben die Untersuchungen zur Thermodynamik im 19. Jahrhundert einen anderen Zeitbegriff eingeführt. Es ist die irreversible Identität thermodynamischer Prozesse, die der Zeit genau eine Richtung geben. Besonders mit der Formulierung der Hauptsätze habe Clausius eigentlich das Universum mit spezifischer Geschichtlichkeit verbunden. Es ist die Idee eines unumkehrbar auf ein energetisches Gleichgewicht zusteuerndes Universum, also einer zunehmenden Entropie, die eine gerichtete Zeitlichkeit impliziert. Seit der Einführung dieser Auffassungen hat es die Physik mit zwei Zeitkonzepten zu tun, der reversiblen Zeit deterministischer Naturgesetze und der gerichteten Zeit als Degradation (vgl. Prigogine 1985, 4). Mit dieser etwas holzschnittartigen Aufstellung bereitet Prigogine die Skizze einer dritten Zeitkonzeption vor, die es erlaubt, die Entstehung von Leben als kreativen, autopoetischen Akt zu behaupten.

Nun ist eine Unterscheidung der Ebenen wichtig: Ist das System, für das die Aussage getroffen wird, offen oder geschlossen, gibt es also Austausch mit einer Umwelt oder handelt es sich um das Weltall? Streng genommen kann es keine geschlossenen Systeme innerhalb des Weltalls geben. Das Universum ist das einzige geschlossene System, von dem definitionsgemäß die Rede sein kann. Alle im Universum enthaltenen Systeme müssen notwendigerweise offene Systeme sein, sonst gilt der zweite Hauptsatz der Thermodynamik nicht oder er gilt für das Universum, aber nicht für die offenen Systeme. Dann wäre zu klären, warum die Entropie in offenen Systemen nicht zunimmt, während sie im Universum ein Gleichgewicht von Systemen mit relativ geringerer oder ohne Entropie befördert. Diese Verwicklungen ergeben einen Sinn, wenn Prigogine die Phänomene biologischer Systembildung als dem zweiten Hauptsatz der Thermodynamik entgegengesetzt interpretiert. In der chemischen wie der biologischen Forschung ist beobachtet worden, dass Systeme, die einer starken äußeren Umwelteinwirkung unterworfen werden, nicht-lineare Reaktionsweisen zeigen, d. h. ihre Produktion von Entropie ist den äußerlichen Kräften nicht reziprok. Vielmehr präsentieren solche Systeme eine Reihe von stationären Zuständen, mit anderen Worten: Hier findet Selbstorganisation mit steigendem Grad statt, was Prigogine »dissipative Strukturen« nennt. Vor dem Hintergrund einer bestimmten Auffassung von Entropie – nämlich als Maß zunehmender Unordnung – scheint hier das Prinzip zur Wirkung zu kommen, auf starke Umweltreize mit Emergenz (von lat.

---

13 Aus der der Hymne »Patmos«.

emergere, emporsteigen) zu reagieren und damit die Entropieproduktion in sich zu reduzieren. Prigogines bekanntes Beispiel aus seinem Fachgebiet, der Chemie, dreht sich um die unerwartete Oszillation zwischen zwei Ordnungen, wo eigentlich das Chaos einer gleichgewichtigen Verteilung von Elementen zu erwarten gewesen wäre:

»Suppose that two of the components are formed respectively by red and blue molecules in comparable quantities. We would expect to observe some kind of blurred color with perhaps occasionally some flash of red and blue spots. This is, however, not what actually happens. For a whole class of such chemical reactions, we see in sequence the whole vessel become red, then blue, then red again: we have a ›chemical clock‹. In a sense, this violates all our intuitions about chemical reactions.« (Prigogine 1985, 6f)

Prigogine interpretiert diese »chemical clock« als Fähigkeit des Informationsaustausches, der zwischen den Molekülen stattfinde, mit der Folge einer Emergenz neuer Strukturen im Verlaufe der Zeit. Ein System, das kein Gleichgewicht zu seiner Umwelt hat, bringe dann eine stabile Ordnung hervor, anstatt unter dem Eindruck äußerer Wirkungen zu zerfallen. Derartige Reaktionsmuster will Prigogine nicht nur auf den Mikro-, sondern auch auf den Makroebenen zerebraler Funktionen oder des Klimasystems erkennen. Wie alle Analogieschlüsse sind auch diese waghalsig, und der folgenden Argumentation ist zu entnehmen, welche Petitio principii der Autor zugrunde legt:

»Is biological evolution the history of dynamical instability, which would be the basic ingredient of creativity characteristic of human existence? [...] irreversibility is transformed into pattern formation. [...] life has an extraordinary degree of stability, as it originated 3.4 billion years ago. Life corresponds therefore to an ›inscription‹ of irreversibility into matter [...].« (Prigogine 1985, 11f)

Der Gedanke ist im Grunde, dass sich ein Isomorphismus von den Molekülen als Informationsträgern Ebene für Ebene wiederholt, bis hin zur Bildung komplexer Systeme, deren Ordnung sich dem Gleichgewicht entzieht, wie das Leben sich dem Tod entgegenstellt. »Leben« in dieser Formulierung ist freilich ein undifferenziertes Aggregat von der Amöbe bis zum Börsenmakler. Unterschiedliche Qualitäten lassen sich nur im Diskurs »aggregieren« und der ist ein Produkt aus Zeichen und zerebralen

Aktivitäten. Im hier verfolgten Diskurs der Nachhaltigen Entwicklung steht aber eine bestimmte Interpretation der *Qualität* des Lebens zur Diskussion. In der Argumentationslogik Prigogines ließe sich auch der Tod von Milliarden Menschen als Triumph der lebendigen Ordnung feiern, solange die am besten geschützten Individuen der Katastrophe zu widerstehen vermöchten. Last, but not least könnte damit auch die Entstehung der menschlichen Zivilisation als eine Art cosmic joke gedeutet werden: Die Menschheit als chaotischer Attraktor auf dem blauen Planeten verdirbt das Klima, löst eine Kaskade fataler Ereignisse aus und verschwindet wieder von der Oberfläche, um einem neuen System Lebensraum zu geben. Das ist alles für das Thema der Nachhaltigen Entwicklung nicht zielführend, vielmehr eine Einladung zu Esoterik und Irrationalismus.

»Our vision of the world as we see it around us and in us, converge [sic!]. Sigmund Freud told us that the history of science is a history of alienation: since Copernicus we no longer live at the centre of the universe; since Darwin, man is no longer different from the animals; and since Freud himself conscience is just the emerged part of a complex reality hidden from us. Curiously, we now reach the opposite view. With the role of duration and freedom so prevalent in human life, human existence appears as the most striking realization of the basic laws of nature, as expressed by irreversibility and randomness.« (Prigogine 1985, 24)

Die Übertragung des physikalischen Systembegriffs auf soziale Systeme bleibt jedoch ungedeckt und resultiert lediglich in einer Theorie, wie sie in der Neoklassik im Bereich der Ökonomie vertreten wird – mit dem bekannten Ergebnis. Wie der schwedische Mathematiker Karl Gustafson berichtet, glaubte Prigogine »in the stochasticity of the universe.« (Gustafson 2004, 156) Und wieder spielt die Anwendung der Mathematik hierbei eine besondere Rolle:

»For this reason, he was always searching for some mathematics to explain the order of time. Relying on coauthors who were more mathematical than him, sometimes he believed that a mathematical, intrinsic ordering of time had been achieved. Being more mathematical than his coauthors, I could see where, in my opinion, time order had been put in by the scientist, through certain, sometimes subtle, choices in the mathematics.« (Gustafson 2004, 156f)

Der russische Physiker Leonid Martyushev legt seinerseits den Finger vor allem auf die Interpretation von Entropie, die landläufig, und auch bei Prigogine, als Maß für Chaos oder Unordnung verstanden wird. Im Horizont dieser Interpretation von Entropie funktionieren die oben genannten Ideen dieser Zeitkonzepte, vor allem jene einer schöpferischen Irreversibilität, wie sie Prigogine vertritt. Als Konsequenz zeichnet sich ab, dass »das Leben« anderen, noch aufzuspürenden Gesetzen als den physikalischen unterliege. Das kritisiert Martyushev folgendermaßen:

>»As further experiments and analysis showed, the conclusion that the animate systems have an exclusive nature in terms of the entropy outflow value was premature. Starting from the middle of the twentieth century, an enormous number of examples of the inanimate systems' self-organization (formation of dissipative structures) was studied. As a result of the research that still continues today, the scientists concluded that the main condition for the emergence of structures from homogeneous (chaotic) environment is: the openness and the sufficient nonequilibrium state of the system. Thus, the conflict between the animate and the inanimate caused by the study [Schrödinger, E. What is Life? The Physical Aspect of the Living Cell. Cambridge/MA; *H.S.*] turns out to be imaginary.« (Martyushev 2013, 1155)

Martyushev argumentiert, dass die Systematik des Lebendigen auf ontogenetischer Ebene gerade nicht voranschreitet, indem sie sich dem Entropiegesetz entgegenstellt, sondern vielmehr ihre Entropie steigert. Das konstitutive Missverständnis besteht darin, sich Entropie *räumlich* als ungeordnete Verteilung von Elementen vorzustellen. Auf dieser Folie scheint Leben als räumliche Ordnung der Entropie zu widerstehen. Dabei wurde aber keine Messung der Entropie z. B. eines Lebewesens über den Verlauf seiner Entwicklung angestellt (weil das keine triviale Aufgabe ist) – ohne quantitativen Abgleich der Zustände ist jedoch eine Aussage über eine etwaige reduzierte Entropie eines Lebewesens nicht möglich. Wie schon Clausius bemerkte:

>»Man kann nämlich nicht die ganze Energie eines Körpers bestimmen, sondern nur den Zuwachs, welche die Energie erfahren hat, während der Körper aus irgend einem als Anfangszustand gewählten Zustande in seinen gegenwärtigen Zustand übergegangen ist, und dasselbe gilt auch von der Entropie.« (Clausius 1876, 204)

In diesem Sinne durchgeführte Vergleiche der Entropie organischer und anorganischer Massen zeigen, dass es überhaupt infrage zu stellen ist, den Unterschied der einen zur anderen anhand der Entropie zu bestimmen (was die Konsequenz aus Prigogines Ansatz wäre). Martyushev argumentiert, dass der unterstellte Zusammenhang zwischen der Quantität der Entropie und der Komplexität, also der Quantität der Differenzen, schlicht nicht gegeben sei:

»The fact is that the physicists or chemists studying entropy and non-experts in this subject mean different concepts when speaking about ›order‹. For non-experts, the ›order‹ of the structure is the systematicness, correctness in the arrangement. This is the ›general-use‹ meaning. For physicists and chemists, the ›order‹ of the structure is evaluated based on the complexity of prediction, which is related specifically to the number of microstates (Ω). The higher Ω (and, correspondingly, the higher the entropy, [...]), the harder it is to predict the real location of the system. For non-experts, the ›order‹ of the structure is estimated only in the real (spatial) three-dimensional space. The interaction between the parts of the structure is not taken into any consideration. For experts, the ›order‹ of the structure and the entropy is calculated in the coordinate-momentum 6N-dimensional phase space. In addition, the interaction is explicitly taken into account in the Hamiltonian used for the calculation of the entropy. The interaction significantly influences the phase volume available to the system (and Ω). [...]; however, they are largely left unheeded by the main addresses, the scientists who use the notion and the properties of the thermodynamic entropy and at the same time consciously and unconsciously identify the entropy with the order in ›their‹ (rather than the conventional physical) understanding.« (Martyushev 2013, 1155)

Martyushev macht eine wichtige Unterscheidung zwischen dem landläufigen Gebrauch des Begriffs Entropie und dem Gebrauch, den Spezialisten davon machen. Für Letzteres steigt die Entropie mit der Abnahme der statistischen Vorhersagbarkeit von Systemzuständen – das ist etwas anderes als Chaos, das Ordnung gebären soll. Der naturwissenschaftliche Beitrag zum Vitalismus, der die Diskussion um Nachhaltige Entwicklung von Anfang an am Rande begleitet und als volkstümliche Sorglosigkeit Verbreitung hat, ist also mit Vorsicht zu genießen. Jedenfalls ist anzuzweifeln, dass die Phänomene des Lebens einen Ausweg bereithielten, der den Gesetzen der Thermodynamik eine andere Wendung geben könnte.

Der materielle Beitrag

Es mag dahingestellt bleiben, ob Georgescu-Roegens Vorschlag eines vierten thermodynamischen Gesetzes die Materie betreffend dem Korpus hinzugefügt wird oder nicht; das von ihm aufgeworfene Problem ist dennoch von Relevanz, weil es das Verständnis um eine Differenz erweitert. Bei der Erörterung der verschiedenen Methoden, durchaus reichlich vorhandene Energie im planetarischen System zu nutzen, ist der materielle Aufwand in Rechnung zu stellen (es ist im Mainstream-Diskurs letztlich immer nur von Kosten die Rede, doch das ist relativ, wie das Beispiel der jüngsten Ölproduktion zeigt). Technisch ist es beispielsweise möglich und erprobt, die Gezeiten der Ozeane als Energiequelle zu nutzen; ebenso den Seewind in Offshore-Windparks. Doch der Verschleiß solcher Großanlagen ist gewaltig, daher der materielle und energetische Aufwand, sie funktionsfähig zu halten. Am Ende könnte also durchaus die *materielle* Schranke den ausgeklügelten Apparaturen zur Energiegewinnung den Garaus machen.

»Gerade wie ständige Arbeit nur dann auf unbegrenzte Zeit fortgesetzt werden kann, wie sie fortwährend mit verfügbarer Energie versorgt wird, so benötigt solche Arbeit einen kontinuierlichen Nachschub an verfügbarer Materie. Der springende Punkt dabei ist, daß sowohl verfügbare Energie als auch verfügbare Materie unwiderruflich in nicht mehr verfügbare Zustände umgesetzt werden. Ein neues, viertes Gesetz – wie ich es genannt habe – muß daher die alten klassischen thermodynamischen Gesetze ergänzen: Ein perpetuum mobile der dritten ist Art unmöglich. Unter einem perpetuum mobile der dritten Art verstehe ich ein geschlossenes System, das Arbeit gleichen Grades ewig verrichtet.« (Georgescu-Roegen 1987, 9)

Ob also der Wachstumsökonomie früher die fossilen Energieträger als die verfügbare Materie ausgehen, wie Georgescu-Roegen annahm, könnte nur in einer Gesamtrechnung dargelegt werden, der allerdings die sicheren Grundlagen fehlen. Die ausgelösten Feedback-Schleifen bzw. die Bedrohung, bestimmte Umschlagpunkte zu überschreiten, deuten freilich an, dass zumindest die Elastizitätsgrenze des Klimasystems überschritten ist. Wann also die oft beschworenen materiellen »peaks« jeweils eintreten, kann nicht genau gesagt werden. Sicher ist nur, dass sie *logisch* eintreten müssen. Dieser empirische Mangel beflügelt die Verdrängungsleistung. Davon ist nicht nur die Wachstumsökonomie, sondern auch die Theorie der Steady State Economy befallen, da gilt, dass ein eingefrorenes Transformationsniveau von Energie und Materie die Entropie auf einem gegebenen Niveau befördert, eben etwas langsamer im Vergleich zur Wachstumsökonomie. Daraus ergibt sich streng genommen als strategische Entscheidung innerhalb des Diskurses das Ziel einer De-Growth-Ökonomie. Die innersystemische Entropierate muss gesenkt werden, sowohl in energetischer wie in materieller Hinsicht.

Nachhaltige Entwicklung kann angesichts dieser Zusammenhänge an diesem Punkt als Strategie der Reduktion der Energie-/Materie-Transformationen bestimmt werden. Das ist gewissermaßen die materialistische Basis der ethischen Norm, die die Nachhaltige Entwicklung zur Sicherung der Bedingung der Möglichkeit künftiger Zivilisationen fordert. Allerdings leitet sich aus der materialistischen Begründung nicht die Norm selbst ab, denn die reichen Gesellschaften könnten theoretisch die absolute Reduktion ihrer Transformationsrate im Zuge eines Vernichtungsfeldzuges gegen die Armen und stärker verwundbare Mehrheit auf diesem Planeten bewerkstelligen. In dem Willen, einen bestimmten Lebensstil zu verteidigen, schwingt diese Drohung ohnehin mit, in einer vielschichtigen Praxis mag sie partiell bereits im Gange sein, auch wenn die Gesamtheit des relativ reichen Demos dazu keine spezielle Autorisierung erteilt hat. Die Wahrnehmung des Themas Klimawandel von Seiten des Militärs und der Sicherheitskreise hat allerdings, wie sich noch zeigen wird, dieses Moment an sich.

***

Das interessegeleitete Moment bereits in der marginalistischen Grundlage der vorherrschenden Ökonomietheorie zeigt sich deutlich, selbst wenn auch nur ein oberflächlicher Vergleich der subjektiven mit der objektiven Wertlehre vorgenommen wird. Welches Interesse ist also in Anschlag zu bringen, wenn die grundsätzliche ethische Entscheidung lautet, einen nachhaltigen Entwicklungspfad zu beschreiten? Der Zielkonflikt zwischen dem Verwertungsinteresse des Kapitals und dem Gemeinwesen, das zunehmend als globales Gemeinwesen zu definieren wäre, ist unausweichlich. Anders gesagt, warum sollte die materielle Reproduktion einer Gesellschaft nicht demokratisch gesteuert werden? Zwingt nicht die Einsicht in die Notwendigkeit einer Nachhaltigen Entwicklung, vorausgesetzt, dass eine Menschheit auch zukünftig sein solle, zu Beendigung der gegenwärtigen Wirtschaftsweise? Das Zweckkonstrukt, dass konkurrierendes privates Unternehmertum das Gelingen gesellschaftlicher Reproduktion über den Markt bewerkstelligt, sozusagen als glücklicher Nebeneffekt seines vorrangigen Profitstrebens, kann keine Zukunft haben. Gleichwohl ist anzumerken, dass dieses Konstrukt der egoistischen

Einzelnen, deren Zusammenspiel angeblich ein prosperierende Gemeinwesen hervorbringe, seinen historischen Dienst getan hat: Die Produktivkraftentwicklung ist nun an einem Punkt angelangt, an dem sie auf der Stelle tritt, die Ausläufer des nächsten Kriseneinbruchs nach 2007/08 sind bereits in Sichtweite. Der Verzicht der Verfügungsgewalt über die Produktionsmittel auf Seiten der heute abhängig Beschäftigten ist nicht länger mit dem Argument zu rechtfertigen, dass die private Kapitalmacht einer Minderheit den gesellschaftlichen Fortschritt gewährleiste. Das ist mittlerweile weniger eine Frage politischer Gesinnung als eine systematische: Mit dem langfristig notwendigen »De-Growth« schwinden die Märkte, sinken die Produktionskapazitäten – das bedroht die Kapitalrendite. Die Selbstverwertung des Kapitals ist umgekehrt an exponentiell wachsende Ausbeutung von Erde und Arbeit gebunden. Der Verweis auf eine Vergrößerung des Dienstleistungssektors als »intelligente« Option fortgesetzten Wachstums ist eine Milchmädchenrechnung, da hierbei keine Differenz von Arbeit und Arbeitskraft für einen Überschuss sorgt, der in einem Produkt repräsentiert wird.

Darüber hinaus zeigt sich, dass der zweite Hauptsatz der Thermodynamik Gültigkeit hat und der Tendenz zur Entropie keine wundersame Emergenz rettender Strukturen eingeschrieben ist, was in Diskussionen manchmal als Ersatz für Gottvertrauen auftaucht. Dringend notwendig erscheint auch ein anderes Vokabular, das nicht länger insinuiert, dass Energie und Materie beliebig für den gesellschaftlichen Stoffwechsel geschöpft werden könnten. Letztlich behauptet die Hoffnung auf geschlossene Kreisläufe die Möglichkeit eines Perpetuum mobile, sowohl in energetischer wie materieller Hinsicht, als ob Anergie wieder in Exergie und Abrieb wieder restlos und ohne Zusatzenergie in brauchbare Materie verwandelt werden könnte. Angezeigt ist vielmehr ein sehr vorsichtiger Umgang mit dem Bestand fossiler Energieträger und verfügbarer Materien. Das gegenwärtige Wirtschaftssystem ist für diese Aufgabe denkbar ungeeignet.

Ist die berühmte Schuldfrage, das negative Erbe der Vergangenheit, so einfach auf einen gegenwärtigen Jedermann abzuwälzen? Wie ist die Frage des globalen Bevölkerungswachstums vor diesen Hintergründen zu diskutieren? Und welche Maßnahmen deuten sich gegenwärtig angesichts der fortwährenden Krise des Verwertungsgefüges an?

8. Demografie als Ablenkungsmanöver von der Schuldfrage

Green Growth, De-Growth und die demografische Entwicklung

Was also die strategische Entscheidung einer schrumpfenden Ökonomie betrifft, so steckt der Teufel wie immer im Detail: Soll der nachhaltigeren, aber materiell negativ zu Buche schlagenden Infrastruktur Vorrang gegeben werden oder soll der alte Bestand repariert werden? Das wäre von Fall zu Fall zu berechnen, setzte also erheblichen (bürokratischen) Aufwand in Gang. Indes beschränkt sich die Frage, was schrumpfen müsste, keineswegs auf die Ressourcen, und die fatale Antwort scheint in alter malthusianischer Manier auf der Hand zu liegen: Die Zahl der Nutzer von Materie/Energie absolut wie auch das Quantum von Materie/Energie pro Nutzer müssten reduziert werden, wie es die diskutierte IPAT-Gleichung nahelegt. Da eine schrumpfende Ökonomie derzeit nicht zu den vorrangig diskutierten Programmen zählt, ist der Bezugsrahmen zunächst das »grüne Wachstum«. Die Ideologie des Green Growth setzt vor allem auf die zweite Option, und das aus systematischen Gründen. Eine weiterhin wachsende Wirtschaft benötigt sowohl zusätzliche Arbeitskräfte wie auch Konsumenten. Ihr Programm ist eine Münchhauseniade, die Vorstellung ist, dass der Baron sich tatsächlich selbst am Zopf aus dem Morast ziehen kann.

Wie bereits ausgeführt, realisiert sich die virtuelle Wertschöpfung der Produktionssphäre in der Zirkulationssphäre des Marktes; wachsende, wie auch immer »grüne« Produktion bedarf daher eines wachsenden Konsums, einer Kaufkraft, die auf Dauer eine schrumpfende Weltbevölkerung nicht bereitstellen könnte. Und steigender Konsum pro Kopf hat verschiedene Grenzen. Green Growth als kapitalistische Antwort auf die Nachhaltigkeitsfrage schließt also logisch die Reduktion von Arbeitskräften/Konsumenten, damit die Regulation der Weltbevölkerungszahl aus. Zeitweilig mag es so aussehen, als ob beides zu haben sei, aber auf Dauer muss die Zahl der Arbeitskräfte/Konsumenten wachsen. (Nicht von ungefähr erinnert dies an die Diskussion zur Frage der zukünftigen Finanzierung der Alterssicherung.) Wo die Theorie des Green Growth derlei (implizit) propagiert, widerspricht sie sich also selbst im Grundsatz. Die Option eines De-Growth wiederum hintertreibt die Mechanismen der kapitalistischen Ökonomie, indem sie die quantitative Selbstverwertung des Wertes sukzessive reduziert. Damit stellt De-Growth implizit die Produktions- und Distributionsmechanismen infrage bzw. müsste eine Antwort auf das Problem geben, wie sie es mit gesellschaftlicher Produktion bei privater Aneignung des Mehrwerts hält, ebenso wie sie zur marktvermittelten, konkurrenzgetriebenen Steuerung von Investitionen steht. Das eine ist ohne das andere nicht zu haben.

Davon abgesehen behauptet die Demografieforschung, dass die zunehmende Durchsetzung kapitalistischer Produktionsweisen mit der Abnahme der Geburtenrate einhergehe. Vorausgesetzt also, der Kapitalismus erhielte sich bis zum Jahr 2100, so träte unter der Bedingung einer reduzierten Fertilitätsrate eine Stagnation bei rund 10,1 Milliarden Menschen ein.[1] Dieser Zusammenhang wird im Rahmen der Transmissionstheorie dargelegt, doch die Ableitung aus den Erfahrungen in den alten Industrienationen auf den Rest der Welt ist fragwürdig, weil kulturelle Spezifika dabei unter den Tisch fallen oder implizit eine Anpassung der kulturellen Entwicklung an die atlantischen Standards behauptet wird. Dabei war es gerade die Entwicklung der Produktivkräfte, welche die Bevölkerungszahl innerhalb von 200 Jahren versiebenfacht hat. Der United Nations Fund for Population Activities (UNFPA) rechnet damit, dass sich die Zahl der arbeitsfähigen Menschen bis 2050 allein in den armen Volkswirtschaften jährlich um 15 Millionen erhöht, so dass der Schlüssel zur Verminderung von Armut zwangsweise die Ausweitung von Produktionskapazitäten sein wird.[2] (UNFPA 2013, 12) Auch der UNFPA kalkuliert mit der Transmissionstheorie (UNFPA 2013, 22) und stellt eine »demografische Dividende« in Aussicht, die darin bestehen soll, dass das Verhältnis von Arbeitsfähigen zu den noch nicht oder nicht mehr Werktätigen günstig für das Wohlstandsniveau ausfallen soll. Nachhaltiges Wachstum (»sustained growth«) findet hier seine Verwechslung mit Nachhaltiger Entwicklung; in der Perspektive wachsender Armut wäre im Deutschen die Rede von *anhaltendem* Wachstum (UNFPA 2013, 16). Hinzu kommt der gender-sensible Aspekt, auch den Frauen Zugang zu Arbeit, Bildung und Gesundheitsvorsorge zu verschaffen. Zusätzlich ist die Altersverteilung zwischen reichen und armen Volkswirtschaften unterschiedlich, die Mehrzahl junger arbeitsfähiger Menschen lebt heute bereits in den Armenhäusern der Welt,

---

1 Eine Schätzung der Vereinten Nationen für drei verschiedene Fertilitätsraten geht von folgendem Szenario aus: Eine hohe Fertilitätsrate würde zu einem Anstieg auf knapp 16 Milliarden Menschen führen und eine niedrige zu einem Rückgang auf 6,2 Milliarden Menschen. Bis 2050 wird schätzungsweise die Hälfte der Weltbevölkerung in neun Nationen versammelt sein: Indien, Nigeria, Pakistan, Kongo, Äthiopien, Tansania, USA, Indonesien und Uganda.

2 Entgegen der Auffassung von Robert Malthus, dass steigende Einkommen zur Bevölkerungsexplosion führen würden, scheint sich vielmehr ein demografisch-ökonomisches Paradoxon einzustellen.

während reiche und »Emerging Economies« sich zu »alten« Gesellschaften entwickeln. Es liegt also – auch für den UNFPA – auf der Hand, dass ein Teil der Lösung in der gezielten Migrationsbewegung von armen in reiche Länder besteht, auch wenn das nicht explizit ausgesprochen wird. Offenkundig steht neben den politischen Aspekten die Kluft zwischen den unterschiedlichen Entwicklungsständen allgemein einer Anpassung entgegen. Allein die Bildungsfrage lässt es zweifelhaft erscheinen, ob die fehlende Arbeitskraft in den reichen Nationen durch Zuwanderung aus armen Volkswirtschaften ersetzt werden kann. Zu bedenken ist außerdem, dass die These einer Arbeitskräftelücke erstens empirisch fragwürdig ist und zweitens auf der »Wahl« des Systems beruht, das Produktivitätszuwächse nicht in reduzierte Arbeitszeit pro Arbeitskraft übersetzt, sondern in Reichtumszuwächse für eine Minderheit. Hier müsste wiederum ein neuerlicher Boom in den ohnehin verschwenderischen Volkswirtschaften einen Bedarf an frischen Arbeitskräften hervorrufen. Das kann prinzipiell nicht nachhaltig sein. Auf der anderen Seite der Bilanz fällt die Rechnung negativ aus: Von 1990-2015 kam auf jeden Menschen, der einen Slum verlassen konnte, mehr als einer, der in den Slum abgesunken ist (vgl. UNFPA 2013, 19). Das Hohelied der Neoklassik – siehe Solow – von der zunehmenden durchschnittlichen Wohlfahrt ist begleitet von einem hässlichen Grundton zunehmender Ungleichheit in jeder Hinsicht. Ein möglicher Einwand könnte lauten, dass die Geburtenrate die Wohlstandszuwächse schlägt, ein demografischer Rebound-Effekt; dabei ist offenkundig, dass die Verteilungsfrage der Kern ist – woher sonst der durchschnittliche Reichtumsanstieg, der wohlweislich nichts darüber aussagt, wer vor allem profitiert und wer leer ausgeht?

Unter den bestehenden Bedingungen, die weder ein rasches Aufholen der ärmsten Nationen noch ein Gelingen der Völkerwanderung wahrscheinlich machen, baut sich also in demografischer Hinsicht ein Krisenpotenzial auf, dessen erste Wellen bereits an die Festungsmauern der Reichen branden. Der gegenwärtige Umgang mit Fluchtbewegungen aus Armuts- und Kriegsgründen gibt bereits einen Vorgeschmack auf die Reaktionsschemata; die Klimaflüchtlinge der Zukunft werden diese erzwungene Bewegung noch vergrößern. Damit werden, jenseits aller wohlmeinenden Entwicklungsplanungen, reiche Nationen sehr viel rascher in die Situation kommen, sich dem Ergebnis ihrer eigenen Politiken und ihres Rollenmodellcharakters zu stellen und entweder Ressourcen zu teilen oder in einen agonalen Dauerkriegszustand gegen die Armen einzutreten. Zusammengefasst bedeutet der zwingende Nexus von Wachstumswirtschaft und Bevölkerungswachstum, dass die steigende Unsicherheit in den

Industriestaaten gerade den Bedarf an ärmeren, verschuldeten Volkswirtschaften emporschnellen lässt, mit deren gesellschaftlicher Produktivkraft die Reproduktion (vor allem des Konsums) in den reichen Volkswirtschaften aufrechterhalten wird. Logischerweise ist darin die globale Divergenz zwischen alternden und jungen Gesellschaften inbegriffen. Auch in demografischer Hinsicht produziert der Kapitalismus objektiv Widersprüche, die er nicht zu lösen vermag. Aus solchen Gründen greifen die Pläne der Vereinten Nationen sehr wahrscheinlich zu kurz. Mit der Fortsetzung der kapitalistischen Wirtschaftsweise scheint also sowohl die Zunahme der Reichtumskonzentration und sozialen Ungleichheit wie eine steigende Weltbevölkerung wahrscheinlich, weil die Spaltung zwischen Arm und Reich sich vertieft. Der Preis für einen in den armen Volkswirtschaften nur langsam wachsenden materiellen Reichtum wird die gesteigerte Verschwendung von Ressourcen sein, die vor allem den relativ reicheren Volkswirtschaften als stoffliche Basis der Profitrealisation dienen wird. Wertrealisation im Konsum benötigt einen materiellen Träger. Freilich besteht nicht Knappheit an Agrarflächen; sie könnten die heutige Weltbevölkerung nähren. Cassidy et al. haben 2013 berechnet, dass 36 % der Kalorien der weltweiten Ernten im Viehfutter landen, woraus nur 12 % als menschliche Nahrung in Form von tierischen Produkten gewonnen werden. Von 2000 bis 2010 hat die Verwendung von Ernten für die Ethanol-Produktion auf 4 % zugenommen. Wird der sogenannte Bio-Sprit, der 2010 2,7 % des gesamten Verbrauchs für das Transportwesen ausmachte, in Kontrast gesetzt zu der Erntemenge, die zu seiner Produktion benötigt wurde, fällt das Ergebnis negativ aus. Die dafür in den USA und Brasilien geernteten Mengen Mais und Zuckerrohr betrugen 2010 6 % der globalen Ernte. (Besonders die wachsende Nachfrage nach Fleisch und Milchprodukten steigert den Flächenverbrauch gemessen am Nährwert; die Kalorienversorgung durch pflanzliche Nahrung ist um ein Vielfaches effektiver. Die Verwendung der Ernte für die direkte Verwertung als menschliche Nahrung könnte die Zufuhr pflanzlicher Proteine verdoppeln. Vgl. Cassidy et al. 2013, 2-4)

»In this study, we demonstrate that global calorie availability could be increased by as much as 70% (or 3.88 x 1015 calories) by shifting crops away from animal feed and biofuels to human consumption.« (Cassidy et al. 2013, 6)

Allerdings wächst mit der Nachfrage ineffizient produzierter Kalorien (»Western diet«) der Bedarf, neues Farmland zu erschließen, d. h. Wälder abzuholzen und kleinteilige Agrarwirtschaft durch industrielle Landwirtschaft zu ersetzen. Um 9 Milliarden Menschen im Stil der atlantischen Gesellschaften zu versorgen, würde die doppelte Anbaufläche von 2013 benötigt (vgl. Cassidy et al. 2013, ebd.). Die Reduktion der Weltbevölkerung ist also nicht automatisch der wichtigste Parameter eines nachhaltigen Entwicklungspfades, die vorrangige Frage lautet vielmehr, auf welchem energetischen und materiellen Niveau sich die Weltbevölkerung zukünftig reproduzieren kann. Das setzt zwangsläufig den Mechanismus der ökonomischen Produktion und Distribution auf die Tagesordnung.

»According to some estimates, humanity's ecological footprint is already 1.5 times larger than the ability of the planet to supply natural resources and services. If the global population grows as projected, humanity would need approximately three planets by 2050. This is beyond the physical capacities of the biosphere, leading to increased environmental risks linked with resource shortages.«
(UNFPA 2013, 12)

Nachhaltige Entwicklung sollte daher die Streckung kritischer Ressourcen auf Basis eines über lange Zeit zu praktizierenden Verteilungsplans von Reich nach Arm bedeuten. Das trifft die gewachsenen Ansprüche an die Reproduktionsniveaus der Bevölkerungen in den reichen Ländern vermutlich empfindlich; es ist zweifelhaft, ob Einsicht in die Notwendigkeit alleine zu einer Kultur der Selbstbescheidung verhilft. Die Schöpfung neuer Sinnressourcen, wie sie zuweilen in der Nachhaltigkeitsliteratur propagiert wird (vgl. z. B. Paech 2012, 113-141), gewissermaßen als Neo-Lebensreform, dürfte die Aufgabe nicht lösen, weil die Kernfrage unbearbeitet bleibt. Die bisher gescheiterten Versuche, sich von der kapitalistischen Wirtschaftsweise zu emanzipieren, einst primär an der sozialen Frage ausgerichtet, revitalisierten sich in Krisen erfahrungsgemäß nur bis zu dem Punkt, an dem neu ausgehandelte Verteilungsmodalitäten (auf wessen Kosten auch immer) zur Beruhigung der Lage beitrugen. Mit der multiplen Krise erhöht sich aber der Abstand zur Möglichkeit einer Weltzivilisation in Frieden abermals. Wie sollte etwa der organisierte Teil der Arbeiterklasse in den reichen Nationen, der bereits an seinen originären sozialen Kämpfen gescheitert ist, diese Entfernung überbrücken? Insbesondere da kein Zugewinn in Aussicht zu stehen scheint, sondern hier ein Kampf um der Gerechtigkeit willen, sowohl für die gegenwärtig Armen wie für die zukünftigen Generationen innerhalb des globalisierten Kapitalismus, auszufechten wäre? Das propagandistische Kunststück bestünde darin, diese Aufgabe mit einer Utopie zu verbinden.

Die Erzeugung kriegerischer Resilienz

Wer sich dafür interessiert, wie die Worst-Case-Szenarien in den macht-vollen Kreisen der reichen Länder verhandelt werden, muss die Verlaut-barungen der Militärs und Sicherheitsdienste studieren. Das Military Advisory Board (MAB), ein US-amerikanischer Think Tank, in dem sich seit 70 Jahren die pensionierte Generalität und Admiralität versammelt, hat seiner Regierung wiederholt ins Poesiealbum geschrieben, dass der Klimawandel aus militärischer Perspektive eine erhebliche Bedrohung der nationalen Sicherheit darstellt. Von den schmelzenden Polkappen der Arktis über Dürreperioden und Starkwettereignisse bis hin zur destabi-lisierenden Wirkung von Hungeraufständen in fernen Ländern werden mögliche Folgen des Klimawandels aus der kriegerischen Perspektive »nationaler Macht« abgetastet und Ungleichgewichte im Kräftediagramm ermittelt:

»In a security context, National Power is the ability to remain sove-reign, protect national assets, and influence the behavior of others to-ward a desired outcome. Although the United States has embraced a more complex construct of National Power, a series of formal policy documents have introduced contrasting models of power, indicating that National Power has multiple and overlapping sources. In one of its simplest paradigms, National Power is modeled in terms of the abi-lity to exert pressure through diplomatic, informational, military, and economic means (DIME). National Power can also be assessed by de-gradations to a nation's political, military, economic, social, infrastruc-ture, and information systems (PMESII). We are concerned about how projected climate change could degrade our National Power/PMESII.« (MAB 2014, 3)

Aus Sicht der Militärs hat die Steigerung der militärischen Widerstands-fähigkeit gegenüber der zivilen Vorrang. Doch auch die Chancen, die sich in der zukünftig ganzjährig schiffbaren Arktis mit ihren unerschlossenen Ressourcen ergeben, wollen, zumindest aus der Perspektive der Wachs-tumsbefürworter, genutzt sein, worauf die USA nach Einschätzung des MAB nicht vorbereitet sei (vgl. ebd.). Bereits im Jahr 2013 befuhr ein dänischer Frachter, der sinnfälligerweise Kohle geladen hatte, als erstes

Schiff in kommerziellem Auftrag die Nordwestpassage, ein durchschnittlich 35 Tage dauernder Transit von 7600 Seemeilen zwischen Pazifik und Atlantik, der gegenüber der Suez-Kanal-Route mit 11300 Seemeilen 12 Tage einspart. Das MAB schließt sich der Einschätzung an, dass ein Zehntel der bislang unentdeckten Ölquellen und ein Drittel der unentdeckten Gasreserven unter dem schmelzenden Alteis der Arktis verborgen sind (vgl. MAB 2014, 17; Robbin 2011); außerdem werden bedeutende (Edel-) Metallvorkommen vermutet, abgesehen von weiteren kommerziellen Nutzungen wie Fischerei und sogar Tourismus.

»The lure of this potential bonanza of geological resources has captured the attention of many nations, both Arctic and Non-Arctic. As a result of this keen international competition for resources, Arctic nations have begun to focus on building up their military capabilities for operations in the North. Increased Arctic military capabilities are an essential means for Arctic nations to exert control over their northern territories.« (Robbin 2011, o. S.)

Diese »Bonanza« fand ihren kuriosen Ausdruck im Jahr 2007, als die russische Regierung eine Nationalflagge aus Titan in den arktischen Meeresboden rammen ließ. Das UN-Seerechtsübereinkommen (UNCLOS) von 1982 sieht ein über die Küstenzone hinaus erweiterbares Nutzungsrecht eines Arktisanrainers vor, sofern dieser beweisen kann, dass sein Festlandsockel in die betreffende Region hineinreiche. Die Russische Föderation etwa behauptet, ihr Festlandschelf gehe weit über den Nordpol hinaus; im Frühjahr 2015 verkündete die Regierung Putin die Stationierung von Abwehrraketen und Kampfflugzeugen auf dem Archipel Franz Josef Land nahe der norwegischen Grenze. Da der US-amerikanische Senat bis heute UNCLOS nicht ratifiziert hat, sondern lediglich als Gewohnheitsrecht akzeptiert, haben die USA zumindest auf dieser Ebene kein Mitspracherecht, weswegen militärische Berater eindringlich zum Beitritt raten (vgl. MAB 2014, 5; Robbin 2011, o. S.).

Besonderes Kopfzerbrechen bereitet insbesondere die Tatsache, dass die US-Streitkräfte nicht hinreichend ausgerüstet erscheinen, um den Claim abzustecken. So monieren die Autoren des Advisory Board, dass die Marine nur über einen einzigen einsatzbereiten Eisbrecher verfüge, der zudem veraltet sei (vgl. MAB 2014, 18). Selbst Norwegen und Dänemark planen die Stationierung von Militär im hohen Norden; sogar das traditionell enge Verhältnis zwischen den USA und Kanada hat in der Arktisfrage Risse bekommen – die beiden Hauptspieler in der künftigen Aufteilung der Arktis bleiben selbstverständlich die USA und die Russische Föderation. Da mit Kanada, Dänemark, Norwegen und den USA vier der fünf Arktisanrainer NATO-Mitglieder sind, wird eine gesonderte Arktispolitik der NATO gefordert, was im Falle des Falle bedeutet, dass alle NATO-Mitglieder in einen Konflikt mit Russland um arktische Ressourcen involviert werden können.

Es gibt also bei konservativen alten Kriegern einen gewissen Grad an Realismus, der sich freilich mit einer spezifischen Interpretation der durch den Klimawandel gestellten Herausforderung paart. Auch die Nachrichtendienste kennen keine Denkverbote. Wie der Klimaforscher Alan Robock es in einer Kolumne für den britischen »Guardian« beschrieben hat, war der CIA zeitweise an der Frage interessiert, inwiefern Geo-Engineering-Aktivitäten fremder Mächte nachweisbar seien oder verborgen werden könnten (vgl. Robock 2015). Jenseits der wenig realistischen Fantasien, Geo-Engineering heimlich als Waffe einsetzen zu können, zeigt sich eine Bereitschaft, die Logik nationaler Interessen auch angesichts der gemeinschaftlichen Herausforderung des Klimawandels aufrechtzuerhalten. Der Kalkül ist nicht sehr kompliziert: Wer bereits finanzstark und militärisch mächtig ist, geht aus den künftigen Katastrophen immer relativ stärker hervor als der Rest. Welche Regime könnten über eine Dürreperiode, kombiniert mit hohen Nahrungsmittelpreisen, stürzen? Wer tritt als neuer Akteur in einem Machtvakuum auf den Plan, das ein handlungsunfähiger Staat in einer akuten Krisensituationen hinterlassen hat?

Selbst die Partei der Klimawandelskeptiker, die Republikaner, vermochte nicht zu verhindern, dass das Militär sich eingehend mit der Frage befasst, welche militärischen Risiken sich in Zukunft aus dem Klimawandel und seinen zahlreichen potenziellen Folgen ergeben (vgl. Dalby 2016, 86). Dabei wird nicht primär das katastrophische Ereignis oder die landläufig negative Entwicklung ins Auge gefasst, sondern die Reaktionsfähigkeit der jeweiligen Regierung. Das Maß der Vulnerabilität ist hierbei die Kluft zwischen der notwendigen Reaktionsweise und der reell möglichen. Der UN Security Council formulierte 2009, der Klimawandel stelle einen Multiplikator für existierende Bedrohungen dar: Krankheit, Hunger, Unterbeschäftigung, Kriminalität, soziale Konflikte, politische Repression und Umweltbedrohungen (vgl. UN 2009, 5). Doch auch im reichen Nordamerika erweist sich die in weiten Teilen privatwirtschaftliche Organisation wichtiger Infrastruktur wie die mangelhafte Staatsquote in diesem Bereich als Achillesferse:

»North America identifies failure/shortfall of critical infrastructure, large-scale cyber attacks and failure of climate-change adaptation as the three risks for which it is least prepared. Major breakdowns of infrastructure in the wake of Superstorm Sandy and the sheer number of cyber attacks illustrate the low level of preparedness.« (WEF 2015, 23)

Der *World Risk Report* der Weltbank von 2015, der zum ersten Mal neben Risiken auch Trends vorstellt, sieht eine rechtzeitige Bildung von Resilienz gegenüber den Folgen des Klimawandels offensichtlich skeptisch, zumindest rangiert der Aspekt eines »Failure of climate-change adaptation« auf der »Global Risks Landscape 2015« in einem Bereich hoher Wahrscheinlichkeit bei weitreichenden Auswirkungen.

Die zeitliche Reichweite der gesamten Risikoabschätzung umfasst 10 Jahre, d. h. die Weltbank geht davon aus, dass es bis 2025 nicht gelingen

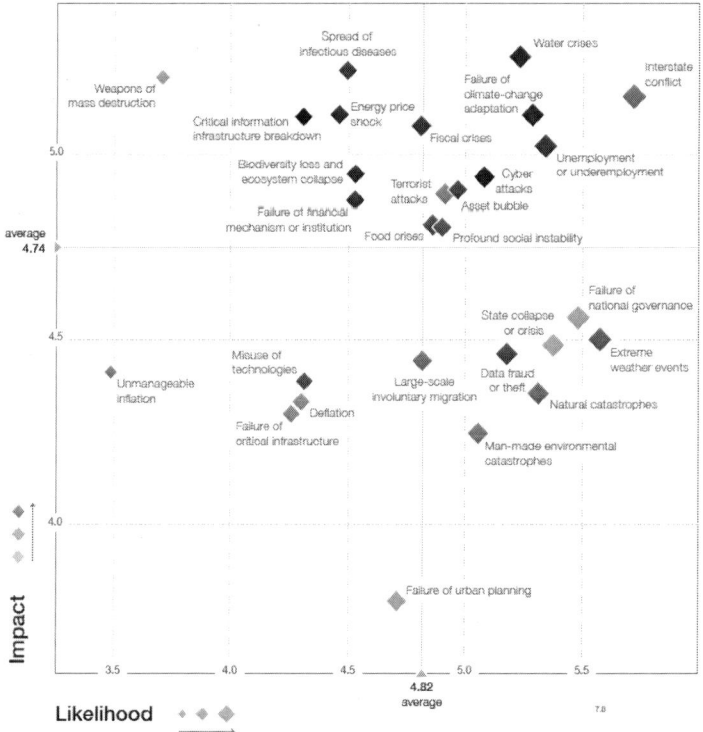

Abb. 22: World Risks Landscape, die Auswirkungsreichweite mit Eintrittswahrscheinlichkeit verknüpft (Quelle: WEF 2015, 3)

wird, den katastrophischen Anteil der Auswirkungen globaler Klimaerwärmung mit geeigneten Maßnahmen vorzubeugen. Als Trends bezeichnet der Report langfristige Muster, welche die gegenwärtigen Risiken ver-
stärken und/oder ihre Beziehung verändern könnten (WEF 2015, 8). In
ihrer Befragung unter rund 900 sog.»decision makers« aus Wirtschaft, Politik und Wissenschaft hat die Weltbank Einschätzungen für zwei Zeiträu-
me geben lassen, 18 Monate und 10 Jahre, um die Differenzen zwischen
der aktuellen Konjunktur und tiefer reichenden Befürchtungen herauszu-
arbeiten. Eine Konvergenz zwischen kurz- und langfristigem Zeitraum ergab sich hinsichtlich des Items»social instability«:

> »This trend towards social fragility is one of five threads that stand out
> from the 2015 survey – along with growing concern about geopolitics,
> the possible overshadowing of economic risks by other more immi-
> nent risks, concern about unaddressed environmental risks, and per-
> sisting vulnerabilities in cyberspace […].« (WEF 2015, 13)

Auch rechnet die Mehrzahl der Befragten offensichtlich damit, dass sich
im gesamten Cluster der Umweltrisiken (Starkwetterereignisse, Klimawandel, Naturkatastrophen, Verlust der Biodiversität und anthropogene
Umweltschäden) in der langfristigen Perspektive keine Risikoverringe-
rung, sondern eine Steigerungen oder bestenfalls eine Stabilisierung der
Risikoniveaus vollziehen wird. Das ist gewissermaßen die Erwartungshal-
tung der Eliten, womit die»decision makers« implizit ein Urteil über ihre
eigene Wirkmacht in diesen Fragen fällen. Wenn schon die machtvolle
Elite sich den kommenden Katastrophen fügt, wohlwissend, dass ihre eigene Vulnerabilität relativ niedrig ist, welche Veränderungsmöglichkeiten
lassen sich dann noch auf der»main street« propagieren? Es ist offensichtlich der Fall, dass bezüglich der notwendigen Maßnahmen zur Resilienz-
steigerung und Konversion des Metabolismus von Arbeit und Erde keine
Erwartung in die Entschlusskraft des Führungspersonals gesetzt werden
darf. Selbst die Weltbank, nicht gerade bekannt dafür, der Schutzschild
der Armen und Entrechteten zu sein, sieht den Klimagipfel in Paris 2015
als Make-or-break-Marke der weiteren Entwicklung an – was angesichts
der eigenen Umfrageergebnisse verwundert, denn was sollte wider die
Schicksalsergebenheit (oder Gleichgültigkeit) der Herrschenden auf diesem oder anderen Gipfeln zur Rettung der Verwundbarsten beschlossen
werden?

Schuldfrage: Treibhausgasemissionen

In der Frage der Schuld bezüglich des Klimawandels hatte der ehemalige Chefökonom der Weltbank (!), Nicholas Stern, klare Worte gefunden:

>»Generally, poor countries, and poor people in any given country, suffer the most, notwithstanding that the rich countries are responsible for the bulk of past emissions.« (Stern 2007, 28)

Auf den ersten Blick mag es gleichwohl legitim erscheinen, wenn souveräne und vor allem demokratische Staaten Maßnahmen zur Sicherung dieses Zustandes ergreifen, der in ihrer Selbstwahrnehmung die beste aller möglichen Welten ist. Die politischen Dominoeffekte des Klimawandels mittels geheimdienstlicher, multilateraler oder sozialwissenschaftlicher Aktivitäten mit bestmöglicher Treffsicherheit vorwegzunehmen, wäre dann notwendige Präventionsarbeit zum Schutz des »Guten« gegen die destruktiven Begleiterscheinungen auf Seiten jener, denen es an solcher Güte mangelt.

>»Climate events that disrupt the lives of affected populations are more likely to lead to larger upheavals when the events are serious, when governments underperform expectations in responding, when there is pre-existing dissatisfaction with the government, and when there are organized opposition groups positioned to use dissatisfactions as an opportunity to mobilize confrontations with authorities. The monitoring of many of these security conditions is a standard intelligence function and is related to the monitoring of state fragility.« (Steinbruner et al. 2013, 142)

Dieses Selbstverständnis verdankt sich einer fundamentalen – euphemistisch ausgedrückt – Verdrängungsleistung, die angesichts des Notwendigen die Frage der Urheberschaft und der Verantwortlichkeit unbeantwortet lässt. Tatsächlich ist es sinnvoll, soviel wie möglich über die Details der Bedrohung zu erfahren, um die Ressourcen für schnelle Hilfe und Wiederherstellung bereitzustellen. Es handelt sich um sozial-ökologische Kipppunkte. Doch der Sinnhorizont kann sich nicht im Selbstschutz reicher Nationen erschöpfen, wie das etwa im Fall der USA bedeuten würde, sich um die Geschicke einer Handvoll Staaten zu scheren, weil diese Einfluss auf das Machtinteresse der US-amerikanischen Regierung haben.[3]

---

3 Die USA sind hier ein Beispiel unter vielen, weil das Material in diesem Fall leicht

Der aufmerksamen Leserin entgeht nicht, dass der »upheavel« durchgängig als Gefährdung eines nicht weiter begründeten Status quo eingestuft wird, ohne danach zu fragen, ob der Aufstand nicht auch Chancen für die Betroffenen böte, ihre Unterdrücker – und deren Schutzmächte – abzuschütteln.

> »The focus for a particular country, region, or system should be on the examination of potentially disruptive climate events that have a reasonable likelihood of arising there in the coming years—that is, a set of plausible worst cases—along with various ways that the regime might address such problems (e.g., hardening infrastructure, putting in place general purpose rapid response capabilities, or suppressing demonstrations by unhappy citizens).« (Steinbruner et al. 2013, 50f)

Da solche Ereignisse in keinem Interessenvakuum stattfinden, wird das Problem in der Praxis freilich anders entschieden, und die Protagonisten eines Aufstands sind in den seltensten Fällen die künftigen Souveräne.

Die im gleichen Jahr vorgelegte quantitative Studie von Richard Heede lüftet indes die Schleier der Selbstgerechtigkeit, mit der die Kriege von morgen vorbereitet werden. Seine Analyse der Kraftstoff- und Zementproduktion von 1854 bis 2010 weist 90 private und staatliche Unternehmen aus, die maßgeblich für die Treibhausgasemissionen verantwortlich und folglich zur Verantwortung zu ziehen sind.[4] Grundlage hierfür böte die UN-Framework Convention on Climate Change von 1992, in der sich vor allem reiche Volkswirtschaften im Prinzip dazu bekannt haben, bei der Reduktion der Klimagase eine führende Rolle zu übernehmen.

> »Ignoring historic emissions that disadvantage poorer nations violate the principle embodied in the 1972 UN Conference on the Human Environment that nation-states' ›sovereign right to exploit their own resources‹ is subject to not causing ›damage to the environment of other states‹.« (Heede 2014, 230)

---

zu beschaffen ist; alle Großmächte funktionieren in der gleichen Logik der Macht; das Land mit der größten Feuerkraft steht eben an erster Stelle. Auch die Aspiration des Weltführers prädestiniert: »To lower our national security risks, the United States should take a global leadership role in preparing for the projected impacts of climate change.« (MAB 2014, 5)

4 Als Schwellenwert wurde hierfür eine Menge von 8 Mio. t Kohlenstoff p. a. gewählt (vgl. Heede 2014, 231).

Das Prinzip ist simpel: Volkswirtschaften, deren Reichtumszuwächse mit einer erhöhten Produktion von Treibhausgasen einhergehen, müssten ihrer Verantwortung in größerem Maße gerecht werden als Entwicklungs- und Schwellenländer. Einspruch gegen dieses Argument folgte auf dem Fuße mit Verweis auf das Veröffentlichungsjahr des ersten IPCC-Reports 1990 – vorher hätte man es schließlich nicht wissen können:

»This argument ignores the many scientific warnings published in the 1960s, 1970s, and 1980s (President's Science Advisory Committee 1965; Matthews et al. 1971; Broecker 1975; World Meteorological Organization 1976; National Research Council 1979; U.S. EPA 1983; see discussion in Weart 2003; Fleming 2005; Oreskes and Conway 2010). In addition, many countries, including Brazil and the United States, have laws embracing the legal principle of ›objective responsibility‹ by which a polluter cannot escape responsibility by claiming ignorance of environmental damages.« (Heede 2014, 230f)

Es wäre eine bedeutende Ausnahme allgemeinen Rechtsverständnisses, dass Unwissenheit vor Strafe schützt. Aufgrund der teilweise beschränkten oder undifferenzierten Datenlage zu Produktionskennziffern darf davon ausgegangen werden, dass Heede eine gute Beschreibung der Spitze des Eisberges geliefert hat. Bemerkenswert ist, dass 50 % der so erfassten Kohlendioxid- und Methanemissionen seit 1984 in die Atmosphäre eingespeist wurden – in 26 Jahren (bis 2010) genauso viel wie in den 233 Jahren (ab 1751) zuvor.

»Cumulatively, emissions of 315 $GtCO_2e$ have been traced to investor-owned entities, 288 $GtCO_2e$ to state-owned companies, and 312 $GtCO_2e$ to nation-states.« (Heede 2014, 234)

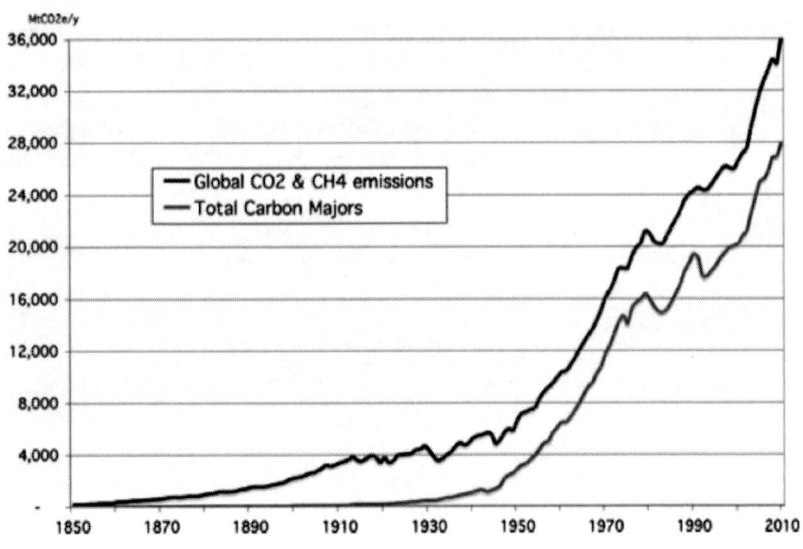

Abb. 23: Weltweite CO_2- und CH_4-Emissionen im Vergleich mit den 90 identifizierten Hauptemittenten von Kohlendioxid (Äquivalent) (Quelle: Heede 2014, 234)

Der Vergleich der Graphen illustriert, in welchem Ausmaß den identifizierten Unternehmen Verantwortung für den Verlauf der Emissionsentwicklung zuzumessen ist. Die weitere Analyse zeigt, dass im bisherigen Gesamtergebnis eine annähernde Gleichverteilung der Anteile zwischen staatlichen und privaten Unternehmen wie den Staaten selbst (ohne Unternehmen) herrscht (mit historischen Abweichungen in den Proportionen). Die Liste der 20 größten Klimaverschmutzer wird von Chevron angeführt:

> »Indeed, the entities identified in this analysis hold two important assets—production capacity and proven recoverable reserves—that, together with profit motives and tax and regulatory incentives to discover and produce new fossil fuel reserves, hold the key to future fossil fuel production and emissions [...], and thus, arguably, the future of the planetary climate system.« (Heede 2014, 238)

Unternehmerische Einheit	Emissionen 2010 MtCO₂e	Summe 1854-2010	prozentualer Anteil global 1751-2010
1. Chevron, USA	423	51,096	3.52 %
2. ExxonMobil, USA	655	46,672	3.22 %
3. Saudi Aramco, Saudi Arabia	1,550	46,033	3.17 %
4. BP, UK	554	35,837	2.47 %
5. Gazprom, Russian Federation	1,371	32,136	2.22 %
6. Royal Dutch/Shell, Netherlands	478	30,751	2.12 %
7. National Iranian Oil Company	867	29,084	2.01 %
8. Pemex, Mexico	602	20,025	1.38 %
9. ConocoPhillips, USA	359	16,866	1.16 %
10. Petroleos de Venezuela	485	16,157	1.11 %
11. Coal India	830	15,493	1.07 %
12. Peabody Energy, USA	519	12,432	0.86 %
13. Total, France	398	11,911	0.82 %
14. PetroChina, China	614	10,564	0.73 %
15. Kuwait Petroleum Corp.	323	10,503	0.73 %
16. Abu Dhabi NOC, UAE	387	9,672	0.67 %
17. Sonatrach, Algeria	386	9,263	0.64 %
18. Consol Energy, Inc., USA	160	9,096	0.63 %
19. BHP-Billiton, Australia	320	7,606	0.52 %
20. Anglo American, United Kingdom	242	7,242	0.50 %
Top 20 private u. staatl. Unternehmen	11,523	428,439	29.54 %
Top 40 private u. staatl. Unternehmen		546,767	37.70 %
Alle 81 private u. staatl. Unternehmen	18,524	602,491	41.54 %
Summe 90 größte Kohlenstoff-Emittenten	27,946	914,251	63.04 %
Summe globaler Emissionen	36,026	1,450,332	100.00 %

Abb. 24: Die 20 Hauptemittenten unter den 90 identifizierten privaten und staatlichen Unternehmen; verschiedene Klimagas-Emissionen werden in Kohlendioxidäquivalente (CO_2e) umgerechnet (eigene Darstellung nach Heede 2014, 237)

Das Schicksal des Weltklimas liegt in den Händen von 90 Wirtschaftseinheiten. Ross und Reiter sind also benannt. Dass die Politik wirtschaftlicher Anreize und die Marktsystematik von Angebot und Nachfrage zum Klimaschutz so gut wie keinen Beitrag leisten, zeigt der bisherige Verlauf des europäischen Emissionshandelssystems (EU-ETS). Nach der Unterzeichnung des Kyoto-Protokolls 1997 wurde mit dem europäischen Emissionshandel ein marktbasierter Mechanismus eingeführt, nachdem zuvor der Versuch der Einführung einer Kohlendioxidsteuer gescheitert war. Nun setzte der Einsatz dieses Instruments eine einheitliche Rechnungslegung auf Unternehmerseite voraus. Da die Etablierung einer solchen Bilanzierungsvorschrift ebenfalls misslang, werden die Emissionsrechte der jeweiligen Unternehmen bis heute unterschiedlich bilanziert (vgl. Sonntag 2011, 3). Das führt zu einer Nichtvergleichbarkeit sowohl der realen Emissionen wie der Zuteilungsrechte der verschiedenen Unternehmen, was dem Anreizargument von vornherein die Grundlage entzieht, ebenso wie der Bedeutung der jährlich festgelegten Obergrenze (cap) als Maßstab für die Verteilung der Emissionsrechte. Der jährliche Abgleich zwischen bilanzierten Emissionen und den verbliebenen Anteilsscheinen hat also keinen messbaren Bezug zum tatsächlichen Kohlendioxidausstoß. Allerdings hat sich auf dieser Basis ein attraktives Geschäftsfeld eröffnet, da überschüssige Anteile verkauft werden dürfen. Bereits das Entgegenkommen von Regierungsseite, im Zuge eines Grandfathering-Verfahrens die Betreiber von Altanlagen mit kostenlosen Anteilsscheinen auszustatten, verwässerte das Instrument von Anfang an und führte strukturell dazu, Kohlendioxid für Unternehmen positiv in Wert zu setzen. Das bedeutet, dass manche Unternehmen mit großer Wahrscheinlichkeit mit ihrer Umweltverschmutzung Einnahmen erzielen.

Eine Befragung der 600 STOXX-Unternehmen hat ergeben, dass nur 70 von 600 Unternehmen überhaupt am Emissionshandel beteiligt sind; es sind vor allem die Versorgungsunternehmen (vgl. Sonntag 2011, 30). Auch in der europaweiten Gesamtsicht zeigt sich, dass nur Bruchteile der jeweiligen Branche am Emissionshandel beteiligt sind. Da die Mehrheit der beteiligten Unternehmen ihren Bilanzierungsansatz nicht offenlegt, ist keine Vergleichbarkeit gegeben, geschweige denn eine Abbildung der reellen Emissionsentwicklung des jeweiligen Unternehmens (vgl. Sonntag 2011, 39).

In Deutschland schlägt hauptsächlich die Kohleverstromung negativ in der CO_2-Bilanz zu Buche, allen voran die Braunkohle, deren Nutzung die Stromerzeuger zwischenzeitlich noch weiter auszubauen wünschten (dargelegt im »Szenariorahmen für die Netzentwicklungspläne Strom«).

Dies steht im Widerspruch zu den Klimaschutzplänen der Bundesregierung. Die Orientierung bei der Braunkohle an Ressourcenkapazitäten anstelle der durchschnittlichen Lebensdauer eines Kraftwerkes (50 Jahre), könnte laut des Deutschen Instituts für Wirtschaftsforschung (DIW) den Aufschluss neuer Tagebaue begründen (Oei et al. 2014, 606). Dem europäischen Emissionshandel wird in diesem Zusammenhang selbst vom wachstumsunkritischen DIW ein vernichtendes Urteil ausgestellt:

>»Aufgrund struktureller Defizite, einer geringen Anpassungsfähigkeit, der hohen Volatilität und fehlendem politischen Konsens auf europäischer Ebene wird der Emissionshandel mittelfristig keine Preissignale senden, die einen Brennstoffwechsel weg von der Braunkohle und hin zu anderen, CO_2-ärmeren Energieträgern, unterstützen.« (Oei et al. 2014, 607)

Der Überhang an Zertifikaten, der sich in zehn Jahren Emissionshandel eingestellt hatte, machte das System zwischenzeitlich unwirksam. Die derzeitige Reformdiskussion hat vor allem zwei Ansatzpunkte, zum einen den Aufschub der Ausgabe weiterer Zertifikate und die Einführung eines Mindestpreises. Besonders Letzteres erfährt Widerstand von Seiten der Energieerzeuger; in Großbritannien ist die einstmals geplante Anhebung des (indirekten) Mindestpreises von 30 £ auf 23 £ heruntergehandelt worden (Oei et al. 2014, 608). Den Ausstieg aus der Kohleverstromung als dem objektiv wirkmächtigsten Plan zur Reduktion des CO_2-Anteils an der gegenwärtigen Energietransformation (»Erzeugung«) hält das DIW politisch für nicht durchsetzbar (Oei et al. 2014, 611).

Unter den 30 europäischen Kohlekraftwerken mit den absolut höchsten Emissionen belegen die deutschen Betreiber fast ein Drittel der Plätze:

Rang EU	Rang D	Land	Standort	Emissionen 2008	2009	2010 Mio. t CO_2	2011	2012
1		PL	PGE GiEK S.A. - Elektrownia Bełchatów	30,9	29,5	29,7	32,8	35,2
2	1	DE	Kraftwerk Neurath	18,0	17,9	16,9	19,6	31,2
3	2	DE	Kraftwerk Niederaußem	24,9	26,3	28,1	28,6	27,9
4	3	DE	Kraftwerk Jänschwalde	23,5	23,3	23,5	24,0	24,4
5		GB	Drax Power Station	22,3	19,9	22,4	21,5	22,7
6	4	DE	Kraftwerk Weisweiler	21,4	19,0	19,7	19,2	20,0
7		GR	DEH S.A. TPS AGIOS DIMITRIOS	11,8	12,9	14,3	14,2	14,7
8	5	DE	Kraftwerk Schwarze Pumpe	12,5	10,7	11,1	11,9	12,5
9		IT	CENTRALE TERMOELETTRICA DI BRINDISI SUD	14,9	13,0	11,0	11,4	12,2
10		PL	PGE GiEK S.A. Oddział Elektrownia Turów	12,9	11,6	10,7	10,8	10,9
11		GB	West Burton Power Station	9,7	7,2	5,1	6,1	10,8
12	6	DE	Kraftwerk Lippendorf	11,4	12,8	12,5	10,9	10,8
13		GR	DEH S.A. TPS KARDIA	9,6	9,6	8,4	9,3	10,6
14		IT	CENTRALE TERMOELETTRICA DI TORREVALDALIGA	0,1	2,9	6,5	9,7	10,4
15		GB	Eggborough Power Station	8,1	5,5	4,6	5,1	10,2
16		GB	Ratcliffe on Soar power station	9,9	7,6	8,4	7,8	10,0
17		PL	ENEA WYTWARZANIE S.A.	10,0	10,7	10,8	10,3	9,9
18		GB	Cottam Power Station	10,2	8,4	8,7	8,9	9,9
19	7	DE	Kraftwerk Scholven	10,6	5,8	9,4	9,2	9,7
20		EE	Eesti Elektrijaam	8,3	7,0	9,3	8,4	9,4
21		GB	Fiddlers Ferry Power Station	2,6	5,2	6,4	8,2	9,1
22		GB	Longannet Power Station	5,9	7,3	9,1	8,5	9,1
23	8	DE	Kraftwerk Frimmersdorf	18,6	16,8	14,3	15,2	9,0
24		GB	Ferrybridge "C" Power Station	3,7	4,1	4,8	7,1	9,0
25		ES	Endesa Generación, S.A. - Puentes	7,0	5,2	4,5	6,6	8,9
26	9	DE	Kraftwerk Boxberg Werk III	9,3	8,1	8,4	9,0	8,9
27		GB	Aberthaw Power Station	7,0	5,0	4,7	4,8	8,2
28		PL	EDF RYBNIK S.A.	8,1	7,2	8,2	8,2	7,9
29		PT	Central Termoeléctrica de Sines	6,2	7,7	4,4	6,3	7,8
30		IT	STABILIMENTO DI TARANTO	9,3	5,9	7,7	8,6	7,5

Abb. 25: Die 30 größten CO_2-Emittenten in Europa (eigene Darstellung nach Hermann/ Harthan 2014, 13)

Die Regierung Merkel III hatte sich in den Koalitionsverhandlungen auf eine Reduktion der Treibhausgasemissionen um 40 % bis 2020 gegenüber dem Stand von 1990 geeinigt. Wenn schon die Regierung sich außerstande sieht, politisch beschlossene Vorhaben gegen die Interessen von Unternehmen wie RWE, Vattenfall und Eon durchzusetzen, wie wären dann die global für den Klimawandel verantwortlichen Unternehmen wie Chevron, Exxon und Saudi Aramco, die zusammen 10 % der historischen globalen Klimagas-Emissionen produzieren, zur Rechenschaft zu ziehen? Oder wie sollten die aktuellen Hauptemittenten ihrer Verantwortung gerecht werden, zumal sich unter diesen in wachsendem Maße Unternehmen in armen Volkswirtschaften befinden, denen eine Alternative geboten werden muss?

Schuldfrage: Flächenverbrauch

Die ungehemmte bisherige Übernutzung der globalen Senken von Seiten einer Minderheit zum Schaden für die gesamte Menschheit ist gewissermaßen der passiv-aggressive Charakter dieser »besten aller Welten«. Mit der fortschreitenden Entwicklung des globalen Kapitalismus haben mittlerweile auch arme Volkswirtschaften zu den historischen Großemittenten aufgeschlossen, woraus gerne das Argument geformt wird, die Verantwortung läge nicht mehr bei den reichen unter den Industrienationen. Diese Chuzpe gehört zum Repertoire der Rechtfertigungen des Bestehenden und findet Anwendung in allen Bereichen, in denen sich einer auf Kosten des anderen bereichert. Das Bemerkenswerte solcher Argumentationen ist, dass das Verbrechen immer einer – wie abstrus auch immer konstruierten – Rechtfertigung bedarf, eines ursprünglichen Aktes der Verfertigung von Recht, von dem alles Weitere sich ableiten lässt. Dieses Argument kehrt in allen Fällen in Variationen wieder, in denen die Unternehmen reicher Länder in die Lebensgrundlage der anderen eingreifen. Recht aktiv verfolgen die atlantischen Gesellschaften die kommerzielle Ausbeutung anderer Teile der Erde, sowohl horizontal (Agrarsektor) wie vertikal (Extraktionssektor). Diese gegenwärtige Form der Aneignung – nach den historischen Stadien von Kolonialismus und Imperialismus – wird in der einschlägigen Diskussion als »Landgrabbing« bezeichnet, und eine der Hauptfragen in diesem Zusammenhang lautet, ob der Kapitalismus im Landgrabbing eine attraktivere Alternative zum industriellen Investment gefunden habe. Birgit Mahnkopf etwa vertritt in Anschluss an die Arbeiten David Harveys die These einer Aneignungspraxis, die sich im Agrarsektor von der Wertaneignung über den Umweg produktiver Arbeit zu einer Aneignung qua Enteignung kleinbürgerlicher Besitzer gewandelt habe.

> »[...] mithilfe von Privatisierung, Liberalisierung und Deregulierung wurden die Anteile am Volkseinkommen zwischen Kapital und Arbeit zulasten der Bezieher von Lohneinkommen und zu Gunsten der Besitzer von Geldvermögen verschoben – und dies weltweit, gleichsam in Prozessen ›nachholender Enteignung‹ und ausgelöst durch eine Kette von Finanzkrisen.« (Mahnkopf 2013, 219)

Die Grundstruktur des Arguments einer »accumulation by dispossession« ist von Harvey verschiedentlich vorgetragen worden (vgl. Harvey 2004) Richtig ist daran, dass Landgrabbing der erste Schritt zur kapitalistischen Restrukturierung darstellt, um den noch nicht kapitalistisch organisierten Bereichen ein industrielles Gepräge zu geben und in der Enteignung zugleich jene Lohnarbeiter selbst zu produzieren, die für diese Industrie gebraucht werden. Freilich schließt die Effizienzsteigerung bei diesem Prozess aus, dass alle freigesetzten ehemaligen Kleinbauern in die neue Struktur integriert werden; ein großer Teil wandert zwangsläufig in die Metropolen ab, um dort sein Auskommen zu suchen. Die demografische Forschung geht davon aus, dass etwa im Jahre 2007 bereits die Hälfte der Weltbevölkerung in urbanen Lebensräumen konzentriert war, Tendenz steigend. Damit erhöht sich der Druck auf die bestehenden Lohnarbeitsstrukturen in den städtischen Regionen. Mahnkopfs Kernthese lautet, dass diese »Überschuss-Menschheit« (Mahnkopf 2013, 220) für das Investitionsmöglichkeiten suchende Kapital kein attraktives Angebot mehr darstelle. Kurz gesagt erweise sich, dass die private Inwertsetzung der ehemaligen Allmende attraktiver sei, also beispielsweise die Rodung für Viehweiden mehr Rendite verspreche als irgendeine arbeitskraftintensive alternative Investition, bei der die abhängig Beschäftigten immerhin ihren Lebensunterhalt erwirtschaften könnten.

Diese Position enthält einige ökonomietheoretische Ungereimtheiten. Die Frage, ob der Neoliberalismus stärker auf Akkumulation durch Umverteilung setzt oder das alte Akkumulationsregime der produktiven Ausbeutung weiterhin in Kraft ist, beruht zunächst auf einem Kategorienfehler oder wenigstens einer Unschärfe in der begrifflichen Differenzierung. Akkumulation des Kapitals auf der globalen Ebene bedeutet dem Begriff nach fortgesetzte Mehrwertschöpfung. Umverteilung hingegen ist die Teilung eines vorhandenen, eine Neuaufteilung des zu einem Zeitpunkt Gegebenen. Die ursprüngliche Akkumulation als Raub der Allmende kann jeweils nur einmal vollzogen werden, danach muss das so angeeignete Stück Erde produktiv in die Wertschöpfungskette eingegliedert werden; das wiederum ist nicht länger»accumulation by dispossession«. Letztlich läuft die Diskussion auf die Frage hinaus, ob die singulären Akte der ursprünglichen Akkumulation bzw.»accumulation by dispossession« nach wie vor zur kapitalistischen Reorganisation des Globus gehören. Sie stellen jedoch weniger ein neues Paradigma der Kapitalverwertung dar als vielmehr eine ständige Begleiterscheinung der kapitalistischen Wirtschaftsweise. Insofern ist der Begriff der ursprünglichen Akkumulation eher strukturell als historisch zu begreifen, worauf es Harvey auch ankam: »accumulation by dispossession« liegt nicht außerhalb der kapitalistischen Wirtschaftsweise, Raffen durch Wegnehmen jedoch ist keine Selbstverwertung des Wertes – Ersteres kann Letzteres nicht ersetzen. Sehr treffend hingegen erscheint das Argument, dass die Kommodifizierung Gemeingüter spekulationsfähig macht und damit Kräften aussetzt, die zum Nachteil der Substanz dieser Güter wirken. Indem sie zu Waren werden, koppeln sie sich an die Ströme des anlagesuchenden Kapitals, vermittelt über alle erdenklichen Finanzprodukte, die das Bankwesen hervorbringt. Ferner ist zu bedenken, dass es einen Unterschied ausmacht, ob Land als Ware gehandelt oder in Kapitalfunktion gesetzt wird – für eine Akkumulation bedarf es der produktiven Verwertung. Interessierten Parteien Anteilsscheine am Sumpf Floridas zu verkaufen, mag auf der Seite des Verkäufers produktiv erscheinen, weil es ihn reich macht und eine Spekulationsblase nährt; de facto handelt es sich dabei aber nur um eine Umverteilung von einer volkswirtschaftlichen Tasche in die andere. Nach dem Landgrabbing muss, soll es profitabel weitergehen, eine produktive Ausbeute praktiziert werden. Zur Unterscheidung zwischen der verbrecherischen, gegen geltendes Recht verstoßenden Variante und der legalen scheint es sinnvoll, die Kategorie einer »persuasiven« Landnahme einzuführen, bei der die Zustimmung der ursprünglichen Produzenten errungen wird. Selbst wenn das zu deren Nachteil ist, hat hier ein Vertragsschluss die Kommodifizierung herbeigeführt. Das strukturelle Ungleichgewicht zwischen den Vertragspartnern befördert die Inbesitznahme des Bodens der Armen durch die Reichen und Machtvollen. Wie Maria Backhouse in einer Studie zu dem durchaus auch sozialen Fortschritt intendierenden Palmölprogramm in Brasilien hervorhebt, vollziehen sich solche Wandlungen auch im Gewande eines »green grabbing«:

>»Das Palmölprogramm setzt offenbar einen landwirtschaftlichen Verdrängungsprozess der KleinbäuerInnen und traditioneller Gemeinschaften fort, der in der Kolonialzeit angelegt wurde und seit der Herausbildung der brasilianischen Agrarindustrie in den 1970ern verstärkt wird. Die von einflussreichen Agrarreformern geäußerte Hoffnung, dass die Kooperation von Staat, Unternehmen und Gewerkschaften im brasilianischen Bio-Diesel-Sektor in Abgrenzung zum Zuckerrohr- bzw. Ethanolsektor einen Paradigmenwechsel für die KleinbäuerInnen einleitet, scheint sich in diesem Fall nicht zu bewahrheiten.« (Backhouse 2013, 278f)

Nach Berechnungen des Sustainable Europe Research Institute (SERI) betrage der »Land-Fußabdruck« der EU 640 Mio. ha pro Jahr, das sind 150 % der Fläche aller 28 Mitgliedsstaaten, und das bezieht sich nur auf die weltweite Nutzung zur Nahrungsmittelproduktion. In die Berechnung ist die Nutzung außereuropäischer Produktionen von Baumwolle, Mineralien und Metallen noch nicht mit einbezogen (vgl. Heinrich-Böll-Stiftung et al. 2015, 24). Auch der Anbau von Vorprodukten für den sogenannten »Bio-Kraftstoff« hat diesen Trend noch weiter beschleunigt. Die Folgen vor Ort sind Umsiedlungen der Landbevölkerung, Verlust der gewachsenen Subsistenzstrukturen und der Biodiversität durch den Anbau von Monokulturen, was von einer wachsenden Abhängigkeit von den Weltmärkten begleitet ist und die ohnehin armen Volkswirtschaften systematisch in die Verschuldung treibt.[5] Dabei spielt ausgerechnet die Nachhaltigkeitspolitik der EU, in deren Rahmen bis 2030 ein Zuwachs der Energieproduktion aus nachwachsenden Rohstoffen vorgesehen ist, eine fatale Rolle, da hierfür (Berechnungen der Wirtschaftsuniversität Wien zufolge) weitere 70 Millionen ha als Anbaufläche benötigt werden.

»Das International Resources Panel, ein Expertengremium des Umweltprogramms der Vereinten Nationen, hat berechnet, wie viel Ackerland wir nutzen dürften, wenn fair geteilt würde. Die Antwort lautet: 0,2 Hektar pro Person und Jahr – das ist weniger als ein Drittel eines Fußballfeldes und weniger als ein Sechstel dessen, was jeder Europäer derzeit verbraucht.« (Heinrich Böll Stiftung et al. 2015, 25)

Ein weiterer Treiber dieser Entwicklung, die Finanzkrise, sollte nicht als beigelegt betrachtet werden; früher oder später müssen die Zentralbanken ihre Programme des Quantitative Easing zurückfahren, was zu neuerlichen Systemabstürzen in der Finanzsphäre führen wird. Das Landgrabbing-Phänomen könnte nach Schätzungen der Weltbank mittlerweile bis zu 30 % der globalen Ackerflächen betreffen, in der Hauptsache handelt es sich um Gebiete in den armen Volkswirtschaften.

---

5 Nachdem die Finanzkrise 2007/08 den Run auf die Lebensgrundlagen anderer Menschen als Investitionsalternative eröffnet hatte, dürfte es nun die Rückführung der Maßnahmen zur Bewältigung der Krisenfolgen sein, die den armen Volkswirtschaften einen weiteren Schlag versetzen wird: Die lange aufgeschobene Leitzinserhöhung durch die FED um die Jahreswende 2015/2016 wird den US-Dollar verteuern und damit die bestehende Schuldenlast dieser Volkswirtschaften über Nacht anschwellen lassen.

Mehr als die Hälfte der kleinbäuerlichen Strukturen liegen in China und Indien, alle Industrieländer zusammen stellen dagegen gerade einmal 4 %

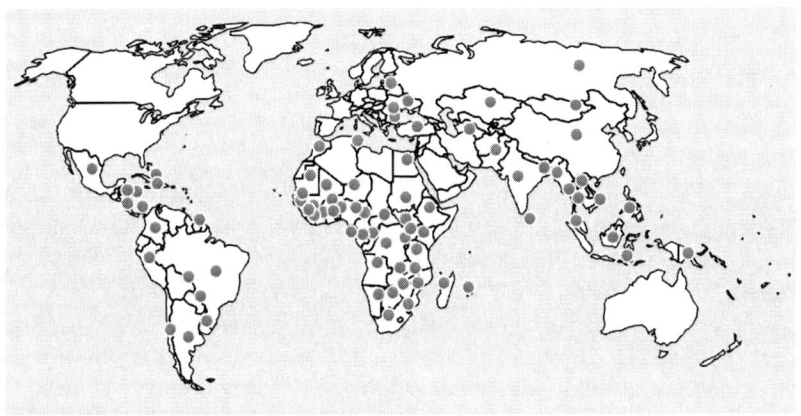

Abb. 26: Zielländer der globalen Investitionen in Boden (Quelle: The Land Matrix Global Observatory 2015)

an der weltweiten Kleinbauernschaft. Es sind in quantitativer Dimension hauptsächlich der afrikanische und der südamerikanische Kontinent, die das Ziel des Landgrabbing darstellen; das aktivste Land, das Landgrabbing betreibt, sind die USA (vgl. The Land Matrix Global Observatory 2015, o. S.). Diese Begegnung der globalen bäuerlichen Bevölkerung mit dem Kapital lässt mehr Verlierer als Gewinner zurück; es bedarf keiner angestrengten Fantasie, um sich das ungleiche Kräfteverhältnis vorzustellen, unter dem dieser globale Vertragsschluss stattfindet.

»Der UN-Landwirtschaftsorganisation FAO zufolge deckt die arme Landbevölkerung in Hungerzeiten ihren Nahrungsmittelbedarf zu 80 Prozent durch das Sammeln von Wildpflanzen, ohne dazu ein formelles Recht zu besitzen. Und die Weltbank beschreibt in einem Bericht über Tansania von 2009, dass der überwiegende Teil aller Baumaterialien, Energieträger und der traditionellen Medizin der bäuerlichen Bevölkerung aus gemeinhin als ›ungenutzt‹ bezeichneten Wäldern stammt. Dieser Begriff selbst ist also bereits hochpolitisch, weil er einige Nutzungsformen, oft die der Ärmsten, schlicht ignoriert.« (Heinrich Böll Stiftung et al. 2015, 27)

205

Die Schuldfrage, was die Ausbeutung der Quellen und die Überdehnung der planetarischen Senken in der Vergangenheit und Gegenwart angeht, ist also sehr klar und nur unter Aufbietung von zynischer Ignoranz als Problem der »Weltgemeinschaft« zu bezeichnen, was so viel aussagt, wie: Die einen haben die Misere verursacht – nun leiden darunter auch die anderen – Pech gehabt! Die diskursive Strategie besteht darin, in Formeln der Einbeziehung die vulnerablen Teile der Welt an den Tisch der Reichen zu locken, um ihnen die Bedingungen der nächsten, der »grünen« Wachstumsrunde zu diktieren. Sind die Ausgebeuteten in reichen Volkswirtschaften potenzielle Verbündete für die bedeutend ärmeren Arbeitskräfte aus dem übergroßen »Rest« der Welt? Der lokale und in der Regel eingehegte Kampf um soziale Gerechtigkeit vermag sich *letztlich* nur noch unter Bezugnahme auf die ausstehende Forderung nach einer Wiedergutmachung der reichen an den armen Nationen zu berechtigen. Eine Lektion, die vor allem die Gewerkschaften und die traditionellen Arbeiterparteien in den relativ reichen Volkswirtschaften noch zu lernen haben. Sollten sie den Blick auf das größere Bild nicht bald erlangen, wird ihr Beitrag zu den kommenden Verteilungskämpfen im globalen Maßstab endgültig reaktionär. Das monothematische Beharren auf den Kampf um die Erhaltung von inländischen Arbeitsplätzen und die Preisgabe des Projektes der Betriebsdemokratie lässt freilich nicht viel Spielraum für Hoffnungen.

Was tun?

Eine der grundlegenden Einsichten in Bezug auf den bestehenden Konsens, dass eine nachhaltige Entwicklung der Weltgesellschaft erreicht werden soll, ist: Es handelt sich um eine ethische Forderung. Deren Begründung steht im gegenwärtigen Mainstream des Diskurses aus, der von Trade-offs und Kompromissformeln gekennzeichnet ist, die – in dieser Reihenfolge – der Kapitalfraktion, den Reichen, den relativ reicheren Volkswirtschaften im Vergleich zu den Armen, den Entwicklungsgewinnern im Vergleich zu den -verlierern nicht weh tun. Es mangelt den Definitionen an einer Rückbindung an die Erkenntnis, dass die gesuchte Ethik kompromisslos sein muss, wenn die Definitionen Gültigkeit reklamieren wollen. Im Kern zeigen sich zwei Probleme: Erstens geht es um die Einübung der Prüfung, welche Handlungsoptionen verallgemeinerungsfähig sind, am Maßstab des jeweiligen Weltwissens gemessen. Die Gültigkeit eines rationalen Weltbildes ist hierbei die situativ unhintergehbare, wenn auch historisch nicht ewig während Leitlinie, bis auf die eine Erkenntnis, dass die Erde den wechselnden Ökonomien der Menschheit *immer* die Beschränkung vorgeben wird. Es wäre schon sehr viel gewonnen, Auseinandersetzungen wenigstens vor diesem Hintergrund auszutragen; stattdessen bestimmen evident irrationale Weltbilder einen bedeutenden Teil der öffentlichen Diskussion. Klimawandelleugner bilden hierbei nur eine Partei, der ärgste Feind zivilisatorischen Fortschritts ist der ungebrochene Glaube an das orthodox »begründete« ökonomische Wachstumsparadigma. Zwischen ökonomischer Alltagsrationalität und naturwissenschaftlichem Wissen vergrößert sich der Abstand der Weltbilder zusehends, gerade auch durch den rein instrumentellen Einsatz rationaler Erkenntnis für Profitmotive.

Zum Zweiten ginge es um eine Gerechtigkeit gegenüber jenen kommenden Generationen, die – mangels Anwesenheit – ihr Recht nicht in der Gegenwart einklagen können. Daran knüpft sich die erzieherische Aufgabe, individuell ein Sensorium für die weitreichenden Folgen gegenwärtigen Handelns zu schaffen, dessen Quelle nicht rein in der rationalen Technikfolgenabschätzung bestünde, sondern in einer Form der Besorgnis, die ihr Vorbild an der Sorge um den Nächsten, den Gegenwärtigen hat. Wie schlecht es um diese emotionale Ressource bestellt ist, lässt sich leicht mit Blick auf den Grad der Besorgnis um die gegenwärtigen Anderen erkennen. Umgekehrt jedoch erlaubte eine Steigerung dieser Sorge um den *gegenwärtig* Anderen den Einbezug jener, die *noch nicht* sind. Die immer drängende eine Aufgabe kann mit ihrer Erweiterung auf die Zukunft verknüpft werden, vielleicht wird es am Ende diese Erweiterung gewesen sein, die eine Lösung gegenwärtiger Konflikte beförderte. Im Kern ist der schwelende Konflikt um die gesellschaftliche Schöpfung von Reichtum und die private Aneignung und Verfügungsmacht in den Horizont einer anderen Zeitlichkeit zu stellen, ein Horizont, in dem die Frage nach der sozialen Gerechtigkeit auf die Ko-Produktivität der Erde als deren Möglichkeitsgrund erweitert wird. Damit erheben sich ebenfalls Fragen des Erbes, im negativen wie positiven Sinne, die gleichermaßen Verantwortung im eigentlichen Sinne nach sich ziehen: Wer ohne Selbstwiderspruch seinem Nächsten die eigene Sicht der Welt ansinnt, begibt sich in die Pflicht zu einem unaussetzbaren Diskurs, der durchaus die Form eines Widerstreits annehmen kann, doch niemals die Möglichkeit zum Diskurs selbst endgültig negieren darf, ohne aus dem Bezirk des zoon politikon zu fallen. Ob sich die Kontrahenten diesem Ethos beugen, hängt heute und auf unabsehbare Zeit von der Bedrohung ab, die sie einander verstatten. Noch entscheidet letztlich die Feuerkraft über die Verhandlungspositionen, und der unterlegene Teil der Weltgesellschaft wäre schlecht beraten, in dieser Situation allein auf Diskursethik zu setzen. Das Problem besteht also vorläufig darin, historisch in Erfahrung zu bringen, wie viele Schlachten gewonnen werden müssen, um die Freiheit zu erlangen, den Krieg abzusagen.

Die naturwissenschaftliche Perspektive zeigt unmissverständlich, in welche Gefahr in erster Linie die atlantischen Gesellschaften die Weltgesellschaft seit der Industrialisierung gebracht haben. Mittlerweile stehen die sogenannten Schwellenländer dem zuweilen in nichts nach, so dass bereits Stimmen zu vernehmen sind, die die Verantwortung unter Verweis auf vermeintlich saubere Industrien gerne auf die ärmeren Volkswirtschaften abschieben wollen. Doch die Erbschaft der technisch wie konsumistisch avancierten Nationen wiegt schwer. Ein Verständnis der grundsätzlichen systemischen Kreisläufe auf dem Planeten ist daher die erste Notwendigkeit, wenn es darum zu tun ist, die verheerende Wirkung des kapitalistischen Wachstumzwangs zu erkennen. Zusätzlich zur zersetzenden Wirkung auf die vorgängigen Gemeinökonomien verändert sich die Naturgrundlage des Wirtschaftens zusehends zum Nachteil jeglicher Gesellschaftsformation. Es wird nicht länger um die Kämpfe innerhalb eines lediglich sozial bestimmten Kampffeldes gehen, sondern um eine gleichzeitige Mobilisierung wider die Folgen des Raubbaus an der Erde, von denen der bereits erfahrbare Klimawandel nur die prominenteste im öffentlichen Bewusstsein der atlantischen Gesellschaften ist. Kriege um die Nutzung von Land und um Wasser werden bereits mit der gleichen Hartnäckigkeit geführt wie solche um Rohstoffe und strategische Stützpunkte. Die kommenden Jahrzehnte werden die kriegerischsten überhaupt werden, und manche Region wird durch Fluchtbewegungen auf unabsehbare Zeit entvölkert und aufgegeben werden müssen. Kriegsgründe, sollte es je so gewesen sein, sind nicht länger monokausal zu betrachten, es gibt in diesem Sinne keine Nicht-Beteiligung, die eine politische Neutralität rechtfertigen würde. Die Analyse des ökonomischen Rahmens, in dem diese kriegerische Umverteilung stattfindet, hat wiederum die naturwissenschaftliche Seite der Rechnung zu beachten.

In soziologischer Perspektive scheint die Systemtheorie Luhmanns den Sieg davongetragen zu haben, was für das Problem, wie eine an Nachhaltigkeit orientierte Gesellschaftsformation zu erreichen wäre, nicht unerheblich ist. Seit Luhmanns Beitrag zum sogenannten ökologischen Bewusstsein lautet der Bescheid, dass derlei eigentlich nicht zu erreichen sei – aus systematischen Gründen. Die detaillierte Analyse der fundamentalen Begriffe der soziologischen Systemtheorie zeigt allerdings, dass es mit der Systematizität der Theorie selbst nicht weit her ist. Insofern ist dem Bescheid weniger Bedeutung beizumessen als etwa der alltäglichen Erfahrung, dass die Sorge um den Zustand der Ökosysteme geringer ist als die Sorge vor sozialen Unruhen, sollte eine Unterbrechung des Wirtschaftswachstums zu Einbußen in der gesellschaftlichen Wohlfahrt führen. Dabei widerspricht die Vorrangigkeit der Ökonomie der Theorie selbst, was zu der Feststellung einlädt, dass soziologische Forschung jenseits ihrer Beobachterrolle Eingriffskompetenz erlangen könnte, fände sie zu sich zurück als Politische Ökonomie. Die modernisierte, kritischere Systemtheorie wiederum verläuft sich in einer Generalisierung einer zudem hypothetischen Minderheitenposition »verflüssigter« Subjektivität, wie sich zumindest für deutsche Verhältnisse sowohl im Abgleich mit der einschlägigen Milieu-Forschung und der Erforschung der Frage der allgemeinen Einschätzung zum Klimawandel gezeigt hat.

Die Diskussion über die Gestaltung des Metabolismus von Arbeit und Erde steht im Bann einer nachgewiesenermaßen verfehlten ökonomischen Lehre, der Neoklassik. Die sehr alten Harmonievorstellungen eines Gleichgewichts disparater Dimensionen haben ihren vorläufigen Höhepunkt im formalisierten Gleichgewichtsschema von Angebot und Nachfrage gefunden und erfahren einen Re-Import in alle sozialen Bereiche im Diktum, dass alles ein Markt sei. Es verwundert nicht, dass daher die Bepreisung von Ökosystemleistungen die wenig originelle Antwort auf die Frage der Nachhaltigkeit ist. Es wird von unschätzbarer Bedeutung sein, diesem hegemonialen Spuk in den Institutionen, in der Ausbildung von Ökonomen und in der Politik ein Ende zu bereiten; dies setzt notwendigerweise bei der intellektuellen Reproduktion des Personals an. Es geht um nicht weniger als die vollständige Neustrukturierung der Curricula, um die Kernelemente der Neoklassik endlich als historisches Ereignis minderen Wertes aus der ökonomischen Theoriebildung zu verbannen und zugleich die wissenschaftstheoretischen Maßstäbe einzuführen, an denen sich der ökonomietheoretische Pluralismus zukünftig wird messen müssen. Ein Verständnis der Wachstumstreiber, allen voran die unangetastete Frage, warum die Produzenten von den Produktionsmitteln getrennt sind, ist für den Pfad in Richtung einer nachhaltigen Wirtschaftsweise unabdingbar. Einer um das Verständnis der Erde erweiterten Arbeitswertlehre kommt hierbei zentrale Bedeutung zu, da hierin langfristig der Schlüssel für eine heute noch schwerlich vorstellbare Ökonomie der Gabe jenseits der Ökonomien des Äquivalententauschs liegt. Dazu ist eine historische Übergangsphase notwendig, jegliche rationale Kapitalismuskritik nicht als Verbesserungsvorschlag zu nehmen, sondern als wachsendes Verständnis für die Notwendigkeit seiner Überwindung zu etablieren. Die ökologische Herausforderung ist mit der sozialen Herausforderung untrennbar verbunden. Nur über eine wachsende Partizipation und Mitbestimmung der Einzelnen am gesellschaftlichen Reichtum lässt sich der politische Spielraum für die notwendige Abkehr vom Wachstumsparadigma und die Einleitung einer ökonomischen Schrumpfung erzeugen.

Die De-Growth-Argumentation hat den größtmöglichen Realismus auf ihrer Seite, und diese Realität ist vor allem geeignet, das Publikum zu ängstigen. Der »Green Growth«-Mainstream ist mit seiner Narration »Dasselbe in Grün« wesentlich erfolgreicher, weil hier Kontinuität signalisiert wird – das beruhigt. Dieser Weg ins kollektive Belohnungszentrum ist der kürzeste im Diskurs der Nachhaltigen Entwicklung. An diesem Unterschied zeigt sich auch eine grundsätzlich unterschiedliche Haltung gegenüber den Adressaten dieser Botschaften: Während »Green Economy/Growth«-Vertreter ihr Publikum zu beruhigen trachten und vor allem auf Statusängste abzielen, praktiziert die »De-Growth«-Argumentation das Gegenteil und beunruhigt ihre Rezipienten mit Details, die ein Verlassen der bisherigen psychologischen Komfortzonen zur Konsequenz hätte; »De-Growth« appelliert an das Einsehen in die normative Kraft des Faktischen. Überspitzt formuliert ist der Unterschied zwischen »Green Economy/Growth« und »De-Growth« der zwischen Ideologie und Aufklärung, was kurioserweise zu »Realismus« vs. »Fundamentalismus« verdreht wird.

Freilich gibt es keine Aufklärung ohne eine Dialektik, die ihre Absichten ins Gegenteil verkehrt. Dem Diskursfeld des »De-Growth« droht die Gefahr von sektiererischer Seite, ein Pietismus der Ökologie, der seine psychologische Befriedigung eher aus dem Tugendterror als der Sache bezieht. Es ist den Vertretern des »De-Growth« sicherlich nicht entgangen, dass positive Botschaften beim Publikum besser ankommen als Bedrohungsszenarien. Insofern stellen sich demokratietheoretische Probleme im Zusammenhang mit »De-Growth«, welche die »Green Economy/Growth«-Position wiederum nicht hat, weil sie einfach an den Status quo anknüpft. Da sehr richtig erkannt wird, dass etablierte Verwertungsinteressen verteidigt werden, bliebe in vielen Fällen nur das Einschreiten des Gesetzgebers; es ist klar, dass damit zentrale Rechtsgüter neu bewertet werden müssten, z. B. das Verhältnis von privatem Besitz an Produktionsmitteln und Gemeinwohl. Aber auch die individuellen Entfaltungsmöglichkeiten, soweit sie mit Energie- und Materie-Transformation einhergehen, wären davon betroffen. Wie könnte also auf zunehmend demokratischem Wege gesichert werden, dass material- und energieintensive Entwicklungspfade von der Möglichkeit einer politischen Durchsetzung ausgeschlossen werden, so wie andere Positionen bereits heute von dieser Möglichkeit ausgeschlossen sind? Auf internationaler Ebene, wo praktisch alle atlantischen Gesellschaften einen energie- und stoffintensiven »way of life« pflegen, verschärft sich diese Frage zusehends, wo die Bereitschaft zu militärischen Mitteln sowohl mit einer vermeintlichen Verteidigung der Demokratie als auch mit freiem Zugang zu den Rohstoffquellen anderer Weltregionen begründet wird. Welche Opposition könnte sich dagegen etablieren, wer wäre ihr aktives Subjekt und was wäre ihre Organisationsform?

Ein entscheidendes Manko der De-Growth-Position ist ihre Abstinenz in der Frage des Verhältnisses von Kapital und Arbeit. Letztlich läuft der Vorschlag darauf hinaus, hauptsächlich Einkommenszuwächse für abhängig Beschäftigte zu unterbinden, weil die grundsätzliche Frage der Aufteilung des gesellschaftlichen Reichtums nicht beantwortet wird. So bliebe auch in einer Gesellschaftsformation mit einer schrumpfenden Ökonomie der Abstand zwischen Arm und Reich erhalten, denn die Konzentration von Reichtum in den Händen weniger ist zunächst von dieser Konversion nicht berührt. Selbst auf geringerem Niveau bliebe es bei der Selbstverwertung von Wert, weil die Geldquantität eben nicht neutral ist. Der Kontrast einer Zwei-Klassen-Gesellschaft träte unter verschärften Knappheitsbedingungen umso stärker hervor. De-Growth bedarf also der Ergänzung eines progressiven politischen Kerns.

Gefordert ist – allen anderen Adaptionsstrategien an die Folgen der Nicht-Nachhaltigkeit vorweg gestellt – eine spezifische psychische Resilienz. Diese würde die Vereinzelten überhaupt in die Lage versetzen, den

Chancen wie vor allem *den Pflichten* einer aufgeklärten Teilhabe und Mitbestimmung im gesellschaftlichen Metabolismus von Arbeit und Erde gerecht zu werden. Die autoritäre Strukturierung, eher Schwächung als »Verflüssigung« der Subjektivität, muss überwunden werden, was den Fokus auf die Erziehungsarbeit der künftigen Generationen lenkt. Bildung bleibt der Schlüssel, was angesichts der anhaltenden Wandlung der Bildungsinstitutionen zu Dienstleistern der Wachstumswirtschaft wenig hoffnungsfroh stimmt. Auch hier machen sich die verschärften Verwertungsbedingungen des Kapitals geltend, denen die Bildungspolitik durch verkürzte Lernphasen mit einer objektiven Verlängerung der Lebensarbeitszeit entgegengekommen ist (während am anderen Ende ein späterer Eintritt in die Rente wartet). Grundlage dieser kurzatmigen Politik ist das »gewählte« Modell der Reichtumsverteilung, nicht die Produktivkraftentwicklung. Auch hier stellt sich die Frage, wer die politischen Organisationen der Arbeiter/innenschaft eigentlich so schlecht beraten hat, dass sie nicht im Stande sind, die Aufklärung in dieser Sache zu ihrer Hauptaufgabe zu machen. Denn nur auf der Grundlage einer Politischen Ökonomie und ihrer fortgesetzten Kritik wären die Entwicklungspfade einer sowohl sozial gerechten wie ökologisch verträglichen Wende und Wiedergutmachung überhaupt zu denken. Arbeiterparteien und Gewerkschaften müssen also lernen, die letzten Reste progressiver Positionen im ökologischen Wissen zu reaktivieren, wenn sie zukünftig noch eine Rolle spielen wollen. Es wird sich zeigen.

Abbildungsverzeichnis

Abb. 1: Ein Abbild der Nachhaltigkeitskriterien, aus: Bächtold, Hans-Georg (1998): Nachhaltigkeit: Herkunft und Definitionen eines komplexen Begriffs. In: Schweizer Ingenieur und Architekt 1998 (13), S. 5.

Abb. 2: Ein vereinfachter Stammbaum der Anthropogenesis, aus: von Freeden, Uta/ von Schnurbein, Siegmar (2003): Spuren der Jahrtausende, Archäologie und Geschichte in Deutschland. 2. korr. Aufl. Stuttgart: S. 63, Abb. 103.

Abb. 3: Vereinfachtes Schema zur Epizyklentheorie von der Bewegung der Planeten um die Erde als Mittelpunkt des Universums. (Grafik: Harald Strauß)

Abb. 4: Als Konsequenz verbesserter Beobachtung unter Beibehalten der Prämisse ergibt sich die Darstellung der Planetenbewegung in Epi-Epizyklen usw. (Grafik: Harald Strauß)

Abb. 5: Entwicklung der Weltbevölkerung seit 1700 mit Projektion bis 2100 , aus: Stiftung Weltbevölkerung 2012: Online: http://www.weltbevoelkerung.de/publikationen-downloads/infografiken/slide/historische-entwicklung-der-weltbevoelkerung.html.

Abb. 6: Vergleich der relativen Anzahl weltweiter Suchanfragen bei Google von Januar 2004 bis Oktober 2014, aus: Google Trends, Eingabe am 07.11.2014.

Abb. 7: Vergleich der relativen Anzahl deutschlandweiter Suchanfragen zu »bedrohte Arten« und »Artensterben« bei Google von Januar 2004 bis Oktober 2014, aus: Google Trends, Eingabe am 07.11.2014.

Abb. 8: Schätzung der globalen jährlichen Energiebilanz, aus: Kiehl, J.T./ Trenberth, Kevin E. (1997): Earth's annual global mean energy budget, in: Bulletin of the American Meteorological Society, 78/1997.

Abb. 9: Milanković-Zyklen Exzentrizität, Präsession und Obliquität der Erde. Nachzeichnung basierend auf: UCAR. Online: http://ossfoundation.us/projects/environment/global-warming/myths/images/milankovitch-cycles/milankovich_lg.gif/view .

Abb. 10: Insolation aggregiert über 10 Jahre im Januar im Vergleich zum April, angegeben in kWh/m²/Tag, aus: DiPasquale, Roberta (2001): Surface Meteorology and Solar Energy Project, NASA Langley Research Center, and the ISCCP Project. Online: http://earthobservatory.nasa.gov/IOTD/view.php?id=1355.

Abb. 11: Verdichtete Atmosphäre. Nachzeichnung basierend auf: Stix, Gary (2006): A Climate Repair Manual, in: Scientific American 9/2006.

Abb. 12: Diagramme zur durchschnittlichen historischen Oberflächentemperatur in der nördlichen Hemisphäre, aus: IPCC Working Group I 2007: Climate Change. The Physical Science Basis. Online: http://www.ipcc.ch/report/ar5/wg1 .

Abb. 13: Überschreitung der 300 ppm-Marke in den 1950er Jahren. Nachzeichnung basierend auf: NASA (2014): Global Climate Change. Carbon Dioxide. Online: http://climate.nasa.gov/vital-signs/carbon-dioxide.

Abb. 14: Die komplette Messreihe Keelings et al. von den 1950ern bis in die Gegenwart. Nachzeichnung basierend auf: Scripps Institution for Oceanography (2014). Online: https://scripps.ucsd.edu/programs/keeling-curve.

Abb. 15: Der Kohlenstoff-Zyklus. Nachzeichnung basierend auf: U.S. Department of Energy (2008): Carbon Cycle Diagram. Online. http://scied.ucar.edu/imagecontent/carbon-cycle-diagram-doe-numbers.

Abb. 16: Volumenvergleich des Gesamtbestandes an Wasser und dazu Frischwasserspeicher ins Verhältnis gesetzt. Nachzeichnung basierend auf: Gleick, Peter H. (1993): Water in Crisis. A Guide to the World's Fresh Water Ressources, New York/Oxford.

Abb. 17: Differenzierung des Gesamtbestandes des Wassers und der Frischwasserspeicher. Nachzeichnung basierend auf: Shiklomanov, Igor A. (1993): World Fresh Water Ressources, in: Gleick, Peter H: Water in Crisis. A Guide to the World's Fresh Water Resources. New York/Oxford, S. 14.

Abb. 18: »Exceptional Drought« in Kaliforniens, aus: US Draught Monitor (2015). Online: http://droughtmonitor.unl.edu/Home/StateDrought-Monitor.aspx?CA.

Abb. 19: Wasserstress: Rückgang verfügbaren Frischwassers im Vergleich von 1995 mit einer Projektion für 2025. Quelle: Rekacewicz, Philippe 2006: Le Monde diplomatique, Februar 2006, Online: http://www.grida. no/publications/vg/water2/page/3289.aspx.

Abb. 20: Landkarte der Sinus-Milieus, aus: Sinus-Institut (2015): Informationen zu den Sinus-Milieus 2015. Online: http://www.sinus-institut. de/veroeffentlichungen/downloads/download/die-sinus-milieusR-2015/ download-file/353/download-a/download/download-c/Category. Copyright: SINUS Markt- und Sozialforschung GmbH, Heidelberg/Germany.

Abb. 21: Eigene Aufstellung zu Milieus, Einkommen und Schichtzugehörigkeit nach Angaben des Sinus-Instituts (2015), des Statistischen Bundesamtes (2014) und Bontrup (2015).

Abb. 22: World Risks Landscape, aus: World Economic Forum (2015): Global Risks 2015. Geneva, S. 3. Copyright: World Economic Forum, Geneva/Switzerland.

Abb. 23: Weltweite CO_2-Emissionen im Vergleich mit den 90 identifizierten Hauptemittenten, eigene Darstellung beruhend auf: Heede, Richard (2014): Tracing anthropogenic carbon dioxide and methane emissions to fossil fuel and cement producers, 1854–2010, in: Climatic Change 122/2014, S. 234.

Abb. 24: Die 20 Hauptemittenten unter den 90 identifizierten privaten und staatlichen Unternehmen; verschiedene Klimagas-Emissionen werden in Kohlendioxidäquivalente (CO_2e) umgerechnet, eigene Darstellung beruhend auf: Heede, Richard (2014): Tracing anthropogenic carbon dioxide and methane emissions to fossil fuel and cement producers, 1854–2010, in: Climatic Change 122/2014, S. 237.

Abb. 25: Die 30 größten CO_2-Emittenten in Europa, eigene Darstellung beruhend auf: Hermann, Hauke/Harthan, Ralph O. (2013): CO_2-Emissionen aus der Kohleverstromung in Deutschland. Berlin, S. 13.

Abb. 26: Zielländer der globalen Investitionen in Boden, aus: The Land Matrix Global Observatory (2015): Global Map of Investments. Online: http://www.landmatrix.org/en/get-the-idea/global-map-investments.

Literatur

Bächtold, Hans-Georg (1998): Nachhaltigkeit: Herkunft und Definitionen eines komplexen Begriffs. In: Schweizer Ingenieur und Architekt 1998 (13), S. 4-7. Online: http://dx.doi.org/10.5169/seals-79470.

Backhouse, Maria (2013): Grüne Landnahmen in Brasilien. In: Dies./ Gerlach, Olaf/Kalmring, Stefan/Nowak, Andreas (Hg.): Die globale Einhegung – Krise, ursprüngliche Akkumulation und Landnahmen im Kapitalismus. Münster, S. 263-283.

Betz, Gregor/Cacean, Sebastian (2011): Climate Engineering: Ethische Aspekte. Karlsruhe.

Blühdorn, Ingolfur (2013): Simulative Demokratie. Neue Politik nach der postdemokratischen Wende. Frankfurt/Main.

Brundtland, Gro Harlem et al. (1987): Report of the World Commission on Environment and Development: Our Common Future. Hg. v. World Commission on Environment and Development. UN. Online: http://www.un-documents.net/our-common-future.pdf.

Bühl, Walter L. (1987): Grenzen der Autopoiesis. In: Kölner Zeitschrift für Soziologie und Sozialpsychologie 39/1987, S. 225-254.

Bundeszentrale für politische Bildung (2013): Die soziale Situation in Deutschland. Einkommensverteilung. Online: http://www.bpb.de/nachschlagen/zahlen-und-fakten/soziale-situation-in-deutschland/61769/einkommensverteilung (zuletzt 22.10.2015).

Carlowitz, Hannß Carl von (1713): Sylvicultura Oeconomica oder haußwirthliche Nachricht und Naturmäßige Anweisung zur Wilden Baum-Zucht. Leipzig.

Carnot, Sadi (1824): Reflections on the Motive Power of Heat. In: Harper's Scientific Memoirs 6/1899. The Second Law of Thermodynamics. S. 3-59.

Cassel-Gintz, Martin/Harenberg, Dorothee (2002): Syndrome des Globalen Wandels als Ansatz interdisziplinären Lernens in der Sekundarstufe. Ein Handbuch mit Basis- und Hintergrundmaterial für Lehrerinnen und Lehrer. Berlin.

Cassidy, Emily S./West, Paul/Gerber, James S./Foley, Jonathan A. (2013): Redefining agricultural yields. From tonnes to people nourished per hectare. In: Environmental Research Letters 8/2014, S. 1-8.

Clausius, Rudolf R. (1876): Die mechanische Wärmetheorie. 3. überarb. Aufl. Braunschweig.

CNA Military Advisory Board (2014): National Security and the Accelerating Risks of Climate Change. Alexandria/VA.

Dalby, Simon (2016): Climate Change and the Insecurity Frame. In: O'Lear, Shannon/Dalby, Simon (Hg.): Reframing Climate Change. Constructing Ecological Geopolitics. London/New York, S. 83-99.

Daly, Herman E. (1991): Steady-state economics. 2nd ed., with new essays. Washington, D.C.

Daly, Herman E. (2009): Steady-State-Ökonomie. Ein Wirtschaftssystem des langfristigen Gleichgewichts, in: Zeitschrift für Sozialökonomie ZfSÖ 46/162, S. 39-42.

Deutsches Wörterbuch von Jacob und Wilhelm Grimm. 16 Bde. in 32 Teilbänden. Leipzig 1854-1961. Quellenverzeichnis Leipzig 1971.

DIW (2013): Wochenbericht 39/2013.

Doney, Scott C. et al. (2009): Ocean Acidification. The Other CO_2 Problem. In: Annual Review of Marine Science 2009/1, S. 169-192.

Endlicher, Wilfried/Gerstengarbe, Friedrich-Wilhelm (2007): Der Klimawandel. Einblicke, Rückblicke und Ausblicke. Potsdam.

Friedman, Milton (1953): The Methodology of Positive Economics. In: Essays In Positive Economics. Chicago. S. 30-43.

Georgescu-Roegen, Nicholas (1987): The Entropy Law an the Economic Process in Retrospect. Übers. IÖW. Berlin.

Geyer, Felix/van der Zouwen, Johannes (1986): Sociocybernetic Paradoxes. London.

Glasersfeld, Ernst von (1998): Radikaler Konstruktivismus. Ideen, Ergebnisse, Probleme. Frankfurt/Main.

Graeber, David (2012): Schulden. Die ersten 5000 Jahre. Übers. v. Ursel Schäfer, Hans Freundl u. Stephan Gebauer. Stuttgart.

Gustafson, Karl (2004): Microscopic Irreversibility. In: Dicrete Dynamics 1/2004, S. 155-168.

Haake, Hans/Korbun, Thomas/Petschow, Ulrich (2013): Viele Fragen und wenige Lösungen. In: Ökologische Wirtschaften 28/2013, S. 23-24.

Hahn, Frank H. (1972): The Share of Income in the National Income. London.

Harvey, David (2004): The ›New‹ Imperialism. Accumulation by Dispossession. In: Socialist Register 40/2004, S. 63-87.

Heede, Richard (2014): Tracing anthropogenic carbon dioxide and methane emissions to fossil fuel and cement producers, 1854–2010. In: Climatic Change 122/2014, S. 229-241.

Heinrich-Böll-Stiftung/Institute for Advanced Sustainability Studies/ Bund für Umwelt- und Naturschutz Deutschland/Le Monde diplomatique (2015): Bodenatlas. Daten und Fakten über Acker, Land und Erde. O. O.

Helmedag, Fritz (1992): Warenproduktion mittels Arbeit. Zur Rehabilitation des Wertgesetzes. Marburg.

Helmedag, Fritz (1991): Lohn- und Profitkurven. In: Wirtschaftswissenschaftliches Studium 20. Jg./H. 8, S. 408-412.

Hermann, Hauke/Harthan, Ralph O. (2013): CO_2-Emissionen aus der Kohleverstromung in Deutschland. Berlin.

Hirte, Katrin/ Ötsch, Walter (2011): Institutionelle Verstetigung von paradigmatischer Ausrichtung. Das Beispiel Sachverständigenrat. In: Prokla 164, S. 423-446.

Inhofe, James M. (2012): The Greatest Hoax: How the Global Warming Conspiracy Threatens Your Future. Washington.

IPCC Working Group II (2014): Climate Change 2014. Impacts, Adaptation, and Vulnerability, Stanfort/CA.

Isenmann, Ralf (2013): Neuer Leitbegriff auf dem Weg zu einem nachhaltigen Wirtschaften. In: Ökologische Wirtschaften 28/2013, S. 17-19.

Jonas, Hans (1979): Das Prinzip Verantwortung. Versuch einer Ethik für die technologische Zivilisation. Frankfurt/M.

Kant, Immanuel (1786): Grundlegung zur Metaphysik der Sitten. (MdS) In: Werkausgabe Bd. VII, 14. Aufl. Frankfurt: 1998.

Kant, Immanuel (1788): Kritik der praktischen Vernunft. (KpV) In: Werkausgabe Bd. VII, 14. Aufl. Frankfurt: 1998.

Kern, Florian (2013): Implementing the Green Economy. In: Ökologische Wirtschaften 28/2013, S. 20-22.

Knabe, Andreas/Schöb, Ronny/Thum, Marcel (2014): Der flächendeckende Mindestlohn. In: Diskussionsbeiträge Economics 4/2014.

Knight, Frank H. (1931): Professor Fisher's Interest Theory: A Case in Point. In: Jounal of Political Economy, 39/2. S. 176-212.

Knorr-Cetina, Karin (1992): Zur Unterkomplexität der Differenzierungstheorie. Empirische Anfragen an die Systemtheorie. In: Zeitschrift für Soziologie. 21/1992, S. 406-419.

Krätke, Michael R. (1999): Neoklassik als Weltreligion? In: Loccumer Initiative kritischer Wissenschaftlerinnen und Wissenschaftler: Die Illusion der neuen Freiheit. Realitätsverleugnung durch Wissenschaft. Hannover: Offizin-Verlag, S. 100-144.

Kuhn, Thomas (1962): The Structure of Scientific Revolutions. Chicago/ London.

Lee, Frederic S./Keen, Steve (2004): The Incoherent Emperor. A Heterodox Critique of Neoclassical Microeconomic Theory. In:

Review of Social Economy, Vol. LXII, 2/2004. S. 169-199.

Lewandowsky, Stephan/Oberauer, Klaus/Gignac, Gilles E. (2013): NASA Faked the Moon Landing – Therefore, (Climate) Science Is a Hoax: An Anatomy of the Motivated Rejection of Science. In: Psychological Science, Mai 2013/Vol. 24, 5: S. 622-633.

Luhmann, Niklas (1984): Soziale Systeme. Grundriß einer allgemeinen Theorie. Frankfurt/Main.

Luhmann, Niklas (1987): Ökologische Kommunikation. Opladen.

Luhmann, Niklas (1995a): Soziologische Aufklärung Bd. 6. Die operative Geschlossenheit psychischer und sozialer Systeme. Opladen.

Luhmann, Niklas (1995b): Gesellschaftsstruktur und Semantik. Studien zur Wissenssoziologie der modernen Gesellschaft. Bd. 4 Frankfurt/ Main.

Luhmann, Niklas (1997): Die Gesellschaft der Gesellschaft. Erster Teilband. Frankfurt/Main.

Mahnkopf, Birgit (2013): Kapitalistische Akkumulation an den Grenzen des weltökologischen Systems. In: Backhouse, Maria/Gerlach, Olaf/ Kalmring, Stefan/Nowak, Andreas (Hg.): Die globale Einhegung – Krise, ursprüngliche Akkumulation und Landnahmen im Kapitalismus. Münster, S. 206-225.

Mankiw, Gregory N. (1998): Makroökonomik. 3. Aufl. Stuttgart.

Martyushev, Leonid M. (2013): Entropy and Entropy Production. Old Misconceptions and New Breakthroughs, in: Entropy 15/2013, S. 1152-1170.

Maturana, Humberto R. (1980): Autopoiesis. Reproduction, Heredity and Evolution. In: Zeleny, Milan (Hg.): Autopoiesis, Dissipative Structures and Spontanous Social Orders. Boulder, S. 45-79.

MCPFE (1993): Resolutions of the Ministerial Conference on the Protection of Forests in Europe, 16-17 June 1993, Helsinki.

Medina, Jennifer (2014): With Dry Taps and Toilets, California Drought Turns Desperate. In: The New York Times v. 2.10.2014. Online: http:// www.nytimes.com/2014/10/03/us/california-drought-tulare-county. html?_r=0 (zuletzt 21.10.2015).

Metzner, Andreas (1993): Probleme sozio-ökologischer Systemtheorie. Natur und Gesellschaft in der Soziologie Luhmanns. Opladen.

Meyer, Bernd/Ahlert, Gerd/Diefenbacher, Hans/Zieschank, Roland (2012): Synopse aktuell diskutierter Wohlfahrtsansätze und grüner Wachstumskonzepte. Berlin.

Nasar, Sylvia (1995): A Hard Act to Follow? Here Goes. In: The New York Times« v. 14. März 1995. Online: http://www.nytimes.com/1995/03/14/

business/a-hard-act-to-follow-here-goes.html?pagewanted=1 (zuletzt 13.09.2015).

Oei, Pao-Yu/Kemfert, Claudia/Reitz, Felix/von Hirschhausen, Christian (2014): Kohleverstromung gefährdet Klimaschutzziele: Der Handlungsbedarf ist hoch. In: DIW-Wochenbericht, Vol. 81, Iss. 26/2014, S. 603-612.

Ortlieb, Claus Peter (2004a): Methodische Probleme und methodische Fehler der mathematischen Modellierung in der Volkswirtschaftslehre. In: Hamburger Beiträge zur Modellierung und Simulation 18/2004.

Ortlieb, Claus Peter (2004b): Markt-Märchen. Zur Kritik der neoklassischen akademischen Volkswirtschaftslehre und ihres Gebrauchs mathematischer Modelle. In: EXIT! Krise und Kritik der Warengesellschaft, 1/2004, S. 166-183.

Osberghaus, Daniel/Schwirplies, Claudia/Ziegler, Andreas (2013): Klimawandel in Deutschland. Risikowahrnehmung, Wissensstand und Anpassung in privaten Haushalten. Ergebnisse einer Befragung deutscher Haushalte 2012. Mannheim.

Oxfam (2016): An Economy for the 1 %. How privilege and power in the economy drive extreme inequality and how this can be stopped. Oxford.

Paech, Niko (2012): Befreiung vom Überfluss. Auf dem Weg in die Postwachstumsökonomie. München.

Pias, Claus (2004): Zeit der Kybernetik. Eine Einstimmung. In: ders., Die Macy-Konferenzen 1946-1953. Band 2. Dokumente und Reflexionen. Zürich/Berlin. S. 9-41.

Piketty, Thomas (2014): Capital in the Twenty-First Century. Übers. v. Arthur Goldhammer. Cambridge, Mass./London.

Powell, James (2011): jamespowell.org. Online: http://jamespowell.org/ Original%20study/originaltudy.html (zuletzt 17.11.2014).

Prigogine, Ilya (1985):Exploring Complexity. From the intemporal world of dynamics to the temporal world of entropy. Eindhoven.

Regierung der Bundesrepublik Deutschland (2008): Deutsche Anpassungsstrategie an den Klimawandel. Berlin.

Regierung der Bundesrepublik Deutschland (2011): Aktionsplan Anpassung. Berlin.

Rickels, Wilfried/Klepper, Gernot/Dovern, Jonas et al. (2011): Gezielte Eingriffe in das Klima? Eine Bestandsaufnahme der Debatte zu Climate Engineering. Sondierungsstudie für das Bundesministerium für Bildung und Forschung. Kiel.

Robbin, Daryl (2011): Arctic Defense Concerns. Reorganizing U.S. Defense Structure to Meet Threats in the Changing Arctic. In: The Culture and Conflict Review. Online: http://www.nps.edu/Programs/ CCS/WebJournal/Article.aspx?ArticleID=77 (zuletzt 16.10.2015).

Robinson, Joan (1953/54): The Production Function and the Theory of Capital. In: The Review of Economic Studies. Vol. 21, No. 2, S. 81-106.

Robinson, Joan (1979): Markets. In: Collected Economic Papers, Bd. 5. Oxford, S. 146-167.

Robock Alan (2015): The CIA asked me about controlling the climate – this is why we should worry. In: The Guardian, 17.02.2015. Online: http://www.theguardian.com/commentisfree/2015/feb/17/ cia-controlling-climate-geoengineering-climate-change (zuletzt: 07.10.2015).

Rockström, Johan/Steffen, Will/Noone, Kevin et al. (2009): Planetary boundaries. Exploring the safe operating space for humanity. In: Ecology and Society Vol. 14, Nr. 2/2009. Online: http://www. ecologyandsociety.org/vol14/iss2/art32/ (zuletzt 22.10.2015).

Röhrlich, Dagmar (2002): Die Welt aus dem Zirkon. Oder das Rätsel der jungen Erde. Online: http://www.deutschlandfunk.de/die-welt-aus-dem-zirkon.740.de.html?dram:article_id=111211%20 (zuletzt 12.11.2014).

Rudge, John F./Kleine, Thorsten/Bourdon, Bernard (2010): Broad bounds on Earth's accretion and core formation constrained by geochemical models. In: Nature Geoscience 3, S. 439-443.

Samuelson, Paul A. (1966): A Summing Up. In: Quarterly Journal of Economics 80/4, S. 568-583.

Schefold, Bertram (1979): Fixes Kapital als Kuppelprodukt und die Analyse der Akkumulation bei unterschiedlichen Formen des technischen Fortschritts. In: Gesellschaft. Beiträge zur Marxschen Theorie 13. Frankfurt/Main, S. 203-305.

Schönwiese, Christian-D. (1995): Klimaänderungen. Berlin/Heidelberg.

Schröder, K.-P./Smith, Robert Connon (2008): Distant future of the Sun and Earth revisited. In: Monthly Notices of the Royal Astronomical Society, 386 (1), S. 155-163.

Schumpeter, Joseph A. (1954): History of Economic Analysis. London.

Siebert, Horst (2003): Einführung in die Volkswirtschaftslehre. Stuttgart.

Sinus-Institut (2015): Sinus-Milieus. Online: http://www.sinus-institut.de/ loesungen/sinus-milieus.html (zuletzt 13.06.2015).

Söllner, Fritz (2001): Geschichte des ökonomischen Denkens.

Solow, Robert M. (1974): The Economics of Resources or the Resources of

Economics. In: The American Economic Review, Vol. 64, Nr. 2, Papers and Proceedings of the Eighty-sixth Annual Meeting of the American Economic Association (May, 1974), S. 1-14.

Solow, Robert M.(1973): Is the End of the World at Hand. In: Challenge, Vol. 16, Nr. 1/1973, S. 39-50.

Sonntag, Sebastian (2011): Bilanzierung von Emissionsrechten: Literaturrecherche und empirische Untersuchung europäischer Unternehmen. In: Dresdner Beiträge zur Lehre der betrieblichen Umweltökonomie 55/2011.

Statistisches Bundesamt (2014): Zahlen und Fakten. Berlin. Online: https://www.destatis.de/DE/ZahlenFakten/ZahlenFakten.html (zuletzt 13.06.2015).

Steinbruner, John D./Stern, Paul C./Husbands, Jo L. (2013): Climate and Social Stress. Implications for Security Analysis. Washington.

Stern, Nicholas (2007): The Economics of Climate Change. The Stern Review. Cambridge.

Strauß, Harald (2013): Signifikationen der Arbeit. Die Geltung des Differenzianten ›Wert‹. Berlin.

Strauß, Harald (2014): Die misslungene Formation des Selbst-Unternehmers, in: Nebulosa – Figuren des Sozialen 6/2014, S. 34-48.

Strauß, Harald (2015): Entpolitisierte Abstinenz oder politische Partizipation qua Konsum? Ein Desiderat zur Erforschung politischen Engagements im Neoliberalismus. In: diskurs 2015/2016. S. 54-84. Online: http://www.diskurs-zeitschrift.de/wp-content/uploads/2015/11/diskursDasPolitischeneuentdecken20142015.pdf (zuletzt 28.11.2015).

TEEB (2010): Die Ökonomie von Ökosystemen und Biodiversität. Die ökonomische Bedeutung der Natur in Entscheidungsprozesse integrieren.

The Land Matrix Global Observatory (2015): Global Map of Investments. Online: http://www.landmatrix.org/en/get-the-idea/global-map-investments (zuletzt 18.10.2015).

The Royal Society (2005): Ocean acidification due to increasing atmospheric carbon dioxide. London, S. 57-59.

Theis, Tom/Tomkin, Jonathan et al. (2012): Sustainability. A Comprehensive Foundation. A. o. O.

UN Department of Economic and Social Affairs (2015): World population projected to reach 9.7 billion by 2050. Online: https://www.un.org/development/desa/en/news/population/2015-report.html (zuletzt 9.10.2015).

UNFPA/UNDESA/UN-HABITAT/ IOM (2013): Population Dynamics in the Post-2015 Development Agenda. Report of the Global Thematic Consultation on Population Dynamics. New York.

United Nations (1992): Report of the United Nations Conference on Environment and Development. Rio de Janeiro.

Varela, Francisco (1981): Autonomy and Autopoiesis. In: Roth, G./ Schwengler, H.: Self-organizing Systems. Frankfurt/Main, S. 14-23.

Walras, Léon (1874): Éléments d'économique pure. Lausanne.

Wiener, Norbert (1964): God and Golem, Inc: A Comment on Certain Points where Cybernetics Impinges on Religion. Massachusetts.

Wild, Christian (2012): Die Ansäuerung der Meere. Skelettbau der Steinkorallen. iI: GIT Labor-Fachzeitschrift 1/2012, S. 36-38.

World Economic Forum (2015): Global Risks 2015. Genf.

Harald Strauß

Signifikationen der Arbeit

Die Geltung des
Differenzianten ›Wert‹

978-3-938880-58-6

Parodos Verlag

368 Seiten

38,00 EUR [D] / 39,10 EUR [A] /
46,90 CHF UVP

parodos.de

Unter dem Motto der Alternativlosigkeit wird mit jenen Mitteln der ›Großen Krise‹ zu Leibe gerückt, die diese gerade vertiefen. Die Mainstream-Ökonomie steht vor einem Scherbenhaufen und hat – parteiübergreifend – à la longue keine besseren Ideen als die alten: die stets wachsende Marktwirtschaft als angeblichen Garanten eines relativen Reichtums für alle.

Der unaufhörliche Marathon der Krisengipfel vermag jedoch nicht darüber hinwegzutäuschen, dass der Neoliberalismus, egal ob ›rheinisch‹ oder ›angelsächsisch‹, gerade diese Karte verspielt hat. Arm wird ärmer, Reich reicher, und was sich dazwischen wähnt, spürt den Stachel drohenden sozialen Abstiegs. Die Absehbarkeit dieses Spiels mit der Ohnmacht und der Angst der abhängig Beschäftigten lässt in der Tat keine andere Wahl, als das ›Weiter-so‹ grundlegend in Frage zu stellen.

Vor dem Horizont dieser vermeintlich ›alternativlosen‹ Zukunft müssen zwei Fragen im Detail untersucht werden, erstens, woher die herrschende Doktrin ihre Legitimation in der ökonomischen Lehre bezieht, und zweitens, inwiefern die Kritik der politischen Ökonomie tatsächlich ihrer sachlichen Berechtigung verlustig gegangen ist. Sollte sich nämlich zeigen lassen, dass die Arbeit und die Erde konsistent als die Quellen der Wertschöpfung dargestellt werden können, wäre es an der Zeit, die gegenwärtigen Auffassungen der Ökonomie systematisch zu delegitimieren.